知っておきたい暮らしのお金

24-25年版

# いちばん親切な
# 図解 年金の本

オールカラー

社会保険労務士 年金アドバイザー
清水典子 監修

ナツメ社

# 最新！年金NEWS

## 2022年4月から 働き続ける人の年金額を増やす 在職老齢年金の見直し

特別支給《とくべつしきゅう》の老齢厚生年金《ろうれいこうせいねんきん》（→P86）を受け取れる人で、厚生年金に加入して働いている人の年金のカットラインが28万円から50万円（2024年度価格）に引き上げられました。これにより年金のカットを気にせずに働き続けられることが見込まれます。

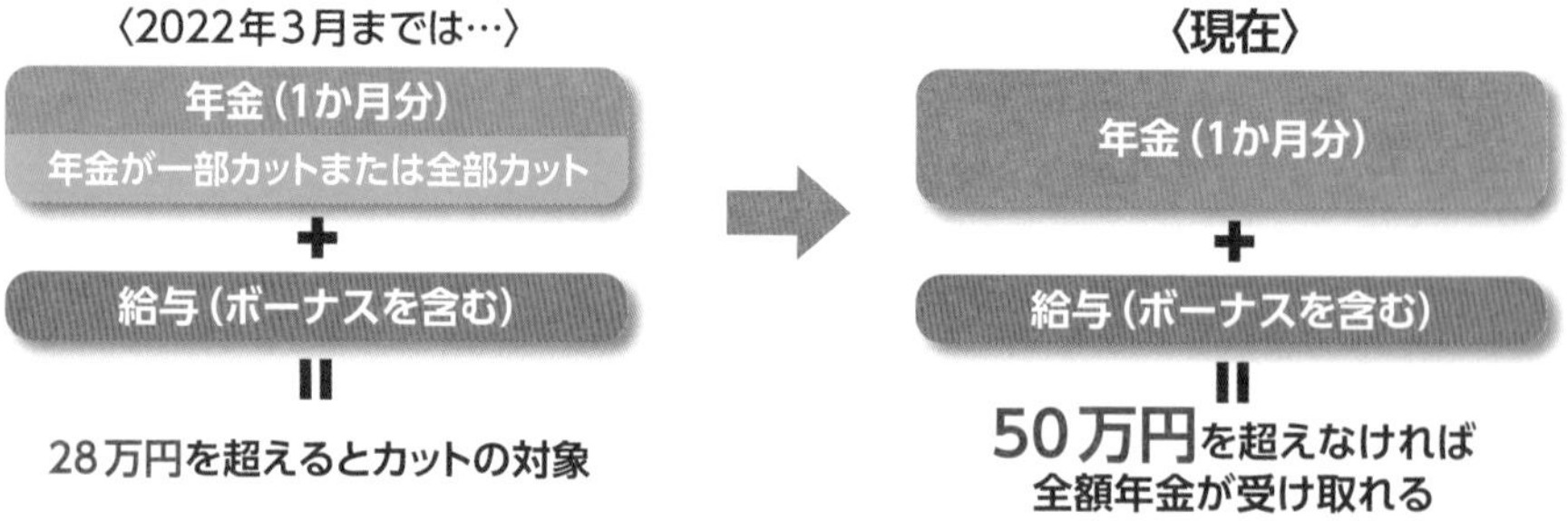

〈2022年3月までは…〉
年金（1か月分）
年金が一部カットまたは全部カット
＋
給与（ボーナスを含む）
＝
28万円を超えるとカットの対象
〈現在〉
年金（1か月分）
＋
給与（ボーナスを含む）
＝
50万円を超えなければ全額年金が受け取れる


65歳以上の老齢厚生年金（→P86）を受け取れる人で、厚生年金に加入して働いている人は70歳まで（または退職まで）保険料を支払います。改正後は支払った保険料を1年ごとに加えた上で年金額を毎年再計算していくしくみに変わりました。これにより、毎年年金が増額することが見込まれます。

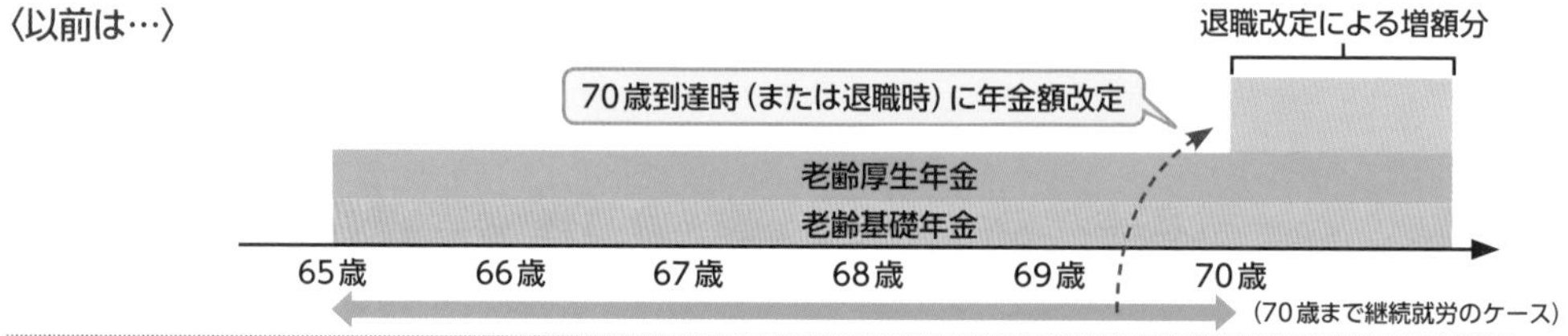

〈以前は…〉
退職改定による増額分
70歳到達時（または退職時）に年金額改定
老齢厚生年金
老齢基礎年金
65歳
66歳
67歳
68歳
69歳
70歳
（70歳まで継続就労のケース）


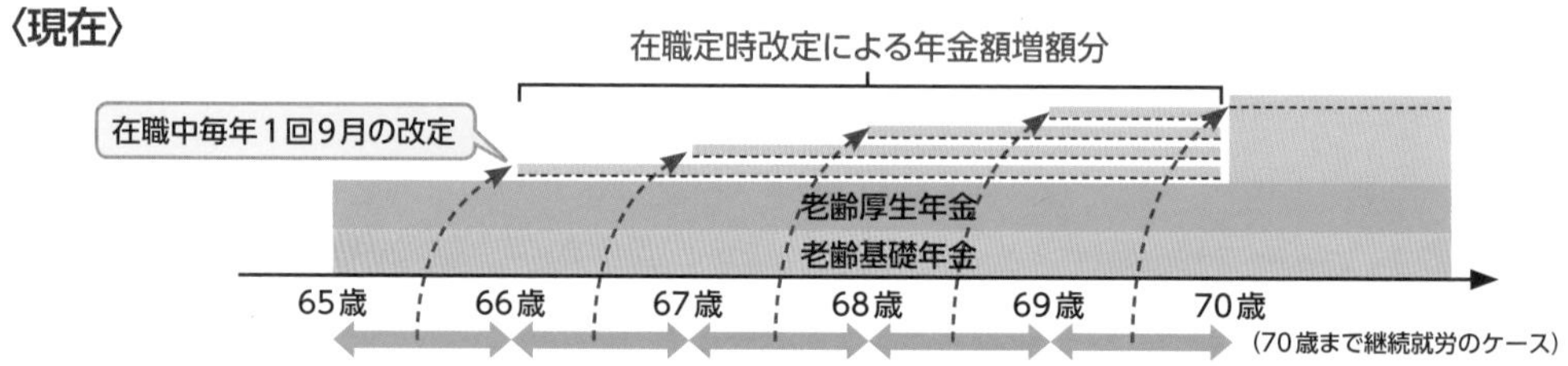

〈現在〉
在職定時改定による年金額増額分
在職中毎年1回9月の改定
老齢厚生年金
老齢基礎年金
65歳
66歳
67歳
68歳
69歳
70歳
（70歳まで継続就労のケース）

## 2022年4月から

### 早めに受給する人の減額が緩やかに

# 老齢年金の繰上げ減額率が変更

以前は65歳からの老《ろう》齢《れい》年《ねん》金《きん》を繰《くり》上《あ》げて（早めに）受け取る場合、1か月につき0.5%が減額されていましたが、現在は0.4%※に緩和されています。これにより60歳から受け取る場合、30%の減額率が24%の減額率となります。

| 受給開始年齢 | 60歳 | 61歳 | 62歳 | 63歳 | 64歳 | 65歳 |
|---|---|---|---|---|---|---|
| 減額率 | −24% | −19.2% | −14.4% | −9.6% | −4.8% | 0% |

※昭和37年4月1日以前生まれの人の減額率は0.5%です。

## 2022年4月から

### 遅めに受給する人の増額率が最大84%までに

# 老齢年金の繰下げ上限年齢の引き上げ

65歳からの老《ろう》齢《れい》年《ねん》金《きん》を繰《くり》下《さ》げて（遅らせて）受け取る場合、受給年齢を75歳まで遅らせることが可能になりました（以前は70歳まで）。75歳で受け取ると84%増額になります。これは長寿時代に対応する改正です。

改正後

改正前

| 受給開始年齢 | 66歳 | 67歳 | 68歳 | 69歳 | 70歳 |
|---|---|---|---|---|---|
| 増額率 | +8.4% | +16.8% | +25.2% | +33.6% | +42% |

| 受給開始年齢 | 71歳 | 72歳 | 73歳 | 74歳 | 75歳 |
|---|---|---|---|---|---|
| 増額率 | +50.4% | +58.8% | +67.2% | +75.6% | +84% |

75歳まで遅らせることが可能に

### 特例的な繰下げみなし増額制度（2023年4月から）

70歳になった後に繰下げ受給を選択せずにさかのぼって年金を受け取る場合、請求の5年前に繰下げ受給の申し出があったとみなして、増額された年金を一括で受け取ることができます。

| 対象となる人 | 1952（昭和27）年4月2日以降に生まれた人、または2017年4月1日以降に受給権が発生した人で、2023年4月1日以降に年金の請求を行う人。 |
|---|---|

2023年10月～
2026年3月まで

手取りの減少をカバーしてくれる

# 年収の壁・支援強化パッケージ

年収の壁・支援強化パッケージとは、パート・アルバイトで働いている人が年収の壁を気にせずに働き続けられるようにするものです。

今までは、年収の壁（106万円・130万円）を超えた途端、本人の給与から厚生年金保険料や健康保険料が差し引かれるため、手取りが減ることを恐れて、年収の壁を超えないよう労働時間を調整してしまうことがありました。そこで、年収の壁を気にせず働けるよう、会社が対象者に「社《しゃ》会《かい》保《ほ》険《けん》適《てき》用《よう》促《そく》進《しん》手《て》当《あて》」を支給し、手取りが減らないしくみにしたり、一時的な残業などで壁を超えても、扶養から外されないしくみができました。

在《ざい》職《しょく》老《ろう》齢《れい》年《ねん》金《きん》の受給者が「社会保険適用促進手当」を受給しても、手当額相当分は年金のカットの計算から外されるので、年金がさらに減額される心配もありません。

自分の会社が「年収の壁」に対応してくれるか確認してみましょう。

**「106万円の壁」への対応**

例　年収が104万円→106万円に上がり、厚生年金・健康保険に加入した場合

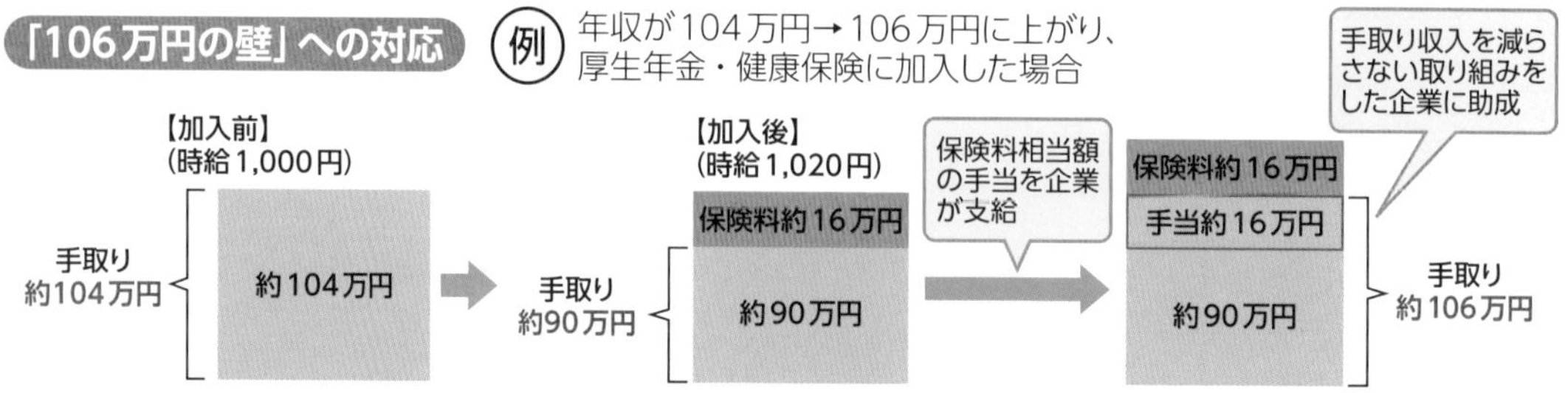

手取り収入を減らさない取り組みをした企業に助成
【加入前】
(時給1,000円)
手取り
約104万円
約104万円
【加入後】
(時給1,020円)
保険料約16万円
手取り
約90万円
約90万円
保険料相当額の手当を企業が支給
保険料約16万円
手当約16万円
約90万円
手取り
約106万円


※保険料は労働者本人の負担額（厚生年金保険、協会けんぽの健康保険の保険料率で計算）

**「130万円の壁」への対応**

例　毎月10万円で働くパートの人が残業により一時的に収入増となり年収の壁を超えてしまった場合

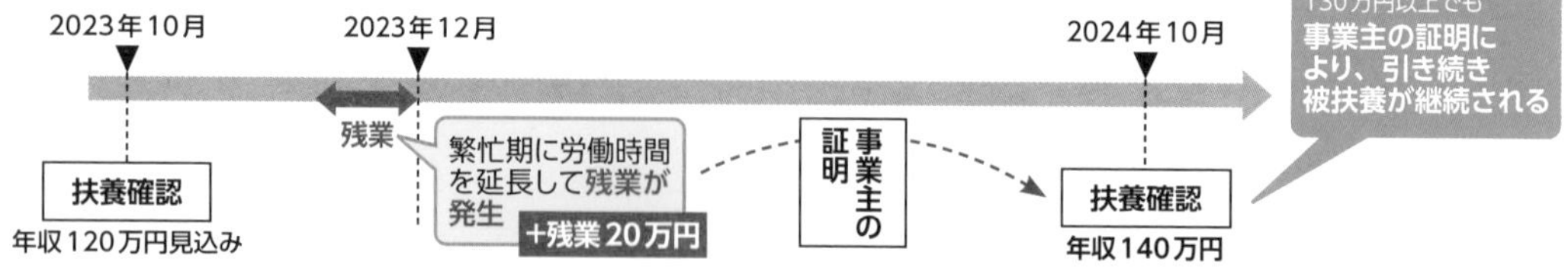

2023年10月
2023年12月
2024年10月
130万円以上でも
事業主の証明により、引き続き被扶養が継続される
扶養確認
年収120万円見込み
残業
繁忙期に労働時間を延長して残業が発生
+残業20万円
事業主の証明
扶養確認
年収140万円


**年収の壁突破・総合相談窓口（厚生労働省）　0120-030-045**

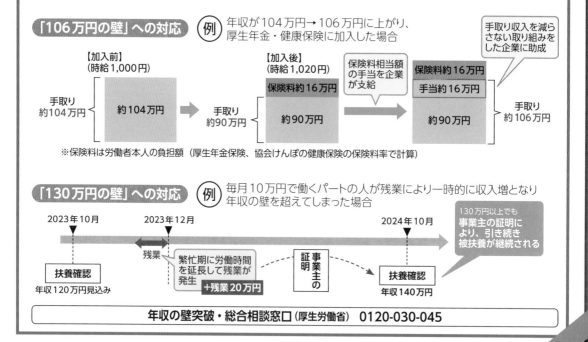

## 2024年10月から

中小企業で働くパートも厚生年金保険に

# 厚生年金保険の加入対象のさらなる拡大

会社員や公務員が加入している厚生《こうせい》年金《ねんきん》保険《ほけん》の対象となる人が増えています。2024年10月からはパートなどの短時間労働でも、被保険者《ひほけんしゃ》数が50人を超える企業も対象となり、次の❶～❹のすべてに当てはまる人は厚生年金保険に加入します。これにより、約65万人の人が厚生年金保険に加入できると見込まれます。

❶ 週に20時間以上働いている
❷ 2か月を超えて働くことが見込まれる
❸ 賃金が月額88,000円以上である
❹ 学生ではない

## 2022年1月から

年金や未支給年金などの請求手続きの負担が減る!

# 公金受取口座の登録

マイナポータルなどで「公金受取口座《こうきんうけとりこうざ》（給付金などの受け取りのための口座）」をあらかじめ国（デジタル庁）に登録しておくと、年金や未支給年金などを請求するときに、金融機関に書類を持参して証明印を押してもらったり、通帳のコピーをとって提出したりする手間を省くことができます。公金受取口座の登録は任意ですので、登録手続きが必要です。

〈公金受取口座のしくみ〉

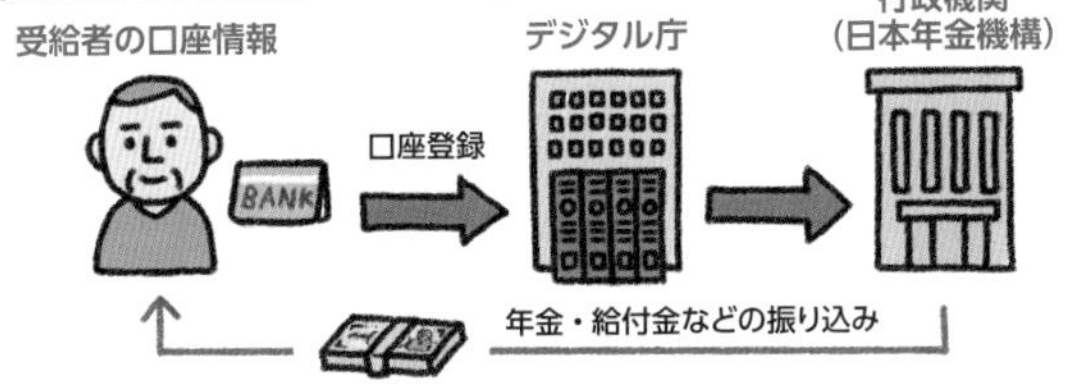

受給者の口座情報
デジタル庁
行政機関
(日本年金機構)
BANK
口座登録
年金・給付金などの振り込み


〈公金受取口座の登録ができるところ〉

□マイナポータルで
（マイナンバーカードでログインして行う）
□所得税の確定申告の際に
□金融機関の窓口で
（2024年度以降開始予定）

# プロローグ 年金は貯金じゃない？

## —年金のさまざまな誤解—

オレの名前は金田ハジメ
社《しゃ》会《かい》保《ほ》険《けん》労《ろう》務《む》士《し》の卵だ
一人前になるまでは故郷に帰らない覚悟で都会に出てきた
…まだ任される仕事は雑用ばかりだけど
いずれ一人前の社会保険労務士となったオレを両親に見てもらう
それが今のオレの目標で——
ただいま戻りました！先生、昼飯買ってきましたよ
おおハジメ元気そうだな
どってん

父さん!母さん!なんでここにいるんだよ!?
オレの目標いきなりつぶすなよぉぉ
お友達のお見舞いでね 上京ついでに あなたの働いているとこ 見に行こうってことになって
楽しい親御さんね 今、ハジメくんの学生時代の淡い青春話を聞かせてもらってたとこよ
玉砕経験には事欠かないんですのよ この子ったら
ベテラン社会保険労務士
国枝厚子
なんの話してんだよ! こんなとこまで来て
なかなかいいトコで働いているじゃないか しかも、こんな美人の先生の下でなんて
あら! いやですよ お父さんったら
ホホホ
うっ
ドスッ
もう、やめてくれよ ふたりとも恥ずかしいから…
あ、そうだ
ところで先生、社会保険労務士さんって年金のことにも詳しいのかしら?
な、なんだよ母さん突然…

ほら、来年はお父さんも定年でしょ?退職したら年金が貴重な収入源になるわけだし
いろいろ心配なのよね
大丈夫だいじょうぶ 母さんは心配しすぎなんだよ
じゃあ お父さん 年金のこと ちゃんと わかってるの?
当たり前だ! ……… …あ、いや… えーっと… どうだったかな
ちょっと 待ってくれよ! そういうことは 社労士を 目指して 勉強中の オレに任せて くれよ!
ガ
ダッ
あら、ハジメ わかるの?
説明中…
——と、いうことだよ どう? わかった?
ドヤァ

ぜんっぜんわかんないわ
まるでわからん
ガアアーン
えぇっ!?なんでだよ!!
全然頭に入ってこないのよあんたの説明
つまり納めた分が分割でもらえるってことでいいのか?
ゴゴゴゴゴ…
えーっ?
え?オレそんなこといった?
ダメねぇそんなんじゃいつまでたっても半人前よ
私が代わってご説明しましょう
お父さまお母さま年金は貯蓄とは違うんです
あらそうなの?納めたものが満期になって戻ってくるのだと思ってた
パンパン
ハイ!
年金は貯蓄とは違うしくみで成り立っているものですから
銀行預金のように納めた保《ほ》険《けん》料《りょう》に利子がついて返ってくるわけではありません
カラララ…
年金とは
カカッ
そうなの……じゃあ得することはないのね
いえ、年金には貯蓄にはないメリットがありますたとえば……

貯蓄は底をついたら終わりですが公的年金は国の社会保障制度《しゃかいほしょうせいど》ですから一定の年齢から死亡するまで年金として受け取れます
一生受給できる!
もらい始めたらずっと受け取れるのねそれは安心だわ
でも物価が変動したら?それでももらえる額は変わらないのかい?
キュ
キュッ
価値が目減りしにくい!
貯蓄はインフレや給与水準の上昇で価値が急激に下がることがあります
ですが年金は賃金や物価に応じて額を保障しているので受給額もそれに合わせて変化します
ほほう そうだったのか
そういえば、前に同僚たちが年金には保険みたいな役割もあると話していたけど…?
老後だけでなく遺族と障害の保障もついている!
お父さまにもしものことがあったときには遺族年金《いぞくねんきん》という形でお母さまが年金を受け取れますし
加入中に障害を負ったときは障害年金《しょうがいねんきん》という保障もあります これも年金の大事な特徴のひとつなんです
それは心強いしくみだな
さすが先生の説明はわかりやすいわ〜!
ではもう少し年金について詳しくご説明しましょう! ハジメくんもしっかり聞いておくように
ハ、ハイー!

# はじめに

「年金は本当にもらえるの？」

みなさんのなかには受け取る年齢になって、実際に年金を手にしてみるまでは、とても不安だと思われる方も少なくないかと思います。

年金制度は、国民年金《こくみんねんきん》が1961年にスタートして63年が経過しました。時代が変わっても、歳をとってからは「老齢年金《ろうれいねんきん》」、病気やケガで治らない障害を負ったときには「障害年金《しょうがいねんきん》」、家族の働き手が亡くなったときには「遺族年金《いぞくねんきん》」という3つの給付は、年金制度の3本柱として、今後も変わることなく、私たちの生活を保障していくでしょう。国の年金制度は、なくなってしまうような制度では決してありませんので、安心してください。

しかし、「年金は複雑すぎてわかりにくい」と敬遠される方が多いのも事実です。実際に、年金の受給条件や保険料の納付条件などが、時代とともに大きく変化してきました。みなさんが年金のことで会社の先輩方や親戚、友人に相談をしても、当時の法律と今の法律が違っているために、誤って理解したままになっている、あるいは知らないことで損をしてしまうことも少なくありません。

本書は、そうした年金に関する疑問を解決する手助けとなるでしょう。

「年金の基礎知識」「老齢給付《ろうれいきゅうふ》」「障害《しょうがい》・遺族給付《いぞくきゅうふ》」という、3つの大きなテーマにポイントを絞り、図やイラストでわかりやすく解説しました。知りたいところ、興味のあるところから読み進めてください。また、近年細かい法改正もたくさんあるため、巻頭の「最新！　年金NEWS」では、少し先の知っておきたい法改正などについても紹介しています。

健康寿命が延び、人生100年時代が目の前にきています。長生き時代に対応すべく年金を増やして豊かな老後を迎えていただけるよう、増やすためのヒント、考え方なども掲載いたしました。

マンガでは、みなさんが日頃、疑問に思っているような事柄を取り上げていますので、楽しみながら知識をつけてください。

20歳で国民年金に加入し、60歳までの40年間にわたる長い期間には、いろいろなことがあるかと思います。必要な手続きについても、必要なときがいつなのか確認できるようにこの本を手元において、見直していただけるとよいと思います。

本書を大いに活用していただき、老後の資産形成のプランニングにしっかりと役立てていただければ幸いです。

2017年8月からは老齢給付の受給資格期間《じゅきゅうしかくきかん》が25年から10年に短縮されました。年金制度が始まって以来の大改正です。できるだけ最新の情報を提供させていただきたく、この本では2017年8月からの改正内容にあわせた内容を掲載しています。また、年金額は2024年度価格（2024年4月から）で掲載しております。2017年7月以前の内容や最新の情報については市区町村や年金事務所《ねんきんじむしょ》等にお問い合わせください。

社会保険労務士《しゃかいほけんろうむし》　清水典子

# 登場人物紹介

**金田ハジメ**
国枝社会保険労務士事務所の若手社員
社労士を目指し、勉強中。おもな仕事は雑用ばかりで、まだまだ頼りないところばかりだが、所長の国枝にあこがれ、奮闘努力の真っ最中。

**国枝厚子**
国枝社会保険労務士事務所所長
30代で自身の事務所を立ち上げ、多くのクライアントを抱え、日々奔走する敏腕社労士。若手のハジメを一人前に育てるべく、なにかと手伝いをさせて、教育中。

## プロローグ

専業主婦
**金田三津子**
ハジメの母
第３号被保険者

会社員
**金田二郎**
ハジメの父
第２号被保険者

## PART 1 年金を知らないと損をする！
～年金の基礎知識～

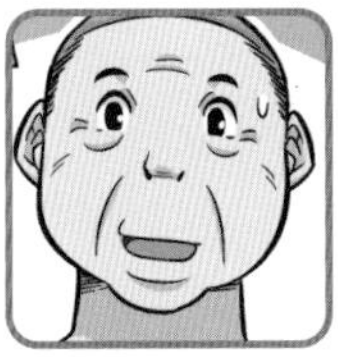

会社員
**江口さん**
第２号被保険者

自営業
**富士田さん**
第１号被保険者

専業主婦
**後藤さん**
第３号被保険者

## PART 2 年金はいつからもらう?
～老齢年金のしくみ～

フリーカメラマン
**井上さん**
第１号被保険者

会社員
**城島さん**
第２号被保険者

会社社長
**加藤さん**
第２号被保険者

ハジメの叔母
**涼子**
第３号被保険者

**マスター**
第１号被保険者

## PART 3 万一のときに受け取れる年金
～遺族給付・障害給付～

会社員（ハジメの父）
**金田さん**
第２号被保険者

# 種類と受け取る年金

（注）ここに紹介するなかには条件を満たさないと、受け取れない年金も含まれます。

## ●公務員

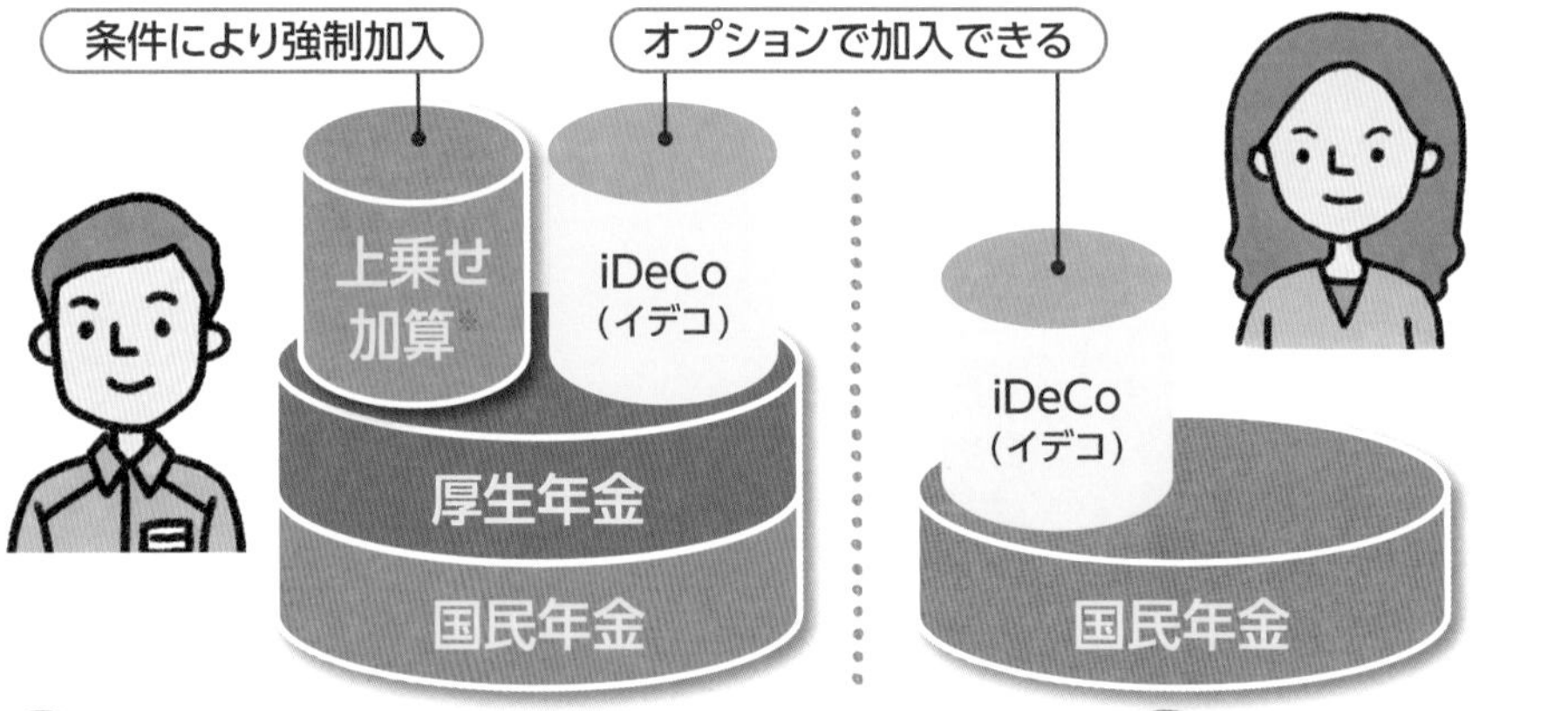

条件により強制加入
オプションで加入できる
上乗せ加算※
iDeCo（イデコ）
厚生年金
国民年金
iDeCo（イデコ）
国民年金


夫 厚生年金保険に加入（国民年金にも加入） 配偶者を扶養している場合は → 妻 国民年金に加入

※加算額の名前は加入していた共済組合の種類によって異なります。

受け取る年金は加入していた年金制度によって異なります。
ここでは、代表的な夫婦の年金の組み合わせでご紹介します！
ちなみに夫と妻が逆でも同様のしくみです。

## ●年金制度と受け取る年金

| 加入している年金制度 | 受け取る年金（給付）の名前 | | |
|---|---|---|---|
| | 老後は… | 亡くなったら… | 障害を負ったら… |
| 国民年金 | 老齢基礎年金 | 遺族基礎年金 | 障害基礎年金 |
| 厚生年金保険（共済組合※1） | 老齢厚生年金＋老齢基礎年金 | 遺族厚生年金※2＋（遺族基礎年金） | 障害厚生年金※2＋（障害基礎年金） |

※１：厚生年金保険と共済組合は2015年10月に一元化され、共済組合に加入していた人が新たに受け取る年金の名前は原則として厚生年金です（共済組合時と内容は変わらない）。
※２：遺族基礎年金、障害基礎年金は条件が合えば受け取れます。

## ＋民間の個人年金保険

個人年金


生命保険会社、損害保険会社、銀行、郵便局などの年金商品を契約する。

早わかり！ 年金のしくみ❶

# 年金制度のおもな

## ●自営業

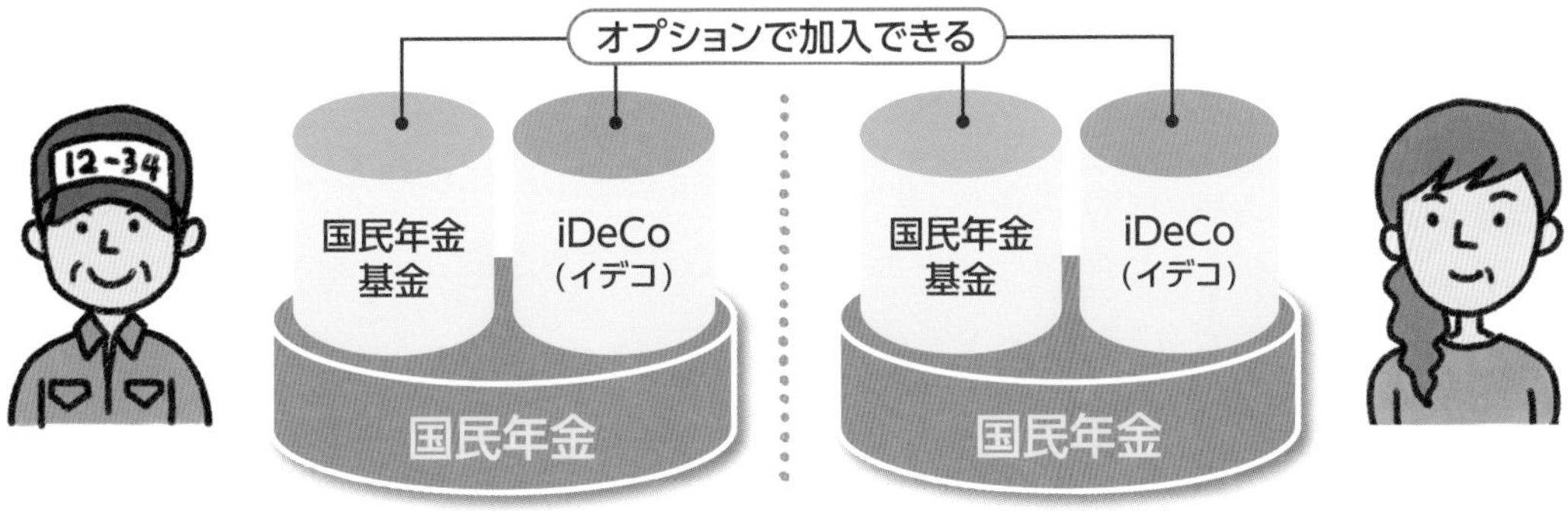
オプションで加入できる
12-34
国民年金基金
iDeCo
（イデコ）
国民年金
国民年金基金
iDeCo
（イデコ）
国民年金

夫 国民年金に加入

妻 国民年金に加入

## ●会社員

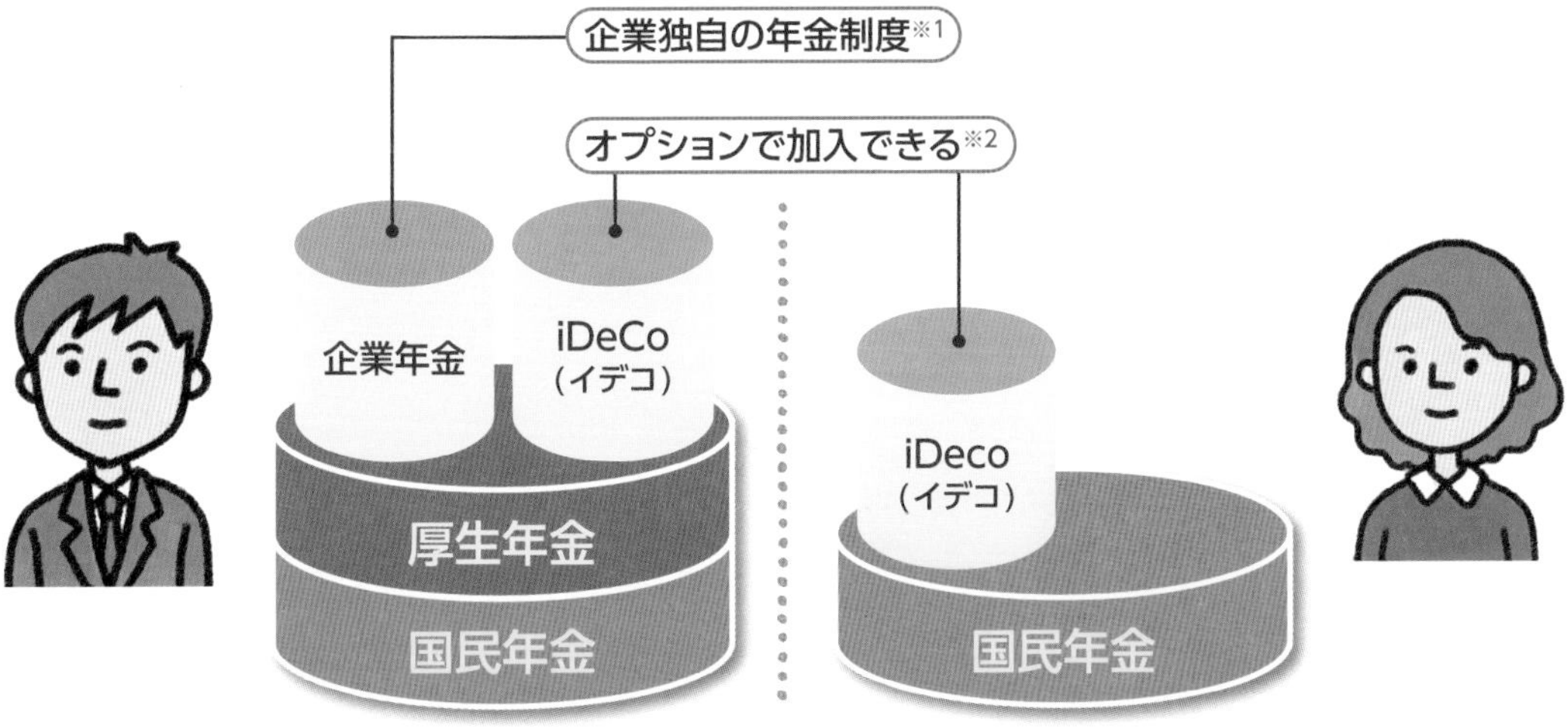
企業独自の年金制度※1
オプションで加入できる※2
企業年金
iDeCo
（イデコ）
厚生年金
国民年金
iDeco
（イデコ）
国民年金

夫 厚生年金保険に加入（国民年金にも加入）→配偶者を扶養している場合は→妻 国民年金に加入

※1：企業年金には、確定給付企業年金、企業型確定拠出年金、厚生年金基金などがあります（詳細はP64参照）。基本的には強制加入ですが、多くの企業は導入していません。

※2：2022年10月から、企業型確定拠出年金とiDeCoの併用要件が緩和され、原則、両方に加入できるようになりました。マッチング拠出を導入している企業の人はマッチング拠出かiDeCoかを選択します。

こんな

# 年金を受け取れる

共済組合に**1年以上**加入していて、昭和36年4月1日以前生まれ

いいえ → Dへ

はい → Eへ

厚生年金保険に**1年以上**加入していて、昭和36年4月1日以前生まれの男性、または昭和41年4月1日以前生まれの女性である

いいえ → Bへ

はい → Cへ

過去に公務員だった（共済組合・厚生年金保険に加入していた）期間がある

はい → 共済組合に1年以上加入していて、昭和36年4月1日以前生まれ

いいえ → 厚生年金保険に1年以上加入していて、昭和36年4月1日以前生まれの男性、または昭和41年4月1日以前生まれの女性である

チャートの「はい」・「いいえ」に答えて、あなたが老後に受け取る年金の種類を調べてみましょう！

**D**

老齢基礎年金
＋
老齢厚生年金
＋
上乗せ加算※1※2

**E**

老齢基礎年金＋
老齢厚生年金＋
上乗せ加算※1※2
65歳前に受け取れる特別支給の老齢厚生年金あり（→P86）

※1：厚生年金保険に原則20年以上加入している人で、家族を養っている人には上乗せで加算があります（→P122～125）。

※2：旧職域部分の加算や年金払い退職給付など、共済組合に加入していた期間に応じた加算があります。

## 早わかり！　年金のしくみ❷

# あなたは老後に

**START!**

年金（国民年金・厚生年金保険・共済組合いずれか）に少なくとも**10年間**※加入して、保険料を納めている（→P74）

※2017年7月までは原則25年間。

↓

**あなたの現在の職業は…**

| 自営業など右記以外で厚生年金保険には入っていない | 会社員・公務員に扶養されている配偶者（第3号被保険者）（→P38） | 会社員（厚生年金保険に1か月以上加入している） | 公務員（厚生年金保険に1か月以上加入している） |
|---|---|---|---|

↓（自営業など・配偶者）

過去に会社員・公務員だった（共済組合・厚生年金保険に加入していた）期間がある

はい

いいえ → Ⓐへ

このほか、会社の企業年金、個人で国民年金基金や確定拠出年金に加入のある人は上乗せの給付がありますよ（→P62～65）。

**GOAL!**

**A**
老齢基礎年金

**B**
老齢基礎年金
＋
老齢厚生年金※1

**C**
老齢基礎年金
＋
老齢厚生年金※1
65歳前に受け取れる特別支給の老齢厚生年金あり（→P86）

# 確認する方法

## ●電話で相談・確認

※相談電話番号や受付日時は変更になることがある。
最新情報は日本年金機構ホームページで確認を。

### ねんきんダイヤル

●一般的な年金相談に関する問い合わせ

**0570-05-1165**

（050で始まる電話からかける場合は
03-6700-1165）

**受付時間**

月　8：30～19：00
火～金　8：30～17：15
第２土曜日　9：30～16：00

※月曜日が祝日の場合は、翌日以降の開所日初日に19：00まで相談できます。土日祝日（第２土曜日を除く）、12月29日～１月３日は利用できません。

### ねんきん加入者ダイヤル

●一般的な年金の加入に関する問い合わせ

〈国民年金加入者向け〉

**0570-003-004**

（050で始まる電話からかける場合は
03-6630-2525）

〈事業所・厚生年金《こうせいねんきん》保険《ほけん》加入者向け〉

**0570-007-123**

（050で始まる電話からかける場合は
03-6837-2913）

**受付時間**

月～金　8：30～19：00
第２土曜日　9：30～16：00

※土日祝日（第２土曜日を除く）、12月29日～１月３日は利用できません。

年金は、自分で請求しないと受け取れません。自分の加入の種類や保険料の納付状況を把握することが大切です。わからないことがあるときの相談先、調べる方法を確認しておきましょう。

## CHECK! 郵便で届く年金のおもな書類

年金制度に加入中 → 65歳の誕生日を迎える前 → 年金を受け取り始めたら

### 年金制度に加入中

□**ねんきん定期便**
（➡P180）
誕生月に届く。これまでの年金の加入記録などが記載されている。

□**社会《しゃかい》保険料《ほけんりょう》（国民年金保険料）控除《こうじょ》証明書**
年末年始頃に届く。年末調整や確定申告《かくていしんこく》に必要になる書類。

### 65歳の誕生日を迎える前

□**年金請求書**
（➡P130、185）
年金を受け取るために必要な手続きの書類。

### 年金を受け取り始めたら

□**年金額改定通知書・年金振込通知書**
受け取る年金の金額を確認できる書類。

□**公的年金等の受給者の扶養親族等申告書**
所得税に関係する書類。

□**公的年金等の源泉徴収票《げんせんちょうしゅうひょう》**
確定申告に必要になる書類。

※上記の書類はねんきんネット（→P19）から受け取ることもできます。

（注）共済組合に加入していた人も、自分の共済組合の本部や支部まで行かなくても、近くの年金事務所で相談や届け出ができるようになりました（ただし、一部例外があります）。

早わかり！ 年金のしくみ③

# 年金の情報を

## ●インターネットで確認

### 日本年金機構ホームページ

●URL　https://www.nenkin.go.jp/

公的年金に関する最新情報、年金制度のしくみ、年金事務所《ねんきんじむしょ》の情報などを見ることができる。手元に届く通知書の見方の案内もあるほか、届け出用紙のダウンロードも活用できる。

### 相談チャット総合窓口

対話形式により自動で24時間対応している。項目別に知りたいことがわかる。

### ねんきんネット

●URL　https://www.nenkin.go.jp/n_net/

日本年金機構《にっぽんねんきんきこう》の個人情報確認サービス。利用登録（メールアドレスと基礎年金番号《きそねんきんばんごう》〈→P21〉が必要）すると、加入記録《かにゅうきろく》の確認や年金見込額の試算、日本年金機構から送られた通知書の確認や再交付申請ができる。

**マイナポータルからねんきんネットを利用する**

政府が運営するオンラインサービス「マイナポータル」からねんきんネットを利用することが可能になった。マイナンバーカードでマイナポータルにログインすれば、「ねんきんネット」にログインできる（初回手続きが必要。→P183）。

## ●窓口で相談・確認

### 年金事務所

全国各地にある年金の相談窓口。所在地、電話番号、受付時間、休日開設などの詳しい情報は日本年金機構のホームページで確認できる。相談の電話予約（下記参照）ができる。

●来訪相談の予約受付専用電話

**0570-05-4890**

（050で始まる電話からかける場合は
03-6631-7521）

**受付時間**

月～金（平日）　8：30～17：15

※土日祝日、12月29日～1月3日は利用できません。

### 街角の年金相談センター

日本年金機構から委託を受け、全国社会保険労務士《しゃかいほけんろうむし》会連合会が運営している相談・届け出窓口。駅の近くやショッピングセンターの中など、行きやすい場所にある。無料のサービスだが、対面相談のみで、電話相談は受けつけていない。

### 市区町村の国民年金担当窓口

市区町村の役所・役場内にあり、年金課などの名前がついている。自営業の人などの国民年金《こくみんねんきん》第１号被保険者《ひほけんしゃ》（→P38）に関する届け出や相談ができる。保険料の納付はできない。

# Q&A 気になる年金のギモンあれこれ

## Q1 加入期間が短いと年金はどうなるの？

**A 受け取れない、または加入期間に応じた年金額になります。**

老齢基礎年金《ろうれいきそねんきん》を受け取るには、**少なくとも10年※間の加入期間が必要です。** 加入期間が足りないと年金を受け取ることができません。もし、会社員などで厚生年金《こうせいねんきん》保険《ほけん》に加入した期間があったとしても、**老齢基礎年金を受け取る資格のない人は老《ろう》齢厚生年金《れいこうせいねんきん》も受け取れません。**

なお、最低の加入期間を満たして、老齢基礎年金を受け取ることができたとしても、**満額を受け取れるのは40年間加入・全納した人です。** 40年に満たない場合は、月数に応じて減額されます。

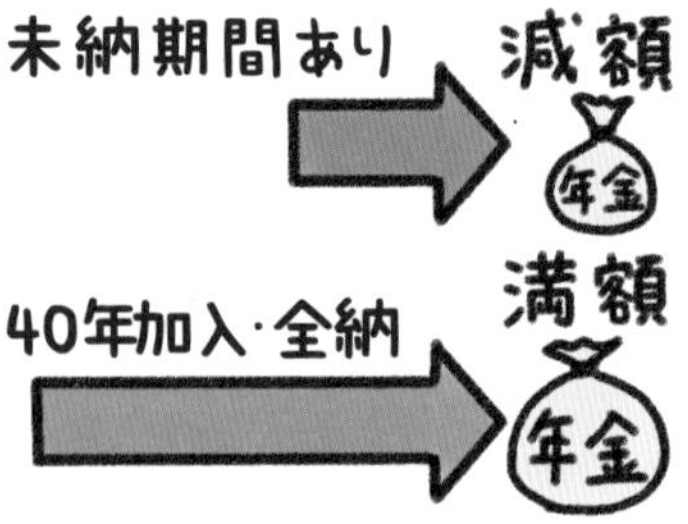
未納期間あり
減額
年金
40年加入・全納
満額
年金

※2017年7月までは原則25年間の加入期間が必要。

## Q2 年金の請求が遅れたら損してしまう？

**A さかのぼって受け取れますが、時効があるので要注意です。**

年金を受け取るには請求書の提出が必要です。**請求し忘れていることに気づいたら、その時点で請求の手続きをしましょう。** 年金を受け取れるようになった年月まで、さかのぼって年金を受け取れます。

ただし、**年金には5年の時効があります。** 5年を過ぎても請求がないと、年金を受け取る権利が消滅してしまいます。ただし、やむを得ない理由や年金記録の訂正があった場合などは5年を過ぎても受け取れることがありますので、あきらめずに年金事務所に相談しましょう。

忘れていた…

## Q3 年金手帳を紛失してしまった！年金を受け取れなくなる？

**A 年金手帳がなくても年金は受け取れます。**

年金手帳がなくても年金は受け取れます。ただ、年金手帳に記載されている各自に割り振られた基礎年金番号がわからないと、手続きなどで不都合があったり、記録の確認ができないといったことも起こります。また、年金手帳は2022年4月から「基礎年金番号通知書」に切り替えられました。したがって、基礎年金番号を確認する書類を手元に置いておきたい場合は、基礎年金番号通知書の交付をお願いするといいでしょう。

なお、基礎年金番号は年金手帳以外でも、年金証書や年金額改定通知書など各種通知書、ねんきんネットで確認することができます。

## Q4 子どもの年金保険料を親が納めてもいいの？

**A 大丈夫です。親の社会保険料控除に入れることができます。**

親が子どもの保険料を納めることは可能です。その場合、**納めた保険料は親の社会保険料控除《しゃかいほけんりょうこうじょ》の対象となり、所得税や住民税が安くなります。**「社会保険料（国民年金保険料）控除証明書」という書類が届くので、会社員、公務員なら年末調整のときの書類に入れて提出、自営業なら確定申告《かくていしんこく》のときに忘れずに入れてください。

また、**子どもが納めなかった過去の保険料を後から納めた場合も、すべての保険料を社会保険料控除に入れることができます。**なお、2年分をまとめて前納《ぜんのう》した場合は、納めた年の分として控除するか、各年に振り分けて控除するかを選ぶこともできます。

## Q5 どうして保険料と年金額が毎年変わるの？

**A 物価や賃金、少子高齢化といった社会の変化に対応するためです。**

増える高齢者の年金給付に足りる保険料を集めようとすると保険料がどんどん上がってしまう心配がありました。そこで年々少しずつ保険料を上げていき、**2017年に保険料を固定してその範囲で給付を行うことになりました。**

国民年金保険料は毎年280円ずつ引き上げて2017年度以降は※1万6900円で固定、厚生年金保険料率は毎年0・354%ずつ引き上げて2017年9月から18・3%で固定されました。

第1号被保険者《ひほけんしゃ》の産前産後期間の保険料免除の財源とするため、国民年金保険料は月額100円引き上げられ、1万7000円となりました。

受け取る年金額も、物価や賃金によってスライドさせるしくみです。受け取る年金の金額に直に影響してくることなので、今後のニュースに注意しておきましょう。

※2004年度の価格水準での固定額で、実際の額は物価や賃金水準により異なります。2024年度の保険料は月額16,980円。

## Q6 保険料の免除を受けたら、年金は減っちゃうの？

**A 後から保険料を納めないと、年金は減額になってしまいます。**

国民年金の保険料を納めるのが難しいときは、**免除《めんじょ》の申請をして、承認されると保険料の納付が一部または全部免除になります。**免除となった期間は年金を受け取るために必要な**加入期間には入れられますが、年金額は減額されます。**

たとえば、半額免除となり、保険料を半額だけ納めていた場合、免除期間分の年金は4分の3〔2009年3月分までは3分の2〕となります〔国庫負担（税）があるため〕。ただし、**後から保険料を納める追納《ついのう》制度《せいど》を利用すれば、当時保険料を納めていたのと同じ扱いになり、年金の減額を防ぐことができます。**

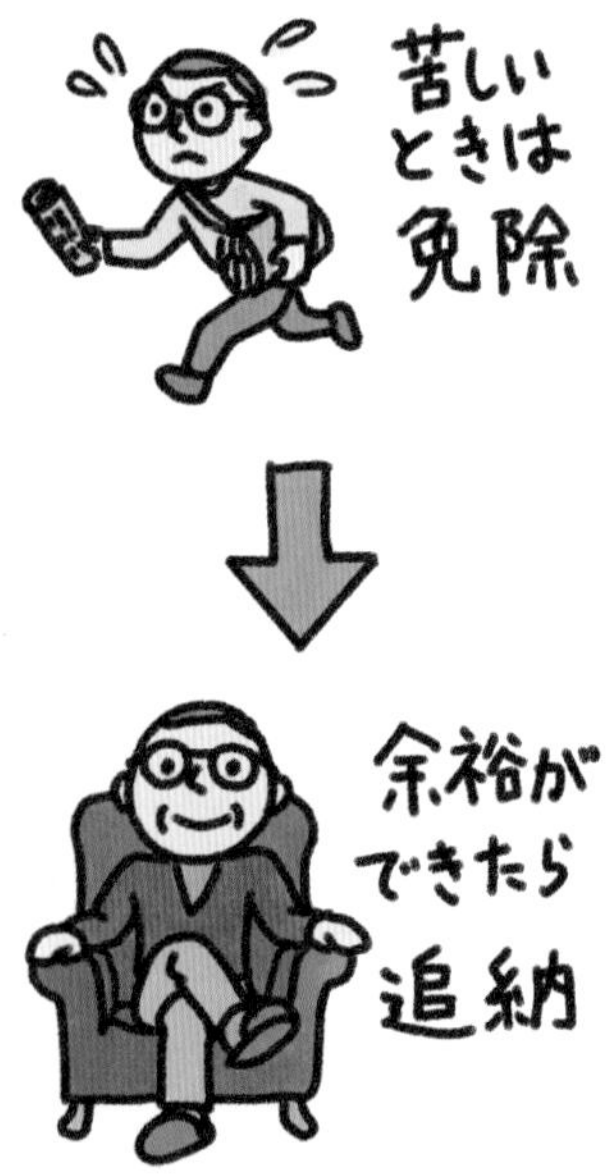

# Q7 納めた保険料は、自分の年金になるんじゃないの？

**A** 保険料は、現在の高齢者に支払われている年金などに使われています。

年金制度は、**働く現役世代が納める保険料がそのときの高齢者などの年金となります。**つまり、これは世代と世代の支え合いが基本となっており、これを賦課《ふか》方式といいます。また、老齢基礎年金の半分は税金でまかなわれています。

働く現役世代が高齢になった親世代の生活を支えるというライフスタイルが一般的ではなくなりました。社会全体で高齢者などを経済的に支えることで、支える側の負担のばらつきを小さくするというしくみをとっています。**年金のニュースで何か変更があったときは、このことを念頭に置いてニュースを見ると、理解しやすくなります。**

# Q8 公的年金が運用されているって、本当？

**A** 本当です。公的年金はGPIFが運用しています。

国に集められた国民年金や厚生年金保険の保険料を年金積立金《ねんきんつみたてきん》といいます。年金積立金は**厚生労働大臣から委託を受けた年金積立金管理運用独立《ねんきんつみたてきんかんりうんようどくりつ》行政法人《ぎょうせいほうじん》（ＧＰＩＦ）が管理、運用を行っています。**運用による収益は年金特別会計という項目で国に納められていて、公的年金の運営の安定のために使われます。

公的年金の運用がどのように行われているのか、運用結果がどうなっているのかを※ＧＰＩＦのホームページで見ることができます。今後の年金制度の動きを追っていくときに、知っておくとよいでしょう。

※GPIF ホームページ　https://www.gpif.go.jp/

図解 いちばん親切な年金の本 24-25年版

# 目次

# PART 1 年金を知らないと損をする！
## ～年金の基礎知識～

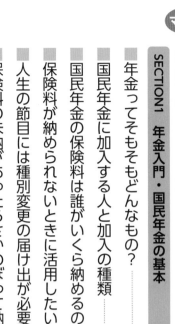



# PART 2 年金はいつからもらう？
## ～老齢年金のしくみ～

ハロー
ガンバレー
失業給付

## PART 3

# 万一のときに受け取れる年金 ～遺族年金・障害年金～

本書は、2024年3月現在に公表されている金額等、または厚生労働省に問い合わせて判明している金額等に基づいて編集しています。年金額などは厚生労働省、日本年金機構が発表する最新データを確認してください。

# 本書の使い方

本書は、以下の3つのパートから成り立っています。知りたいところ、興味のあるところから読み進めてください。

## PART 1 年金を知らないと損をする！ ～年金の基礎知識～

年金の基礎知識を解説。年金の種類、保険料、加入期間、上乗せ年金、個人年金など、保険料を払っている人が知っておきたい情報を掲載しています。

## PART 2 年金はいつからもらう？ ～老齢年金のしくみ～

老齢年金のしくみを解説。老齢年金の種類、受給資格、年金額、繰上げ・繰下げ受給、雇用と老齢年金、年金分割、年金受給の手続きなど、年金を受け取っている人、もうすぐ受け取る人が知っておきたい情報を掲載しています。

## PART 3 万一のときに受け取れる年金 ～遺族年金・障害年金～

自分が死んだ後の遺族に支給される遺族年金、自分が障害者になったときの年金について知っておきたい情報を掲載しています。

それぞれの項目は見開き2ページで完結するように構成してあります。左ページは図解による解説が入っています。

国民年金に関することは 国
厚生年金保険に関することは 厚
その他については 他
マークが黄色になっています。

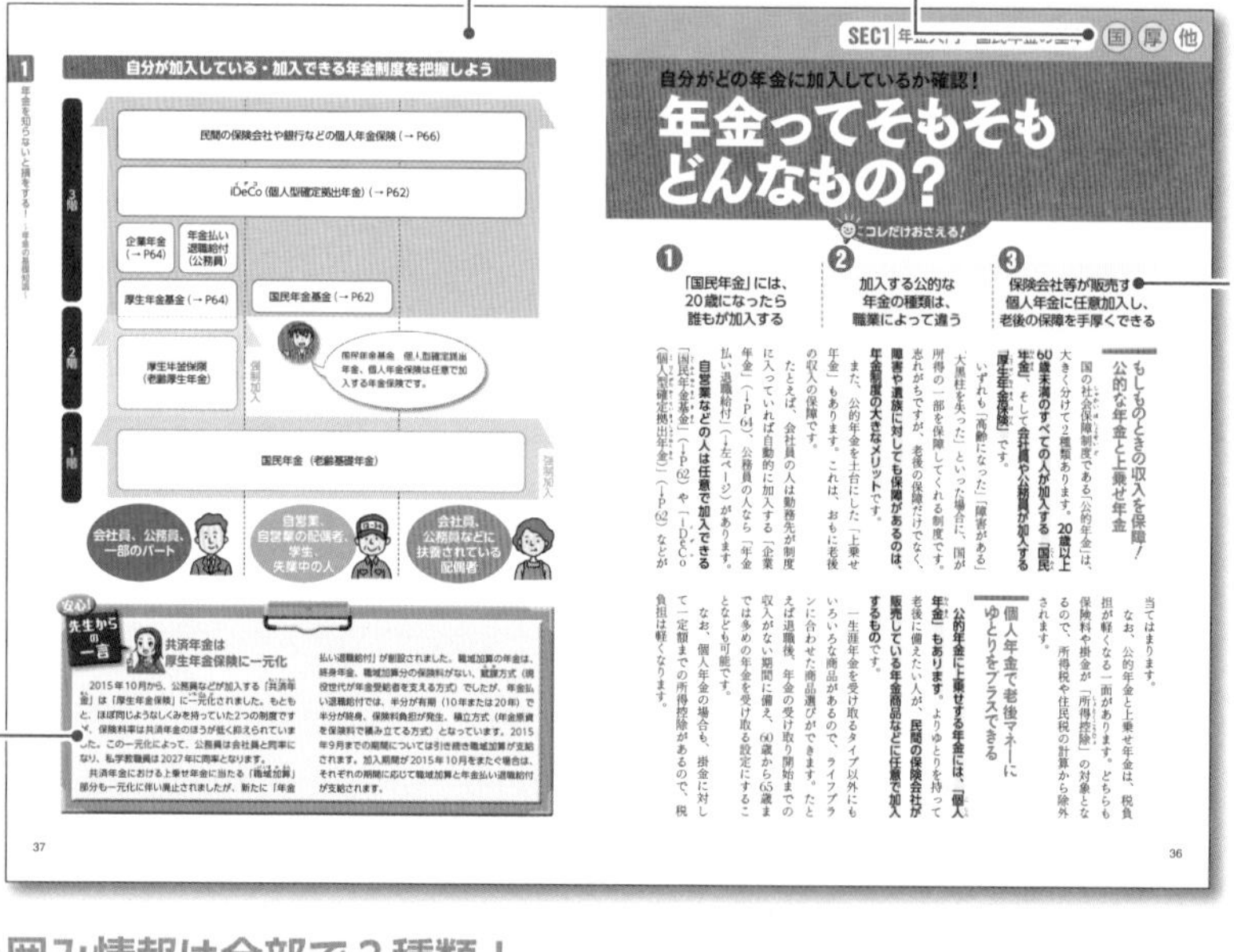


**コレだけおさえる！**
この見開きページで解説している内容を3つの要点にまとめてあります。

**囲み情報は全部で3種類！**
【どうする？ こんなとき】→年金の手続きや届け出などで、よくあるトラブルを解消します。
【安心！ 先生からの一言】→年金に関するいろいろな情報を紹介します。
【損しない！ よくある勘違い】→年金のお金にまつわるトラブルやお得情報を紹介します。

PART
1

# 年金を知らないと損をする！
## ～年金の基礎知識～

スポーツクラブ
社労士《しゃろうし》も身体が資本
年金って、どうなってるんだっけ？ その1
常日頃からの体力づくりも怠らないこと！
ハイ！ 先生！
江口さん最近がんばりますねぇ
自営業 富士田さん
妻がメタボメタボうるさくてね
ハァハァ
会社員 江口さん
お互い身体にガタがくる年齢ですからなぁ
そうですねぇ定年まではしっかり働かないとね
いやいや奥さんは定年後も頑張ってほしいと思ってるんじゃないですか？
えっ？…そうですね いまどき年金なんて当てにできないですからね…
あら サラリーマンでも厳しいの？
ウチの主人も大丈夫かしら
どうも
ども
ども
私たちは厚生年金保険《こうせいねんきんほけん》だから国民年金《こくみんねんきん》だけの人たちよりは多くもらえるのでしょうけどね
専業主婦 後藤さん

今さらだけど……
年金の保険料って
結婚してから私個人では
払っていないと思うのよ
専業主婦は
それでいいのよね？
うーん、後藤さんの
ご主人も
サラリーマン
でしたっけ？
ご主人の会社で
奥さんの保険料も
一緒に払って
いるのでは？
え！
そういうこと
だったの？
なんだかハッキリ
しなくて不安だわ
皆さん！
どうやら
お困りの
ようですね！
年金の問題なら
社労士を
目指してる
私にお任せ
ください！
グキッ
ズブシャ
あぶっ
大丈夫かい？
お若いの
無理しちゃ
いけないよ
キミ、たしか
あの美人先生の
トコで働いてる
ははは……
大丈夫っすよ

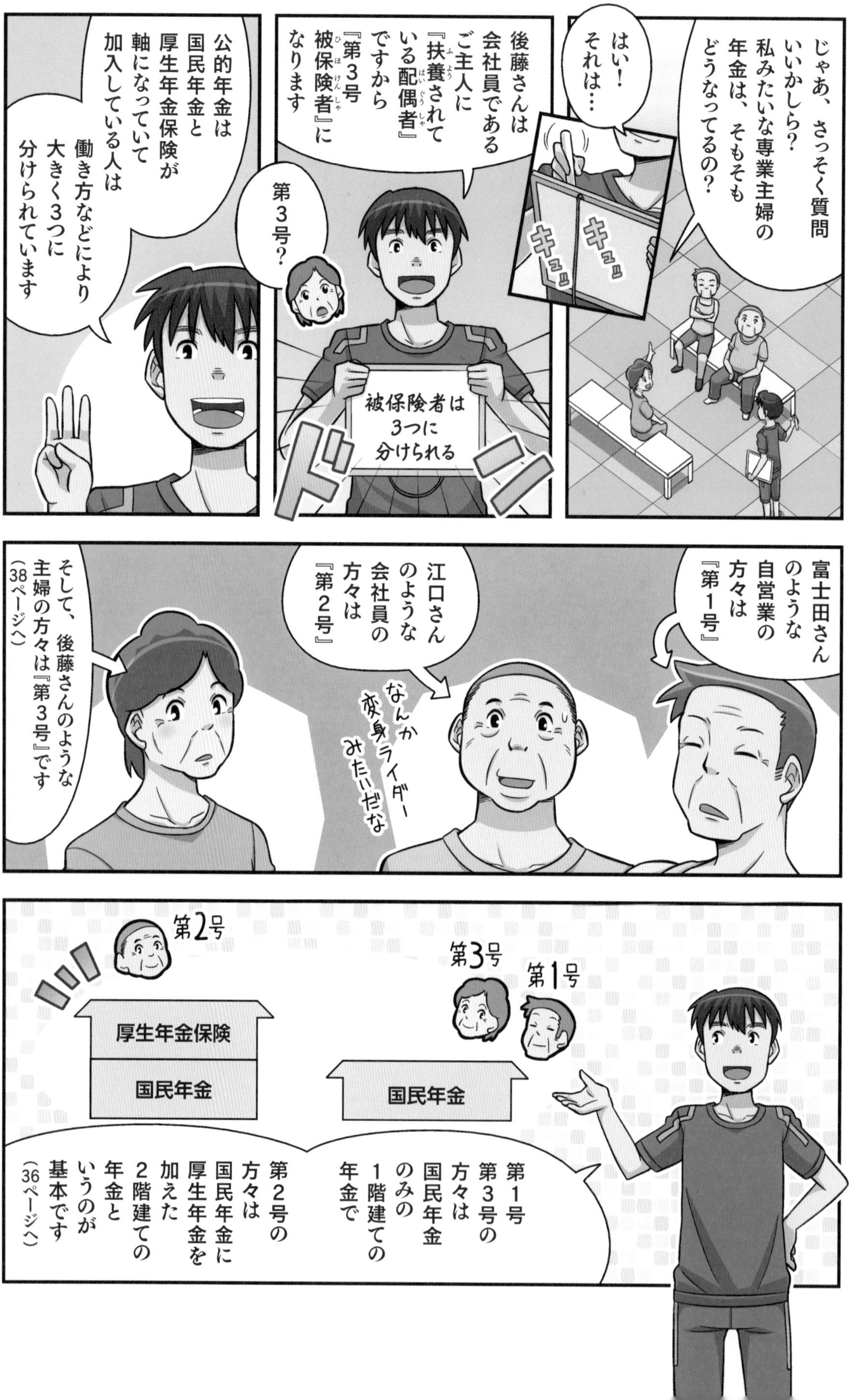

じゃあ、さっそく質問いいかしら？私みたいな専業主婦の年金は、そもそもどうなってるの？
はい！それは…
キュッ
キュッ
後藤さんは会社員であるご主人に『扶養《ふよう》されている配偶者《はいぐうしゃ》』ですから『第3号被保険者《ひほけんしゃ》』になります
第3号？
被保険者は3つに分けられる
ドン
公的年金は国民年金と厚生年金保険が軸になっていて加入している人は働き方などにより大きく3つに分けられています
富士田さんのような自営業の方々は『第1号』
江口さんのような会社員の方々は『第2号』
なんか変身ライダーみたいだな
そして、後藤さんのような主婦の方々は『第3号』です（38ページへ）
第2号
厚生年金保険
国民年金
第3号
第1号
国民年金
第1号第3号の方々は国民年金のみの1階建ての年金で第2号の方々は国民年金に厚生年金を加えた2階建ての年金というのが基本です（36ページへ）

たしか、保険料の納め方が違うんだよな
オレは自分で納めているけどサラリーマンは会社が払ってくれるんでしたっけ？
そうですね給料から天引《てんび》きされてますわ
じゃあ私の保険料もやっぱり主人の給料から天引きされる形で払っているわけよね？
いえ、違うんですよ勘違いされている方が多いのですがご主人に扶養されている後藤さんはそもそも払う必要がないんですよ
え？ ウチのカミさんは自分で保険料を納めてるぞ！
富士田さんは自営業なので奥さまも第１号ですからそうなります
待って待って！ それじゃあ夫が定年退職した後は？ 私の保険料は誰が納めるの？
夫の退職後は主婦も支払わなくてはならないケースもある
定年退職後にご主人が再就職をしないのであれば後藤さんは種別が第１号に変わります
やだ！ どうすればいいの？
そのままでは保険料が未納《みのう》となってしまうので自分で種別変更の手続きをして保険料を納めなければなりませんね（44ページへ）

大変！　私が年金をもらえるようになるまでは主人には働いてもらわないと！
じゃあ次はオレから！ずっと気になってることがあるんだよ
はい！なんでもどうぞ！
実はオレ今の事業を35歳のときに立ち上げたんだけど3年ぐらいは全然余裕がなくて年金の保険料を納められなかった時期があったんだそれって今からでも払えるのかな？
うーん
赤字だなぁ
はい！その場合は
……
…あれ？
どうだったっけ？
それって……10年以上前の話ですよね？えーっと、あーっと…
少々おまちを…
ペラペラ
まだまだ甘いわよ！ハジメくん！
ギクッ
あんちょこメモ
なかなか頑張ったけど
そこはスラスラと答えられるようにならないと！
美人センセだ！
おお♥
と、いうわけでここは私からご説明させていただきます！

未納にしないための免除制度がある
実は経済的理由で保険料を納めるのが難しい場合は
※1そのときに申請すれば保険料の全額または一部を免除《めんじょ》もしくは納付《のうふ》を猶予《ゆうよ》してもらえる制度があるんです（42ページへ）
そうだったのか……つまり、もう手遅れってこと？

はい、残念ながら、さかのぼって納めることができるのは2年までなので……当時のその3年間は未納ということになってしまいますね

※1　最大2年1か月さかのぼり免除申請ができます。
※2　2017年8月から施行。それまでは原則25年以上必要。

未納期間があると年金を受け取れないなんてことはないんだよね？
年金納付年数
つまり10年納付していればもらうことはできる！
1 2 3 4 5 6 7 8 9 10年 11
富士田さんの場合は年金の受給《じゅきゅう》※2に必要な最低期間である10年間以上を納付されているようですから大丈夫ですよ
ただ、未納期間がある分は受給額は減額されてしまいます
なるほど…とりあえずもらえるとわかっただけ安心したよ
…さて私としてはハジメくんにまだまだ不安が残るわね
ギクッ
と、いうわけで今回のことを反省しながらランニング追加よ！
ハ、ハイ！頑張りまッス！

自分がどの年金に加入しているか確認！

# 年金ってそもそもどんなもの？

コレだけおさえる！

**1** 「国民年金」には、20歳になったら誰もが加入する

**2** 加入する公的な年金の種類は、職業によって違う

**3** 保険会社等が販売する個人年金に任意加入し、老後の保障を手厚くできる

## もしものときの収入を保障！公的な年金と上乗せ年金

国の社会保障制度《しゃかいほしょうせいど》である「公的年金」は、大きく分けて2種類あります。**20歳以上60歳未満のすべての人が加入する「国民《こくみん》年金《ねんきん》」**、そして**会社員や公務員が加入する「厚生年金保険《こうせいねんきんほけん》」**です。

いずれも「高齢になった」「障害がある」「大黒柱を失った」といった場合に、国が所得の一部を保障してくれる制度です。忘れがちですが、老後の保障だけでなく、**障害や遺族に対しても保障があるのは、年金制度の大きなメリット**です。

また、公的年金を土台にした「上乗せ年金」もあります。これは、おもに老後の収入の保障です。

たとえば、会社員の人は勤務先が制度に入っていれば自動的に加入する「企業年金」（↓P64）、公務員の人なら「年金払い退職給付」（↓左ページ）があります。

**自営業などの人は任意で加入できる**「国民年金基金《こくみんねんききん》」（↓P62）や「iDeCo《イデコ》（個人型確定拠出年金《こじんがたかくていきょしゅつねんきん》）」（↓P62）などが当てはまります。

なお、公的年金と上乗せ年金は、税負担が軽くなる一面があります。どちらも保険料や掛金が「所得控除《しょとくこうじょ》」の対象となるので、所得税や住民税の計算から除外されます。

## 個人年金で老後マネーにゆとりをプラスできる

**公的年金に上乗せする年金には、「個人《こじん》年金《ねんきん》」もあります。** よりゆとりを持って老後に備えたい人が、**民間の保険会社が販売している年金商品などに任意で加入するもの**です。

一生涯年金を受け取るタイプ以外にもいろいろな商品があるので、ライフプランに合わせた商品選びができます。たとえば退職後、年金の受け取り開始までの収入がない期間に備え、60歳から65歳までは多めの年金を受け取る設定にすることなども可能です。

なお、個人年金の場合も、掛金に対して一定額までの所得控除があるので、税負担は軽くなります。

## 自分が加入している・加入できる年金制度を把握しよう

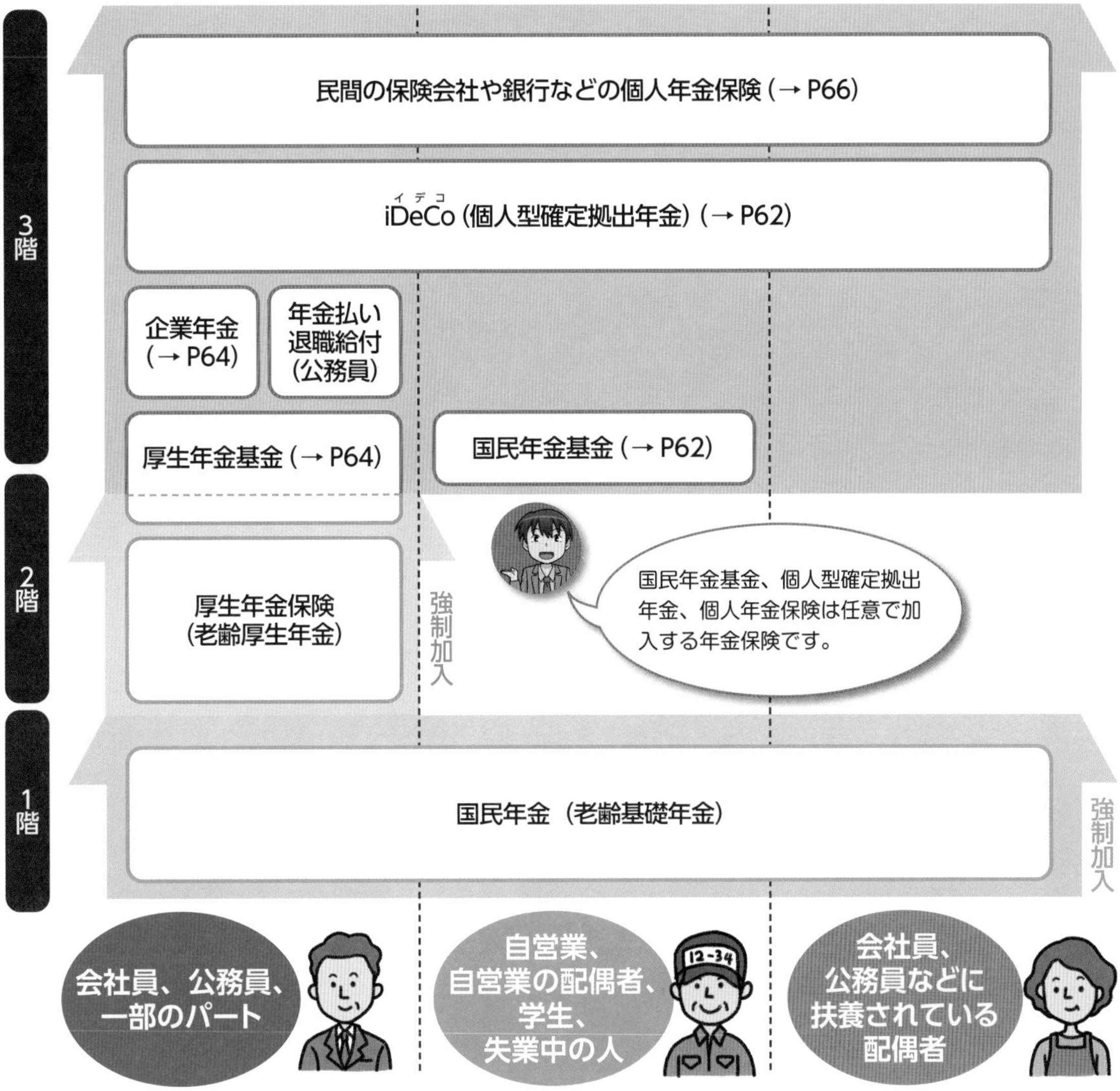
3階
2階
1階
民間の保険会社や銀行などの個人年金保険（→ P66）
iDeCo《イデコ》（個人型確定拠出年金）（→ P62）
企業年金（→ P64）
年金払い退職給付（公務員）
厚生年金基金（→ P64）
国民年金基金（→ P62）
厚生年金保険（老齢厚生年金）
強制加入
国民年金基金、個人型確定拠出年金、個人年金保険は任意で加入する年金保険です。
国民年金 （老齢基礎年金）
強制加入
会社員、公務員、一部のパート
自営業、自営業の配偶者、学生、失業中の人
会社員、公務員などに扶養されている配偶者

安心！先生からの一言

### 共済年金は厚生年金保険に一元化

2015年10月から、公務員などが加入する「共済年《きょうさいねん》金《きん》」は「厚生年金保険」に一元化《いちげんか》されました。もともと、ほぼ同じようなしくみを持っていた2つの制度ですが、保険料率は共済年金のほうが低く抑えられていました。この一元化によって、公務員は会社員と同率になり、私学教職員は2027年に同率となります。

共済年金における上乗せ年金に当たる「職域加算《しょくいきかさん》」部分も一元化に伴い廃止されましたが、新たに「年金払い退職給付」が創設されました。職域加算の年金は、終身年金、職域加算分の保険料がない、賦課《ふか》方式（現役世代が年金受給者を支える方式）でしたが、年金払い退職給付では、半分が有期（10年または20年）で半分が終身、保険料負担が発生、積立方式（年金原資を保険料で積み立てる方式）となっています。2015年9月までの期間については引き続き職域加算が支給されます。加入期間が2015年10月をまたぐ場合は、それぞれの期間に応じて職域加算と年金払い退職給付が支給されます。

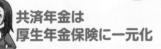

もらい損ないを防ぐ重要ポイント！

# 国民年金に加入する人と加入の種類

コレだけおさえる！

**1** 20歳から60歳になるまでみんな必ず国民年金に加入する

**2** 加入している人のことを被保険者といい、3つの種類がある

**3** 第何号被保険者なのかを知っておけば、加入もれを防げる

## 加入の基本を確認！ 手続きを忘れずに

日本国内に住んでいる20歳以上60歳未満の人は、職業や収入などにかかわらず、国民年金《こくみんねんきん》への加入が義務づけられています。20歳になると、日本年金機構がマイナンバーにもとづき加入処理を行い、約2週間以内に国民年金への加入のお知らせと納付書、**保険料納付猶予制度**と**学生納付特例制度**（→P42）の案内を送付します。**手続きが済むと、基礎年金番号通知書※が送られてきます。**

20歳になる前から会社員や公務員として働いている人は、勤務先が届け出をするので、手続きはありません。会社員や公務員に扶養《ふよう》されている配偶者については、20歳になったら配偶者の勤務先に連絡し、手続きをしてください。

## 損をしないポイントは「加入の種類」を知っておくこと

**国民年金の加入者を「被保険者《ひほけんしゃ》」と呼びます。**被保険者の種類は、職業によって3つに分かれています。

自営業の人やフリーター、学生などは**第1号被保険者**です。会社員や公務員は**第2号被保険者**、会社員や公務員に扶養されている配偶者は**第3号被保険者**です。**加入の種類によって、保険料を自分で納めるかどうか、また保険料の納め方、手続きをするときの場所などが異なります**（→P44）。もし、納付もれや届け出忘れがあれば、受け取る年金額にも影響が出ることもあります。そのため、常に「今自分が第何号被保険者なのか」を知って、未加入の期間がないようにしておくことが、年金で損をしないための大事なポイントになります。

なお、**任意加入者《にんいかにゅうしゃ》といって、希望すれば国民年金に加入できる人もいます。**任意加入の対象になるのは、①海外に住んでいる日本人、②年金を受け取るための加入期間が足りない60歳以上70歳未満の人、③年金を満額に近づけるために保険料を納めたい60歳以上65歳未満の人となります。

※これまでは年金手帳が交付されていましたが、2022年4月から「基礎年金番号通知書」が交付されます。

## あなたは第何号被保険者？

| 被保険者の種類 | こんな人も当てはまる | 保険料 | 手続き先 |
|---|---|---|---|
| **第1号 被保険者**  職業 自営業の人・フリーター・学生など | ●第1号被保険者に扶養されている専業主婦（夫）<br>●従業員が5人未満の個人会社で厚生年金保険に入っていない会社で働く人<br>●会社を辞めて、就職活動中の人<br>●65歳以上の会社員に扶養されている60歳未満の配偶者 | ●年金事務所から届く納付書をもとに自分で納める。<br>（お得な払い方はP41参照） | ●住所地の市区町村の国民年金担当窓口 |
| **第2号 被保険者**  職業 会社員・公務員など | ●65歳までの厚生年金保険の被保険者 | ●勤務先が給料から自動的に天引きしてくれる。 | ●勤務先 |
| **第3号 被保険者**  職業 会社員・公務員などに扶養されている配偶者<br>※2020年4月から、日本に住所を有することなどの要件が追加されています。 | ●パートなどで働いていたとしても、年収が130万円未満の配偶者（下のコラム参照）または①～⑤の条件に当てはまらない配偶者<br>①週に20時間以上働く<br>②月額88,000円以上（年収約106万円）<br>③学生でない<br>④2か月を超えて働く<br>⑤101人以上の企業で勤務<br>（2024年10月から51人以上） | ●納めなくてよい。 | ●扶養している第2号被保険者の勤務先 |

加入の種類によって、手続き場所なども変わるので、よく確認しておきましょう。

**安心！ 先生からの一言**

### 厚生年金保険の加入枠が拡大

女性に多い第3号被保険者は、保険料を納める必要がありません。ただしその分、保障も手厚くありません。そこで、2016年10月から、条件を満たした人（→P56）は、年収130万円未満でも厚生《こうせい》年金《ねんきん》保険《ほけん》と自分の勤務先の健康保険に入ることが可能になりました。

加入すると保険料を納めなければならなくなりますが、老後の年金が増え、障害の保障も厚くなり、遺族も保障がつきます。医療保険の給付も充実するので、メリットのほうが大きいといえます。保険料を納めたくなくて働く時間を調整していた人も、社会保険に加入することで、年収130万円の壁を気にせずに働けます。

できるだけお得に、確実に納めたい

# 国民年金の保険料は誰がいくら納めるの?

コレだけおさえる!

**1** 自営業の人や学生などの第1号被保険者が納める

**2** 保険料をまとめて納めたり口座振替にしたりすると、割引がある

**3** 保険料の納付期限は、翌月末日まで

## 第1号被保険者が国民年金保険料を納める

**2024年度の国民年金《こくみんねんきん》の保険料は、定額で月々1万6980円**です。第1号被保険者《ひほけんしゃ》と任意加入《にんいかにゅう》者(↓P42)が納めます。免除制度《めんじょせいど》(↓P47)を利用している人も、保険料の全額が免除される人以外は、一部免除された残りの保険料を納めます。

上乗せにあたる国民年金基金《こくみんねんきんききん》(↓P62)に入っていない人は、付加年金《ふかねんきん》(↓P63)を受けるために月額400円の付加保険料をプラスすることもできます。

**厚生年金保険《こうせいねんきんほけん》に入っている人(会社員や公務員の第2号被保険者)と、扶養されている配偶者の第3号被保険者は、個別に国民年金の保険料を納める必要はありません。**厚生年金保険から国民年金へ、制度間でまとめて保険料を納めるという形をとっています。

## 前納と口座振替で保険料は安くなる

第1号被保険者へは日本年金機構《にっぽんねんきんきこう》から保険料の納付書《のうふしょ》が送られます。金融機関やコンビニエンスストアなどで納めるほか、スマホ決済も可能です。

**納付の期限は翌月末日**です。たとえば4月分の保険料なら、5月末日までに納める必要があります。

保険料は毎月現金で納めるほかにも、口座振替、クレジットカード、スマホアプリでの納付が可能です。

なかでも、**一定期間分をまとめて前払いする前納《ぜんのう》と、自動的に保険料が引き落とされる口座振替《こうざふりかえ》は、割引制度を利用して保険料を安くすることができます。**

前納には6か月分、1年分、2年分がありますが、まとめる期間が長ければ長いほど割引率が高くなり、2年前納の場合は、最大で約1万6600円割引となります。また、年度の途中から年度末(または翌年度末)までの前納も可能です。

口座振替は事前に年金事務所《ねんきんじむしょ》や金融機関での申し込みが必要です。口座振替、クレジットカードで4月から納める場合は毎年※2月末が申込期限となっていますので、早めの手続きをしましょう。

※現金での前納は4月中でも手続きが可能です。

## 保険料の納め方いろいろ

### 選べる！　納め方

現金
口座振替
ATM
クレジットカード
CREDIT CARD
パソコンやスマホ

### 少しでもお得に！　割引を利用

**前納**　6か月・1年・2年前納がある
※2年前納は口座振替のほか、現金・クレジットカードでも行えます。

| 例 | |
|---|---|
| 現金で毎月納付 | 年間保険料　203,760円（16,980円×12か月） |
| 現金またはクレジットカードで1年分を前納 | 年間保険料　200,140円 |

3,620円割引!

**口座振替**　口座から引き落とし

| 例 | |
|---|---|
| 現金で毎月納付 | 年間保険料　203,760円（16,980円×12か月） |
| 口座振替で1年分を前納 | 年間保険料　199,490円 |

4,270円割引!

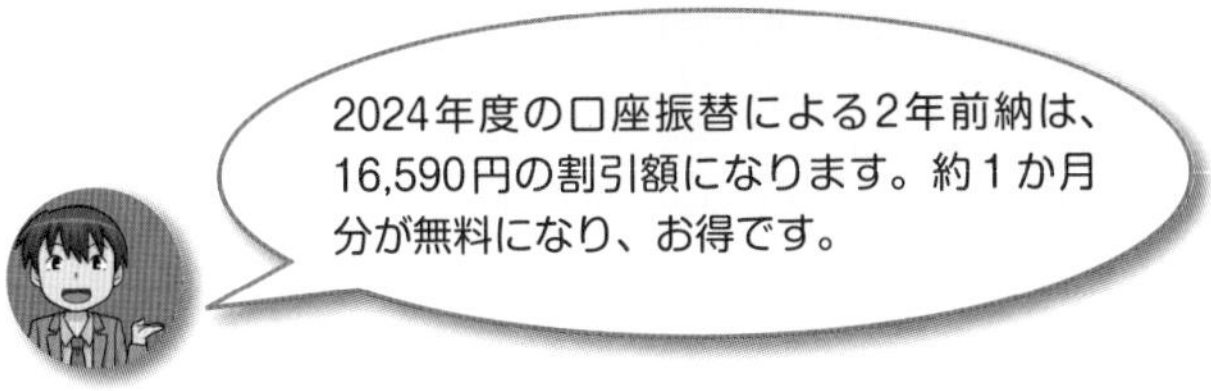
2024年度の口座振替による2年前納は、16,590円の割引額になります。約1か月分が無料になり、お得です。

※例は2024年度の割引額。
詳しくは日本年金機構のサイトまたは年金事務所へ。

### 損しない！よくある勘違い

#### 加入期間=保険料を納めた期間ではありません

年金を受け取るためには、少なくとも10年以上の加入期間が必要です（→P74）。そこで「保険料を納めた期間が短いから受給できない」とあきらめてしまう人がいます。

もし、第1号被保険者として保険料を納めた期間が10年に満たなくても、第2号被保険者・第3号被保険者だった期間、免除期間（→P42）などを合わせて10年以上あれば、年金を受け取れます。

忘れている加入期間があるかもしれませんから、記録をねんきんネット（→P19）などで確認しましょう。加入期間が足りない人は、任意加入の制度（→P47）を利用して、60歳を過ぎても保険料を納め、年金を受け取れるようにすることもできます。

未納のまま放っておくのとは大違い！

# 保険料が納められないときに活用したい制度

コレだけおさえる！

**1** 所得が低いときは、免除や納付猶予の申請をする

**2** 大学、短大などに在学中なら学生納付特例制度がある

**3** 免除・納付猶予・学生納付特例は年金を受け取るための期間に入る

## 保険料の全部または一部を納められないときの手続き

収入が減ってしまった、失業したなどの経済的な理由で※、国民年金《こくみんねんきん》の保険料を納めることが難しいときのために、免除《めんじょ》や納付猶予《のうふゆうよ》の制度があります。

**免除は、前年の世帯の所得が一定額以下のときに、申請書を提出して承認されれば、保険料の全額または一部を納めなくて済む制度**です。一部免除は、所得に応じて納める保険料が変わり、月額保険料のうち①４分の１、②半額、③４分の３の額のいずれかで納めます。

**納付猶予は、世帯ではなく、本人と配偶者の所得が低いときに、申請して認められると保険料の納付が猶予される制度**です。現在50歳未満の人が対象です（２０３０年６月までの時限措置）。

また、**大学や短大、専門学校など（夜間や通信制も含む）に通う学生《がくせい》には学生納付特例《のうふとくれい》があります。**こちらも本人の所得が一定以下であれば保険料を納めずに済みます。

## 免除・猶予・特例には未納にはない保障がある

納付書の期限までに保険料を納めずに2年が経ってしまうと、納めることができなくなり、その期間は未納《みのう》となります。**未納になった期間は、年金を受け取るための加入期間（→P74）に入りません。**

一方、**免除・納付猶予・学生納付特例の承認を受けた期間は、老後の年金はもちろん、障害や遺族の年金を受け取るための加入期間にもなります。**たとえば障害の状態になったときに、未納の場合と制度を利用している場合とで差が出ます。制度を利用して承認された期間なら年に約81万円（障害等級が2級の場合）の障《しょう》害《がい》基礎《きそ》年金《ねんきん》（→Ｐ１６８）を受け取れますが、未納のままにしておくと受け取れません。

免除期間分は、保険料を納めた場合と比べて老後の年金が減額されます（産前産後期間の保険料免除を除く）が、免除の種類に応じて一部、老齢基礎年金《ろうれいきそねんきん》（→Ｐ78）の額に反映されます。

※震災、風水害等の被災者は、所得に関係なく、免除・納付猶予に該当する場合があります。

## 納付、免除・猶予・特例、未納のおもな違い

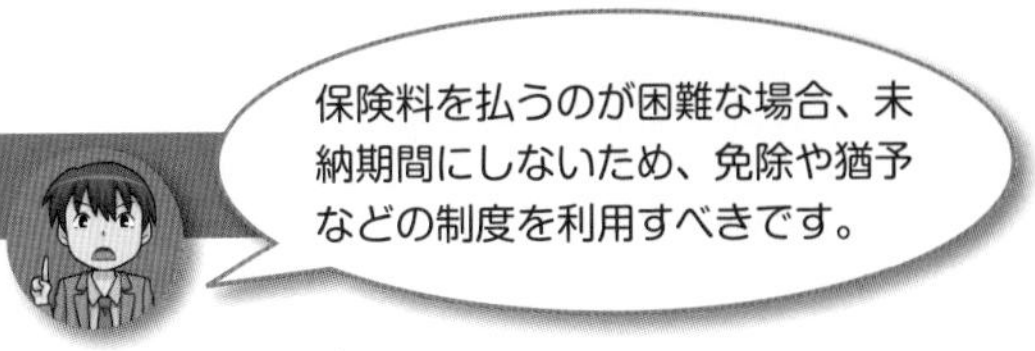
保険料を払うのが困難な場合、未納期間にしないため、免除や猶予などの制度を利用すべきです。

| | 老齢基礎年金を受けるための加入期間 | 老齢基礎年金額への反映 | 障害・遺族基礎年金を受けるための加入期間 |
|---|---|---|---|
| 納付 | ○ 加入期間になる | ○ 反映される<br>年金額の全額 | ○ 加入期間になる |
| 全額免除 | ○ 加入期間になる | △ 反映されるが減額あり<br>年金額の$\frac{1}{2}$ | ○ 加入期間になる |
| 一部免除 | ○ 加入期間になる | △ 反映されるが減額あり<br>年金額の$\frac{5}{8}$～$\frac{7}{8}$ | ○ 加入期間になる |
| 納付猶予 | ○ 加入期間になる | × 反映されない<br>0円 | ○ 加入期間になる |
| 学生納付特例 | ○ 加入期間になる | × 反映されない<br>0円 | ○ 加入期間になる |
| 第１号被保険者の産前産後期間の保険料免除※<br>（2019年4月～） | ○ 加入期間になる | ○ 反映される<br>年金額の全額 | ○ 加入期間になる |
| 未納 | × 加入期間にならない | × 加入期間にならない<br>0円 | × 加入期間にならない |

※第１号被保険者が出産する場合、出産予定日の前月からの４か月（ふたごなどの多胎妊娠の場合は３か月前からの６か月）分の保険料が免除となります。

**安心！ 先生からの一言**

### 迷わず相談、追納で免除制度を上手に利用

保険料を納めるのが困難になったときは、すぐ年金《ねんきん》事務所《じむしょ》へ相談に行きましょう。近年は、免除される金額の段階も増え、納付猶予制度の対象年齢が30歳未満から50歳未満に広がるなど、間口が広くなっています。以前は免除の対象にならなかったという人も、制度を利用できる可能性があります。

収入が増えるなどして保険料が納められるようになったら、追納《ついのう》といって、10年以内であれば後から納めて老齢基礎年金を満額に近づけることができます。一定の期間を過ぎると、当時の保険料に利息がついて高くなりますので、できるだけ早く納めてしまうほうがよいでしょう。

結婚・離婚・就職・退職したときは要注意！

# 人生の節目には種別変更の届け出が必要

コレだけおさえる！

**1** 自営業の人など第１号被保険者の届け出は市区町村へ

**2** 会社員や公務員の第２号被保険者の届け出は勤務先へ

**3** 専業主婦・専業主夫の第３号被保険者の届け出は配偶者の勤務先へ

## 被保険者の種類が変わるときには届け出を

結婚したとき、引っ越ししたとき、退職したときなど、人生の節目にはさまざまな届け出が必要です。そういった場合の多くは、年金の届け出も忘れずに行わなければいけません。

「年金制度ならでは」ともいえる届け出は、**被保険者《ひほけんしゃ》の種類が変わったときの種別変更**です。

たとえば、第1号被保険者だった学生が卒業し、会社に就職したら第2号被保険者になります。その後、結婚して会社員に扶養《ふよう》されるようになったとしたら第3号被保険者に変更です。パートで働くようになって、収入が増えたら配偶者の扶養から外れて第1号や第2号の被保険者になることもあります。

このようなタイミングで被保険者の種別が変わることがあり、**変更のたびに届け出が必要**になります。

## 届け出が年金の記録をつないでいく

届け出もれがあると、困ったことになります。たとえば、届け出をうっかり忘れたために、記録上と実際の被保険者の種別が違ってしまうケースがありました。本来の種別と異なることで、納めるべき保険料を納めていなかったために、受け取る年金の額に悪影響がおよんでしまうこともあります（→P46）。

**必要に応じて忘れずに届け出をしておくことは、年金の加入の記録をずっとつないでいくために、とても重要**なことなのです。

第1号被保険者に関する届け出は、**住んでいる市区町村の国民年金《こくみんねんきん》担当窓口で、原則的に本人または世帯主が行うこと**になっています。※

第2号被保険者と第3号被保険者に関する届け出は、**第2号被保険者の勤務先が窓口となり、勤務先の担当者が手続きをする**ことになっています。

※国民年金被保険者の資格取得（種別変更）の届け出はマイナンバーカードを利用した電子申請ができます。

## 種別変更が必要なのはこんなとき

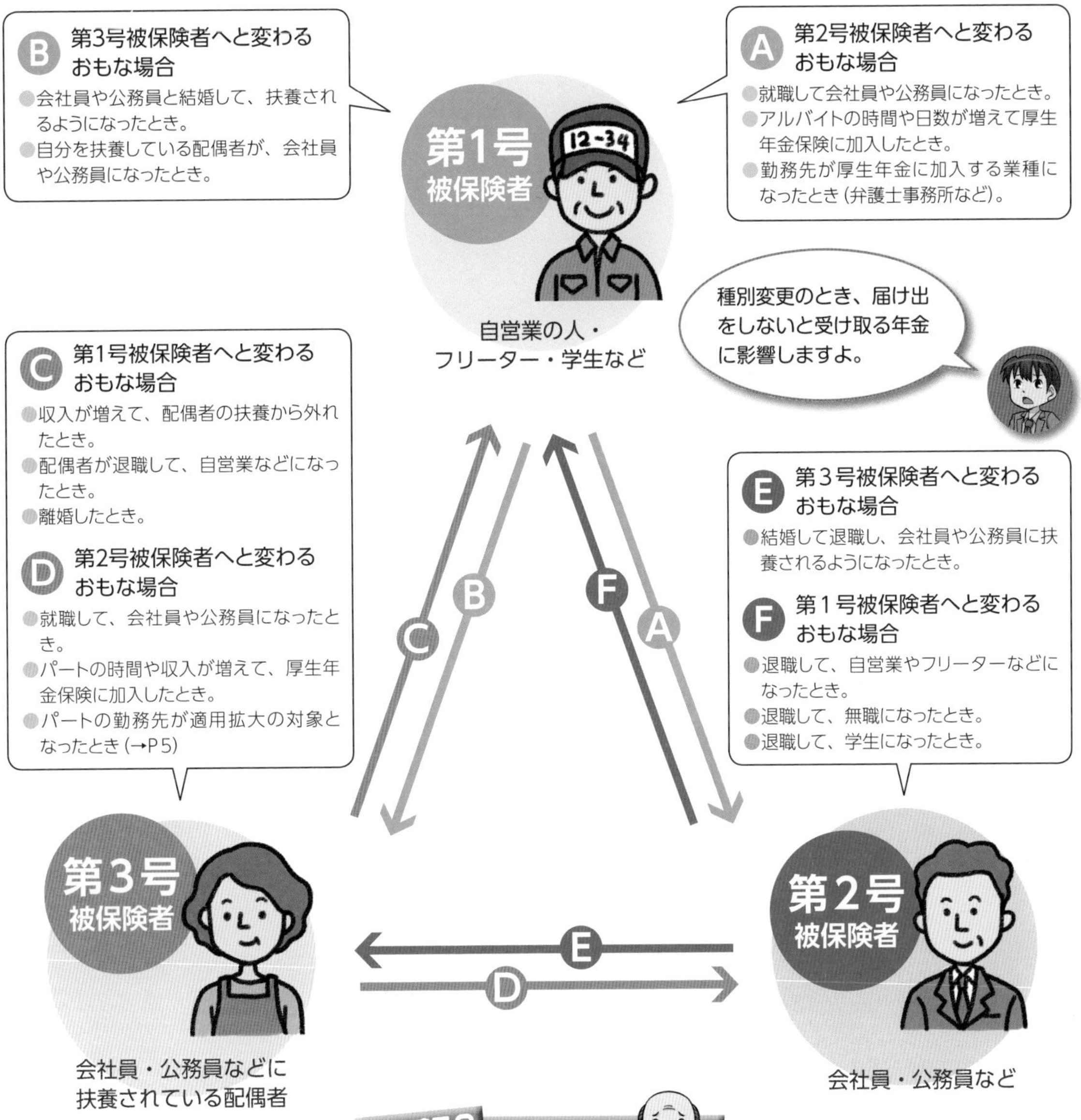
B 第3号被保険者へと変わるおもな場合
●会社員や公務員と結婚して、扶養されるようになったとき。
●自分を扶養している配偶者が、会社員や公務員になったとき。
A 第2号被保険者へと変わるおもな場合
●就職して会社員や公務員になったとき。
●アルバイトの時間や日数が増えて厚生年金保険に加入したとき。
●勤務先が厚生年金に加入する業種になったとき（弁護士事務所など）。
第1号被保険者
12-34
自営業の人・フリーター・学生など
種別変更のとき、届け出をしないと受け取る年金に影響しますよ。
C 第1号被保険者へと変わるおもな場合
●収入が増えて、配偶者の扶養から外れたとき。
●配偶者が退職して、自営業などになったとき。
●離婚したとき。
D 第2号被保険者へと変わるおもな場合
●就職して、会社員や公務員になったとき。
●パートの時間や収入が増えて、厚生年金保険に加入したとき。
●パートの勤務先が適用拡大の対象となったとき（→P5）
E 第３号被保険者へと変わるおもな場合
●結婚して退職し、会社員や公務員に扶養されるようになったとき。
F 第１号被保険者へと変わるおもな場合
●退職して、自営業やフリーターなどになったとき。
●退職して、無職になったとき。
●退職して、学生になったとき。
C
B
F
A
第３号被保険者
会社員・公務員などに扶養されている配偶者
E
D
第２号被保険者
会社員・公務員など

どうする？
こんなとき

### なぜか年金手帳を2冊持っている！

　手元に年金手帳が2冊あるときは注意が必要です。たとえば、自分で加入手続きをしたのに、勤務先でも加入手続きをしていた、といった場合が考えられます。

　年金の記録は1人に1つだけ交付される基礎年金番《きそねんきんばん》号《ごう》で管理されます。そのため、番号が2つある場合は、それぞれの番号で管理されてしまい、年金を受け取るための加入期間（→P74）が満たされないと扱われ、損をする可能性もあります。そんなことにならないためにも、基礎年金番号を統合する必要があります。

　2冊の年金手帳、そして手元にあれば基礎年金番号通知書も持って年金事務所《ねんきんじむしょ》で手続きをしましょう。ねんきん定期便（→P180）が2通届く場合も、管理に不具合が起きている可能性があるので、同じく手続きをする必要があります。

基礎年金番号通知書
見本
2022年3月以前に発行されていた基礎年金番号通知書

無年金から年金受給可能になる人も

# 保険料の未納があったらさかのぼって納付しよう

コレだけおさえる!

**1** さかのぼって納められるのは2年

**2** 免除期間の保険料を後から支払うこともできる

**3** 第3号被保険者から第1号被保険者への変更を忘れずに

## 納付期限から2年以内ならさかのぼって納められる

国民年金保険料を払い忘れた場合などは、**さかのぼって納められるのは2年前までの期間で、それを過ぎてしまうと納めることができません。**

## 免除制度を利用したら追納をしよう

国民年金の免除《めんじょ》制度や納付猶予《のうふゆうよ》制度、学生納付特例《がくせいのうふとくれい》を利用した人は、**年金額を増やすために免除や猶予されていた期間の保険料を後から納めることができます。これを追納制度《ついのうせいど》といいます。**追納できるのは申し込みをして承認された月の前から**10年以内の期間**に限られます。

なお、追納の一部の保険料には、保険料の利子に相当する加算額がプラスされます。

後から納めた保険料は、全額、その年の社会保険料として、所得から控除することができます。日本年金機構から送付される「社会保険料控除証明書」は確定《かくてい》申告《しんこく》のためにとっておきましょう。

## 届け出忘れで無年金に!? 第3号被保険者でなくなるとき

**第3号被保険者《ひほけんしゃ》の扶養者（第2号被保険者）が会社を退職した場合などは、夫婦で第1号被保険者に切り替わるため、種別変更の手続きが必要です。**

種別変更の届け出は、他にも次のような場合に必要となります。

・第3号被保険者の扶養者（第2号被保険者）が死亡したとき
・扶養者（第2号被保険者）が65歳を超えたとき
・離婚したとき

うっかり忘れて2年を過ぎると、過ぎた期間は保険料を納付することができません。将来の年金額が減額となるだけでなく、受給に必要な期間を満たさなくなる危険もあります。

このような場合、2013年7月から、**「特定期間」の申請をすると、未納期間《みのうきかん》から受給資格期間《じゅきゅうしかくきかん》にしてもらえます。**年金《ねんきん》事務所《じむしょ》の窓口で申請してください。

※後納保険料の特例措置は2018年9月で終了しました。

## 国民年金保険料を支払っていなかったら……

| | | |
|---|---|---|
| 国民年金に加入していなかったり、保険料を納めていなかったら… | → | 2年以内の保険料なら後から納めることができる。 |
| 国民年金保険料の免除制度を利用して全額支払っていなかったら… | → | 10年以内の免除分の保険料を後から納めることができる（追納制度）。 |

## こんなケースで種別変更届け出忘れが発生している

### 第3号から第1号への種別変更の届け出が必要な場合

扶養者（第2号被保険者）の退職時

離婚時

扶養者（第2号被保険者）が65歳を超えた

※働き続けていても、原則第2号被保険者ではなくなる。

扶養者（第2号被保険者）の死亡時

例　扶養者が退職した5年後に気づいた場合

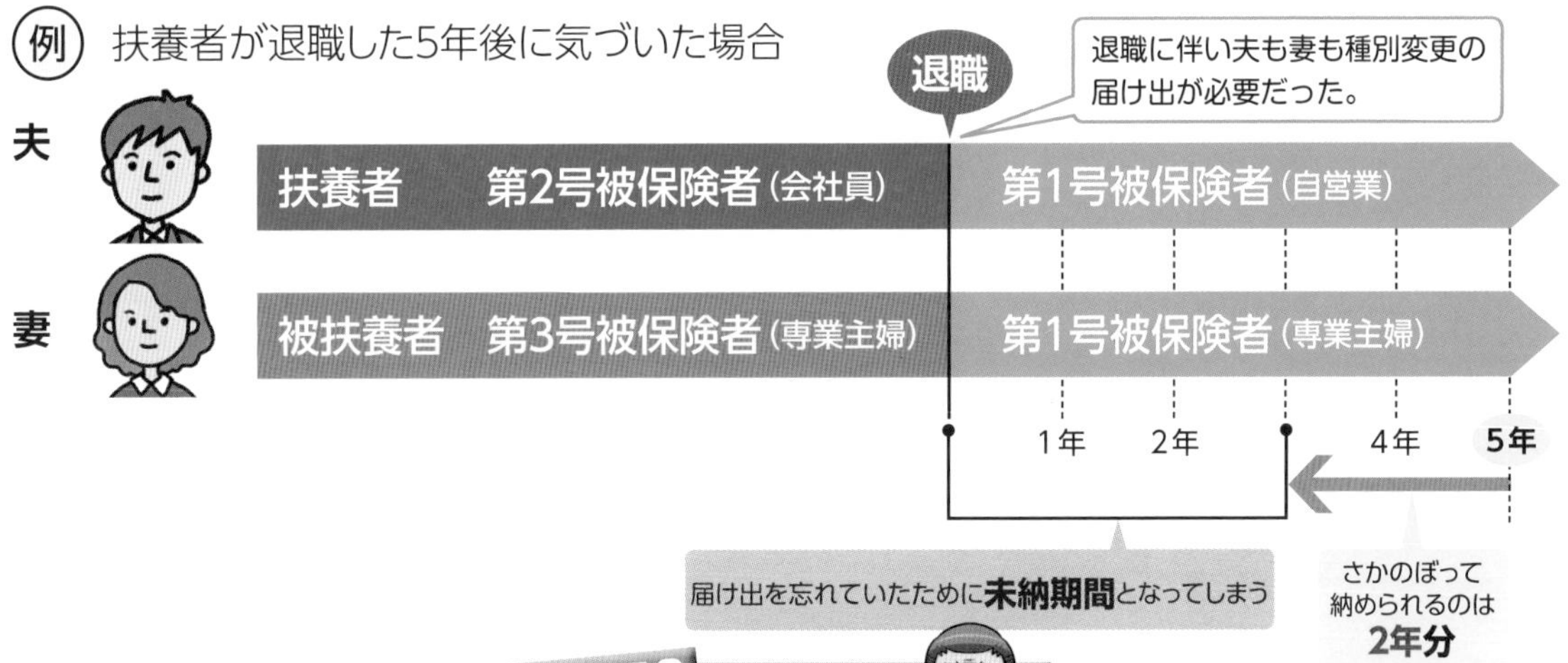
退職
退職に伴い夫も妻も種別変更の届け出が必要だった。
夫
扶養者　第2号被保険者（会社員）
第1号被保険者（自営業）
妻
被扶養者　第3号被保険者（専業主婦）
第1号被保険者（専業主婦）
1年
2年
4年
5年
届け出を忘れていたために**未納期間**となってしまう
さかのぼって納められるのは**2年分**

どうする？
# こんなとき

### 未納期間をカバーできる任意加入制度

60歳までに老齢基礎年金《ろうれいきそねんきん》の受給資格期間を満たしていない場合や、未納期間があって満額受給できない場合であって、厚生年金保険《こうせいねんきんほけん》・共済組合《きょうさいくみあい》に加入していないときは、60歳以降（申し出をした月以降）でも任意《にんい》加入《かにゅう》することができます。ただし、さかのぼって加入することはできません。

①未納期間を埋めて、年金額を増やしたい人は65歳までの間

②受給資格期間を満たしていない人は満たすまで、最大70歳まで

③外国に居住する20歳以上65歳未満の日本人も任意加入が可能

なお、保険料の納付方法は口座振替《こうざふりかえ》が原則です。申込窓口は、居住地にある市区町村の役所・役場です。

年金って、どうなってるんだっけ？ その2
私パートで働いているんだけどパートなんだから厚生《こうせい》年金《ねんきん》には入っていないわよね？
ラウンジ
働いている日数や仕事の内容によっては正社員じゃなくても加入することはありますよ
ひとつの目安は働く時間と日数が正社員の4分の3以上ですね（56ページへ）
4分の3…ねぇ まあ入れることもあるのね じゃあ…入ったほうがいいのかしら？
と、いうよりしくみとして強制《きょうせい》加入《かにゅう》なので条件を満たすと入らなくてはなりません 働き方の内容にもよるのでまずは職場に聞いてみてください
なるほどそういうことなのね 店長に確認してみるわ
みんなの話を聞いていたら心配になってきたなぁ
!!!
江口さんどうしたんですか？
自分はサラリーマンだから厚生年金の保険料《ほけんりょう》が毎月給料から天引《てんび》きされてるのはたしかだけど
国民年金《こくみんねんきん》の保険料という明細は見たことないんだよなぁ

おっと！その説明は自分に任せてください！
バンッ
あら、ハジメくん追加ランニング終わったの？
ここは僕に挽回のチャンスを！
はぁはぁ
ま、いいでしょやってみなさい
江口さんそれに関しては心配いりません
厚生年金の保険料を払うことによって老齢《ろうれい》基礎《きそ》年金《ねんきん》と老齢《ろうれい》厚生《こうせい》年金《ねんきん》の両方が受け取れます
あ、なるほど！そういうことだったのか
それにしても……年金の保険料ってけっこうな負担なんだよな
それでも半分は会社が負担しているんですよ
なにぃ？会社と折半なのか！いいよなぁサラリーマンは
たしかに第1号被《ひ》保《ほ》険《けん》者《しゃ》で国民年金だけの方にはそういう優遇はありませんからね

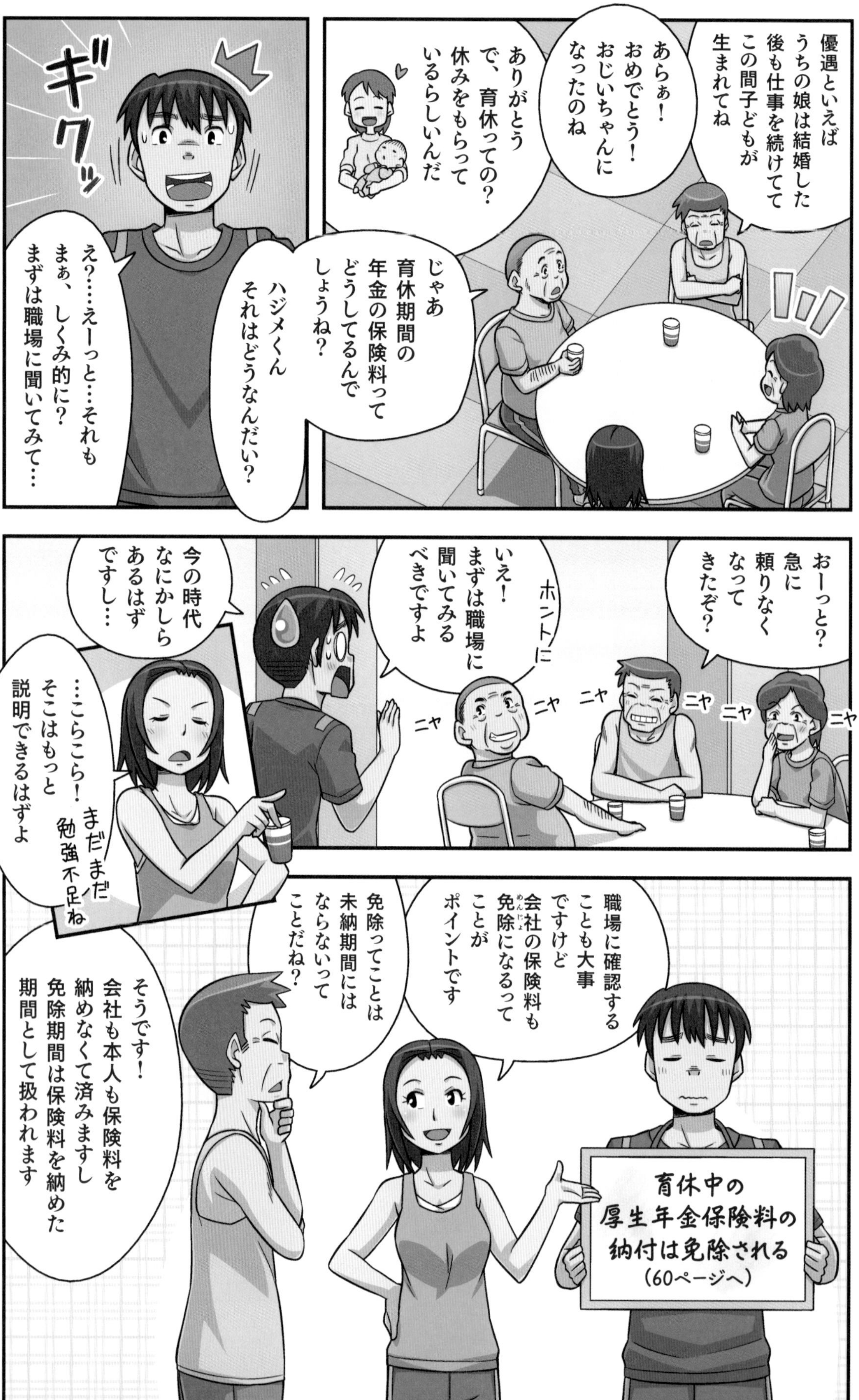
優遇といえば うちの娘は結婚した後も仕事を続けててこの間子どもが生まれてね
あらぁ! おめでとう! おじいちゃんになったのね
ありがとう で、育休っての? 休みをもらっているらしいんだ
じゃあ 育休期間の年金の保険料ってどうしてるんでしょうね?
ハジメくん それはどうなんだい?
ギクッ
え?……えーっと…それもまぁ、しくみ的に? まずは職場に聞いてみて…
おーっと? 急に頼りなくなってきたぞ?
ホントに
いえ! まずは職場に聞いてみるべきですよ
ニヤ ニヤ ニヤ ニヤ ニヤ ニヤ
今の時代なにかしらあるはずですし…
…こらこら! そこはもっと説明できるはずよ
まだまだ勉強不足ね
職場に確認することも大事ですけど会社の保険料も免除《めんじょ》になるってことがポイントです
免除ってことは未納期間にはならないってことだね?
そうです! 会社も本人も保険料を納めなくて済みますし免除期間は保険料を納めた期間として扱われます
育休中の厚生年金保険料の納付は免除される
(60ページへ)

ってことは年金が少なくなることもないんですね
そうですでも会社が届け出ないといけないので会社には一応確認したほうがいいですね
わかりました先生娘にも今度いっておきます
あのぉ…
…ほ、ほら～…ね？確認が大事なんですぅなにごとも……
あ、ちょっといい？主人の給与明細を見ていて気になったんだけど
厚生年金保険料って一定額というわけではないの？
そうですね一定額ではなく一定率で計算されますですから給与の額によって保険料は違ってきますね
へー
はー、そういうしくみだったのか
あんまり気にしてなかったなぁ
そういえばこの前
年金の運用についての説明会があったんだけどよくわからなくてね…ハジメくんわかるかい？
わたわた
う、運用ですか？えーっとあーっと…

江口さんのお話ですと
それはおそらく
企《き》業《ぎょう》年《ねん》金《きん》ですね
（64ページへ）
江口さんは第2号被保険者なので基本は2階建ての年金制度という話はすでにしましたよね？
企業年金
厚生年金保険
国民年金
ドン
企業年金に加入している会社もある
でも会社によってはさらに上乗せの企業年金にも加入していることがあります
はあ、企業年金…ですか
そんなのがあったのか
サラリーマンにはまだ上乗せがあるのか！
企業年金は
厚《こう》生《せい》年《ねん》金《きん》基《き》金《きん》
確《かく》定《てい》給《きゅう》付《ふ》型《がた》企《き》業《ぎょう》年《ねん》金《きん》
企《き》業《ぎょう》型《がた》確《かく》定《てい》拠《きょ》出《しゅつ》年《ねん》金《きん》と
大きく3つに分けられます
説明会ではどのような話を聞きました？
たしか…
受け取れる金額は決まってるとかそんな話だったかと……
なるほど
江口さんの会社は確定給付型企業年金を導入しているようですね
上乗せっていうことは通常の年金にプラス分があるということですか？
そうですね
その分掛金も多く納めているはずですよ
ふぅむ…運用ってことは投資みたいなものと考えていいんですかね？

そのとおり 一種の投資です 確定給付型は 受け取る金額が 決まっていて 納める掛金が 運用の成果に 左右されます そして 江口さんの会社が 運用のリスクを 負っている んです
そうだ！ オレみたいな 第１号被保険者にも 確定拠出とかいう 上乗せ年金が あったと思うけど それとはなにが 違うんです？
個人型確定拠出年金は 簡単にいうと自分で運用する 年金になりますから リスクは個人が負います
実際には 自分で証券取引を するのではなく 金融機関などに 申し込んで 運用商品を 指定することに なります
いずれにしても 受け取る金額は 年金をもらうように なるまでの 運用次第ですね
おかげで モヤモヤしてた ことがスッキリ したよ！
またお困りのことが ありましたら気楽に ご相談ください
ありがとう 先生！
あんな調子だと あなたの給料に 上乗せはないわよ ハジメくん！
ず‼ううん…
…でも めげずに 取り組む 姿勢は 評価 してるわ 精進なさい！
ハイっ！ 先生！

「会社勤め＝加入者」とは限らない

# 厚生年金保険には誰が加入するの？ ❶

コレだけおさえる！

**1** 会社員や公務員は、原則として厚生年金保険に加入している

**2** 少人数の会社の場合は、加入していない場合もある

**3** 加入しているかどうかは、給与明細を見ればわかる

## 会社員や公務員が加入する厚生年金保険

国民年金《こくみんねんきん》に上乗せして年金を受け取ることができる厚生年金保険《こうせいねんきんほけん》。加入するのは、会社員や公務員です。**厚生年金保険に加入している会社のことを適用事業所《てきようじぎょうしょ》といい、そこで働く70歳未満の人は、臨時で働く人を除き、国籍や性別、また国内での勤務、海外での勤務にかかわらず、みんな加入する**ことになります。パートタイマーなど短時間労働者についても週の労働時間などの条件が当てはまれば、厚生年金保険に加入します（→P56）。

**5人以上が働く個人会社や法人は強制適用**といって、必ず厚生年金保険に加入しなければなりません。**5人未満の個人会社は、希望しなければ厚生年金保険に入らないという選択も可能**です。その場合、社員は第1号被保険者《ひほけんしゃ》として、個別に国民年金の保険料を納めます。

強制適用ではない会社でも、社員数の半分の同意を得て、認可を受ければ厚生年金保険に加入することができます。

## 厚生年金保険に加入しているかを確かめるには

もし、自分が厚生年金保険に加入しているかどうかわからない場合は、給与明細を見てみましょう。厚生年金保険料が差し引かれていれば、加入しているということになります。

なお、２０１５年10月から、公務員が加入していた共済組合《きょうさいくみあい》という年金制度と厚生年金保険が統一されました。**現在は公務員も厚生年金保険に加入**しています。

## 被保険者の期間は月単位で計算される

厚生年金保険に加入し、被保険者となるのは就職した日です。**被保険者の期間は1か月単位**です。たとえば、月の途中で入社した場合でも1か月とカウントされます。

**被保険者でなくなるのは、退職した日の翌日**です。被保険者でなくなった日を含んでいる月は被保険者期間に入れることができません。

## 厚生年金保険に加入する会社・加入しなくてもよい会社

**加入する**

- 個人経営の会社（17の業種）で、働いている人が5人以上の場合。
- 法人（株式会社など）の事業所（事業主のみの場合も含む）の場合。

**加入しなくてもよい**

- 個人経営の会社で、働いている人が5人未満の場合。
- 従業員が5人以上でも農業・林業・漁業やサービス業などの個人事業所の場合。

## 厚生年金保険の被保険者期間

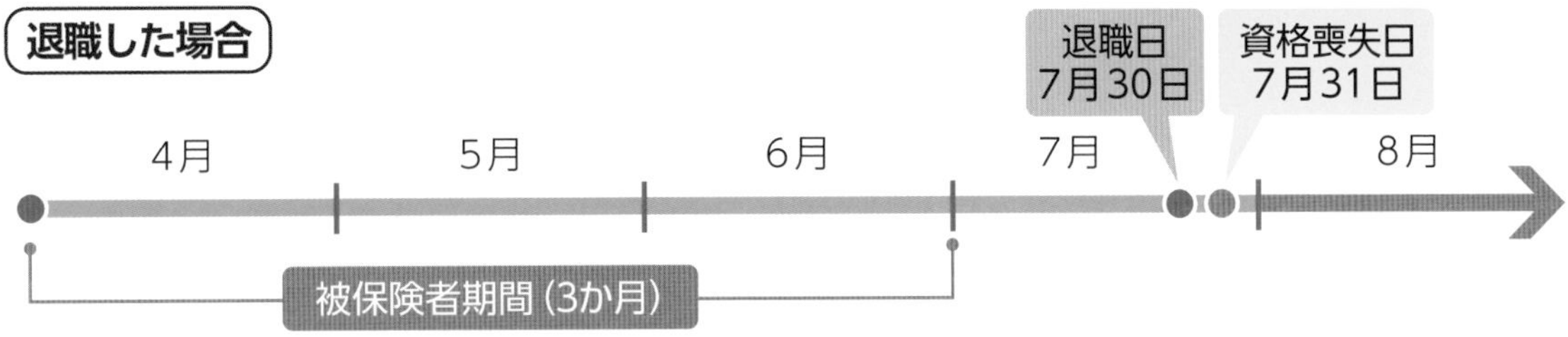

退職した場合
退職日 7月30日
資格喪失日 7月31日
4月
5月
6月
7月
8月
被保険者期間（3か月）


資格喪失日が7月中なので、被保険者期間が3か月となる。

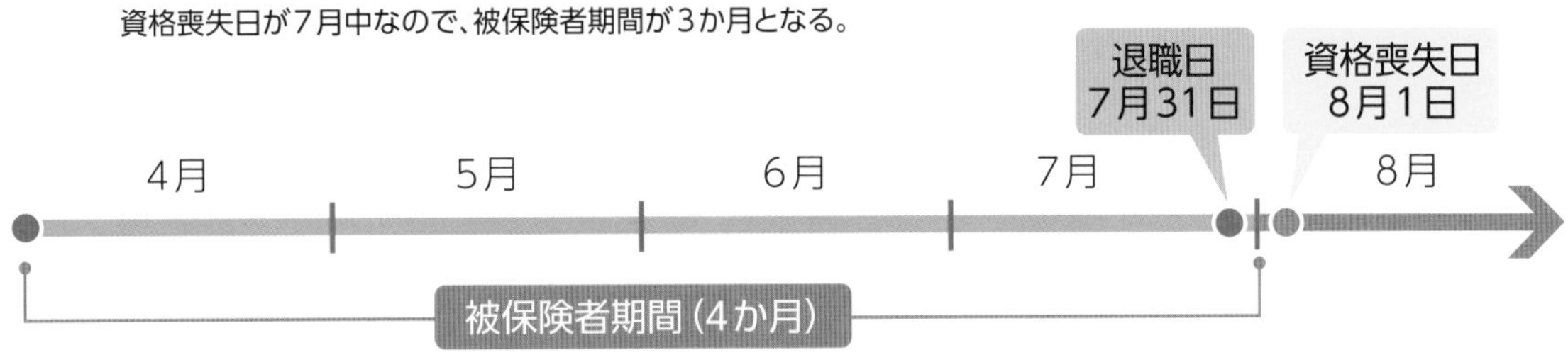

退職日 7月31日
資格喪失日 8月1日
4月
5月
6月
7月
8月
被保険者期間（4か月）


資格喪失日が8月1日なので、被保険者期間は7月も含まれて4か月となる。

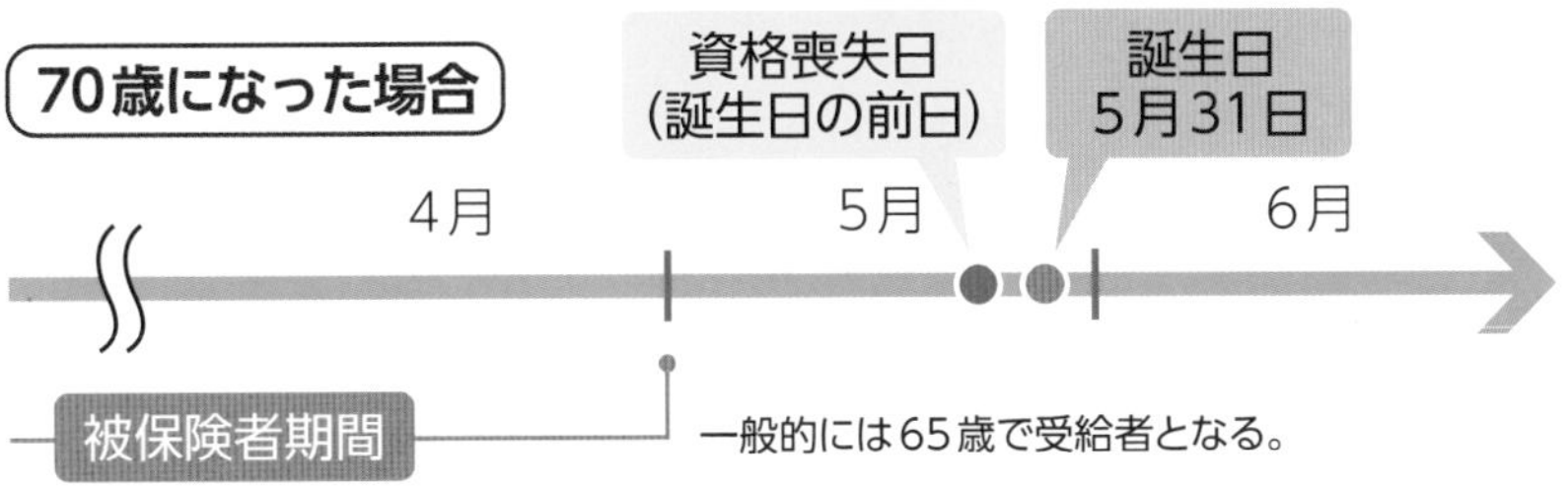

70歳になった場合
資格喪失日（誕生日の前日）
誕生日 5月31日
4月
5月
6月
被保険者期間
一般的には65歳で受給者となる。

被保険者でなくなった日がポイントです。

損しない！ よくある勘違い


### 厚生年金保険にも第○号被保険者という種類が誕生

厚生年金保険と共済組合が統合されましたが、実質的には日本《にっぽん》年金《ねんきん》機《き》構《こう》と共済組合がそれぞれ担当しています。そこで、厚生年金保険のなかに第1号から第4号の被保険者の種類ができました。会社員など従来の厚生年金保険の被保険者は、第1号厚生年金被保険者です。国家公務員は第2号厚生年金被保険者、地方公務員は第3号厚生年金被保険者、私立学校教職員は第4号厚生年金被保険者です。

年金の情報収集をする際に、国民年金の被保険者の種類（→P38）と混同しないよう、注意しましょう。違いを見極めるポイントは、第○号の後に厚生年金とつくかどうかです。

正社員以外でも加入できる

# 厚生年金保険には誰が加入するの？ 2

コレだけおさえる！

**1** パートでも条件を満たせば厚生年金保険に加入する

**2** 短期間限定での仕事などは加入しない場合もある

**3** 年収130万円未満の第３号被保険者の一部も加入対象

## 厚生年金保険に加入するのは正社員だけではない

厚《こう》生《せい》年《ねん》金《きん》保《ほ》険《けん》に加入して被《ひ》保《ほ》険《けん》者《しゃ》となるのは、フルタイムで働く正社員だけではありません。**被保険者は常時使用される70歳未満の人**、という規定があり、社長、役員、社員はもちろん、試用期間中の人、パート、アルバイトなども対象となります（個人事業主は除く）。国籍、性別、年金を受け取っているかなどは問いません。

被保険者となるかどうかは、働いている日数、時間、形態、仕事の内容などから総合的に判断されます。具体的には、**その会社の正社員を基準として、1週間に働く時間や1か月の出勤日数が正社員の4分の3以上ある場合は厚生年金保険に加入**します（4分の3に満たない場合でも加入することになる場合もあります）。

なお、２０１６年10月から、短期時間労働者に対する厚生年金保険の適用が拡大され、被保険者の条件が新たに加わりました。**以前は対象とならなかった1週間に30時間未満で働くパートなどの人も、条件を満たせば厚生年金保険に加入する**ことになります（→左ページ）。

## 加入の対象とならないのは短期間限定で働く人

**厚生年金保険の加入の対象とならないのは、日給で雇われている人や展示会の期間だけの短期アルバイトの人など**です。ただし、それぞれに上限が決められていて、一定の期間を超えて働くようになると、常時使用される人とみなされ、被保険者となります。

たとえば大規模な建設現場で、完成までの期間限定の仕事をするとします。６か月以内に仕事が終わる場合は加入の対象となりませんが、継続して６か月以上働く予定なら、最初から厚生年金保険の被保険者となっておく必要があります。

一方、期間が定められておらず、どんな場合も被保険者にならないのは、所在地が一定しない仕事に就いている人（たとえばサーカスの団員など）です。

# 厚生年金保険の被保険者になる人・ならない人

## 厚生年金保険の被保険者になる人

1または2が当てはまる人は、被保険者になります。

### 1 会社の正社員を基準とした条件に当てはまる人

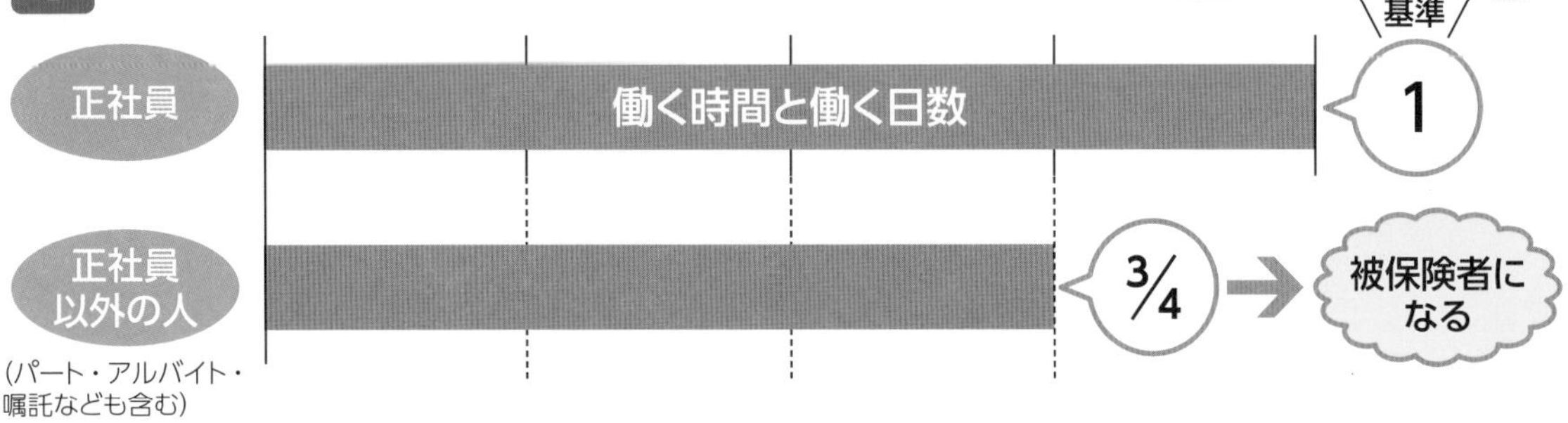
基準
正社員
働く時間と働く日数
1
正社員以外の人
(パート・アルバイト・嘱託なども含む)
3/4
被保険者になる

### 2 次の5つがすべて当てはまる人

1. 労働時間が週20時間以上
2. 2か月を超えて働く見込みがある
3. 月額賃金88,000円（年収約106万円）以上
4. 学生ではない
5. 従業員101人以上の企業※

※2024年10月から50人超の企業も対象となります。

## 厚生年金保険の被保険者にならない人

日雇いの人

！もし1か月を超えて継続して働くようになったら加入する。

2か月以内の期間を定めて使用される人

！もし当初の期間を超えて働く見込みがあれば最初から加入する。

季節的業務(4か月以内)に使用される人

！もし継続して4か月を超える予定で働く場合は、最初から加入する。

臨時的事業の事業所(6か月以内)に使用される人
工事中

！もし継続して6か月を超える予定で働く場合は、最初から加入する。

## 損しない！よくある勘違い

### 厚生年金保険への加入は任意ではありません

厚生年金保険への加入は、アルバイトだから、保険料を納めたくないからなどの理由で拒否することはできません。条件を満たした場合は70歳になるまで強制加入となっています。後から加入が必要だったと判明した場合は、さかのぼって保険料を納めなければいけなくなるので注意しましょう。また、老齢厚生年金の受給者がさかのぼって加入すると、在職老齢年金（→P106）となり、年金が減額されてしまうこともあるので、注意しましょう。

保険料の額は給料次第

# 厚生年金保険の保険料はいくら差し引かれているの？

コレだけおさえる！

**1** 厚生年金保険料は月収の18.3%と決められている

**2** ボーナスからも18.3%の保険料が引かれている

**3** 実際に引かれる保険料は被保険者と会社とで半分ずつ負担している

## 給料から一定率の保険料が差し引かれている

厚生年金保険料《こうせいねんきんほけんりょう》は決められた額を納めるのではなく、**給料から一定の率が差し引かれています。この一定の率を保険料《ほけんりょう》率《りつ》といいます。**給料とは月収とボーナス（賞与）のことで、どちらからも同じ率の保険料を納めます。年俸制の場合は12で割って月収として保険料を計算します。

毎年9月に保険料率が引き上げられてきましたが、**2017年9月からは18・3％に固定**されています。

## 保険料を計算するときの「月収」に含まれるもの

保険料の額を計算するときの月収には、基本給のほかにも残業手当や通勤手当などが含まれます。金額が1人ひとり異なるうえ、残業の有無などで月によっても変動があると、保険料額を計算するのは大変な作業となってしまいます。

そこで、**標準報酬月額《ひょうじゅんほうしゅうげつがく》という仮の月収額にもとづいて、9月から翌年8月までの保険料を決めています。**標準報酬月額は、32段階の等級に分けられており、原則として毎年4月から6月までの平均月収の額を厚生年金保険料額表《こうせいねんきんほけんりょうがくひょう》に当てはめると、等級ごとの保険料がわかります。ちなみに、この標準報酬月額は、受け取る年金額の計算をするときなどにも、たびたび登場します。

ボーナスは、**支給額から1000円未満の端数を切り捨てた、標準賞与額《ひょうじゅんしょうよがく》という金額をもとに保険料が決まります。**ただし、1回あたり１５０万円を超えるときは、標準賞与額１５０万円として計算されます。

## 保険料は被保険者と会社が折半で納める

厚生年金保険料は、会社がとりまとめて年金事務所《ねんきんじむしょ》に納めます。**保険料は被保険者と会社が半分ずつ負担**します。保険料の率が18・3％の場合は、会社がその半分の9・15％分を負担します。つまり実際に自身の給料から引かれる保険料は標準報酬月額の9・15％分になります。

# 厚生年金保険料はこうして決まる

**毎月引かれる保険料** → 厚生年金保険料額表を使って確認できる。

**標準報酬月額 × 保険料率 ＝ 毎月の保険料**

## 1 標準報酬月額が決まる

例 4月から6月までの平均月収が316,700円の場合
20等級　標準報酬月額　320,000円

## 2 保険料率によって保険料が決まる

例 320,000円×18.300%＝58,560円
（標準報酬月額）　（保険料率）

## 3 会社と本人とで半分ずつ負担する

例 被保険者（本人）29,280円
会社 29,280円

●厚生年金保険料額表

| 標準報酬 | | 報酬月額 | 全額 | 折半額 |
|---|---|---|---|---|
| 等級 | 月額 | 円以上　円未満 | 18.300% | 9.150% |
| 1 | 88,000 | ～ 93,000 | 16,104.00 | 8,052.00 |
| 20 | 320,000 | 310,000～330,000 | 58,560.00 | 29,280.00 |
| 32 | 650,000 | 635,000～ | 118,950.00 | 59,475.00 |

日本年金機構のホームページで見られる厚生年金保険料額表を使えば、計算しなくても保険料がわかるしくみになっています。

**ボーナス（賞与）から引かれる保険料** → ボーナスの金額がわかれば確認できる。

**標準賞与額 × 保険料率 ＝ ボーナスに対する保険料**

## 1 標準賞与額が決まる

例 ボーナスが405,800円の場合
標準賞与額　405,000円（1,000円未満の端数を切り捨てる）

## 2 保険料率によって保険料が決まる

例 405,000円×18.300%＝74,115円

## 3 会社と本人とで半分ずつ負担する

例 被保険者（本人）　37,058円　会社　37,057円
※端数処理については会社との間で取り決めをしてよいことになっています。

安心！ 先生からの一言

### 総報酬制と以前の保険料の計算法

現在は月収とボーナスに共通の保険料の率を掛けて保険料が計算され、いずれも年金額に反映されます。総報酬制《そうほうしゅうせい》と呼ばれるこの制度がスタートしたのは2003年4月です。それまでは、月収だけが保険料と年金額に反映されるしくみで、ボーナスには特別保険料の1%がかかるものの、掛け捨てとなっていました。この場合、同じ年収でもボーナスの割合が多い人は保険料負担が軽くなりますが、年金に反映される分は少なくなってしまいます。

このようなアンバランスを解消するために総報酬制が導入されました。厚生年金額を計算する際に2003年3月までと4月以降で計算式が異なる（→P88）のはこのためです。

出産・育児・海外勤務などに対応

# 厚生年金保険の加入期間の特別な制度を知っておこう

コレだけおさえる！

**1** 産前産後・育児休業期間の保険料は免除になる

**2** 子育て中は保険料が下がっても年金額は下がらない

**3** 海外に転勤になっても掛け捨て保険料をつくらない協定がある

## 出産前から育児休業まで保険料の納付が免除される！

受け取る年金に影響する厚生年金保険《こうせいねんきんほけん》の加入期間に関して、知っていると損をしないポイントを押さえておきましょう。

会社員や公務員には産前産後休業や育児休業の制度があります。これらの休業期間については、会社が届け出をすることで厚生年金保険料が免除《めんじょ》されます。**被《ひ》保険者《ほけんしゃ》も会社も保険料を納めなくて済むうえ、年金額を計算するときには免除期間は保険料を納めた期間として扱ってもらえます。**

子育て期間は勤務時間を短くしたり、残業をしなかったりすることで給料が下がることがあります。そんなときは、厚生年金保険料も下がります。通常は保険料が下がれば受け取る年金額も下がりますが、**子育てのために給料（保険料）が下がった場合は会社を通じて年金事務所《ねんきんじむしょ》に届け出をすれば、子育てを始める前の月収による標準報酬月額《ひょうじゅんほうしゅうげつがく》（→P58）で、年金額を計算してもらえます。**つまり**受け取る年金額を下げなくて済むことにつながります。**これらの制度は、**育児休業を取得したかしないかにかかわらず、子どもが3歳になるまでの期間、母親だけでなく父親も利用できます。**

## 高齢や海外勤務の場合の加入の特例を知っておく

厚生年金保険への加入は70歳未満ですが、**70歳になっても年金を受け取るための期間を満たしていない人だけは、期間を満たすようになるまで、高齢任意加入《こうれいにんいかにゅう》被保険者《ひほけんしゃ》として厚生年金保険に加入し続けることができます。**

海外へ転勤する場合、原則として日本と転勤先の国の両方の年金制度に加入し、保険料を納めます。ただし、**転勤先の国が日本と社会保障協定《しゃかいほしょうきょうてい》を結んでいる場合は、5年以内であれば日本の厚生年金保険のみに加入すればよい**ことになっています。5年を超える場合は転勤先の国の年金制度のみに加入しますが、その加入期間は日本の年金を受け取るための期間として認められます。

## 産前・産後・育児期間の厚生年金保険料と年金額

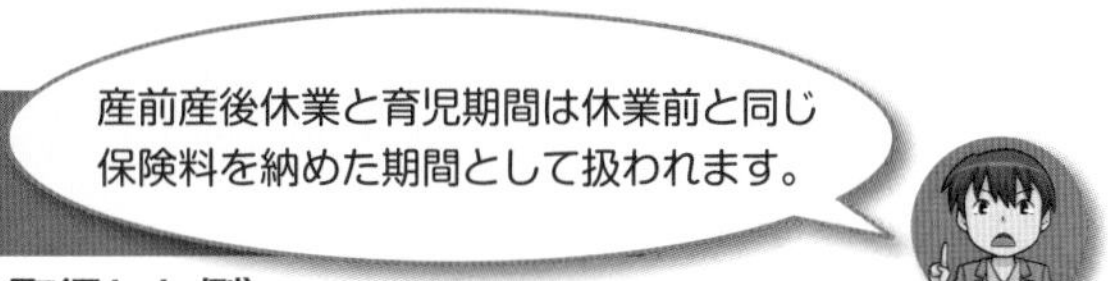
産前産後休業と育児期間は休業前と同じ
保険料を納めた期間として扱われます。

〈産後休業明けから子どもが２歳になるまで育児休業を取得した例〉

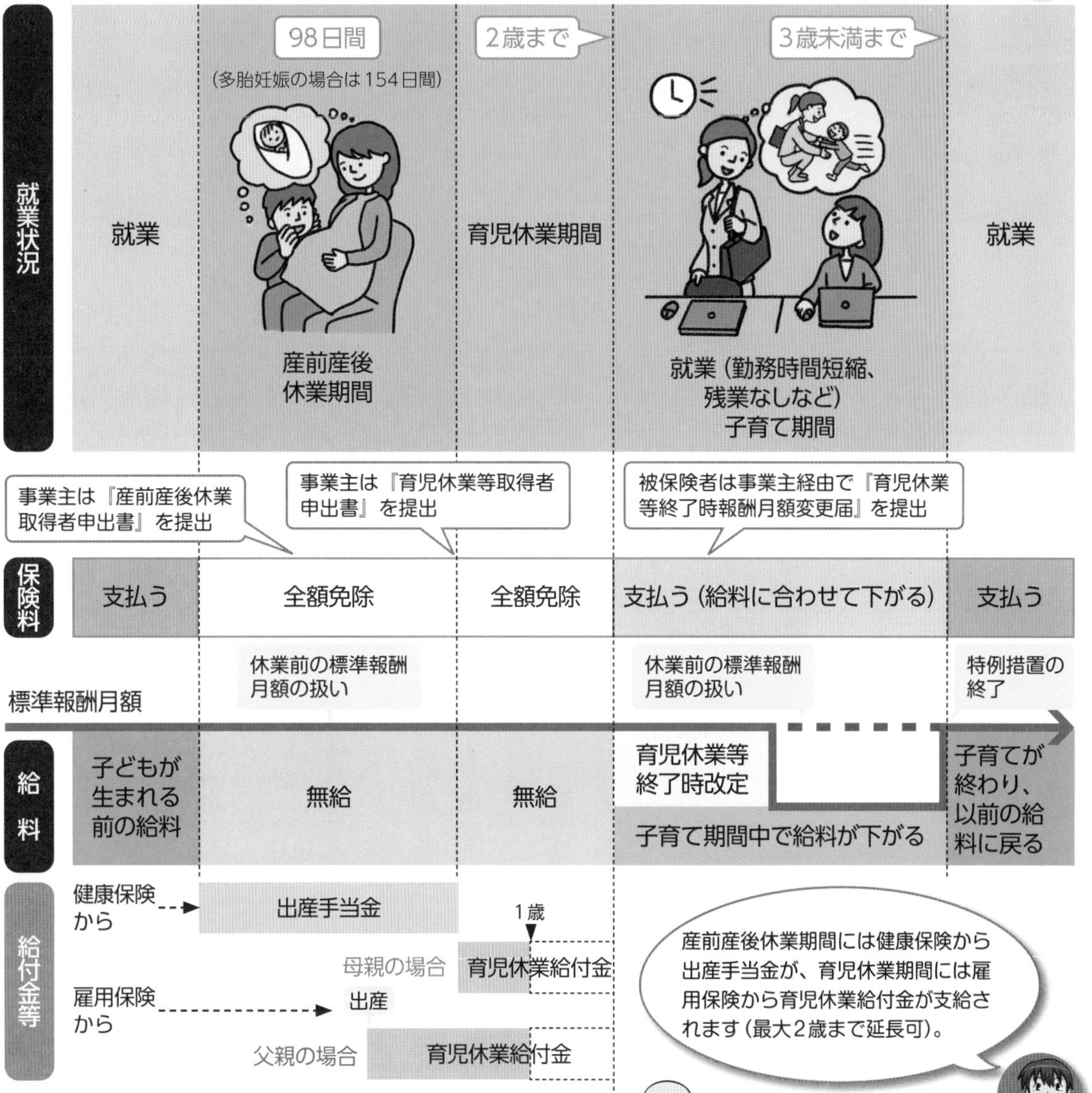
就業状況
就業
98日間
（多胎妊娠の場合は154日間）
産前産後
休業期間
2歳まで
育児休業期間
3歳未満まで
就業（勤務時間短縮、
残業なしなど）
子育て期間
就業
事業主は『産前産後休業
取得者申出書』を提出
事業主は『育児休業等取得者
申出書』を提出
被保険者は事業主経由で『育児休業
等終了時報酬月額変更届』を提出
保険料
支払う
全額免除
全額免除
支払う（給料に合わせて下がる）
支払う
休業前の標準報酬
月額の扱い
休業前の標準報酬
月額の扱い
特例措置の
終了
標準報酬月額
給料
子どもが
生まれる
前の給料
無給
無給
育児休業等
終了時改定
子育て期間中で給料が下がる
子育てが
終わり、
以前の給
料に戻る
給付金等
健康保険
から
出産手当金
1歳
母親の場合
育児休業給付金
雇用保険
から
出産
父親の場合
育児休業給付金
産前産後休業期間には健康保険から
出産手当金が、育児休業期間には雇
用保険から育児休業給付金が支給さ
れます（最大2歳まで延長可）。

**どうする？ こんなとき**

### 日本に住む外国人のための制度もあります

社会保障協定を結んでいる国から日本に転勤などの一時的な滞在でやってきた外国人は、日本人が海外で働く場合と同様の制度があります。

社会保障協定を結んでいない国から来日した場合は、自国と日本の年金制度に加入しなければなりません。帰国する時点で、国民年金または厚生年金保険の加入期間が6か月以上あるものの、年金を受け取るための加入期間は満たせない外国人は、請求により脱退一時金を受け取ることができます。

**社会保障協定を結んでいる国（2024年4月現在）**

ドイツ　イギリス　韓国　アメリカ　ベルギー　フランス　カナダ
オーストラリア　オランダ　チェコ　スペイン　アイルランド
ブラジル　スイス　ハンガリー　インド　ルクセンブルク　フィリピン
スロバキア　中国　フィンランド　スウェーデン　イタリア

※オーストリアは署名済未発効。

自営業の人にも有利な年金制度がある

# 国民年金に上乗せする国民年金基金と個人型確定拠出年金

コレだけおさえる！

**1** 国民年金基金には第１号被保険者だけが加入できる

**2** 自分で運用する個人型確定拠出年金には誰でも加入できる※

**3** どちらに加入しても税金が安くなるというメリットがある

## 自営業の老後プランといえば国民年金基金

会社員や公務員の第2号被保険者は、厚生年金保険料を納めることで老齢基礎年金に老齢厚生年金を上乗せして受け取ることができます。しかし、自営業の人など第1号被保険者は老齢基礎年金しかありませんでした。そこで、**第1号被保険者にも老後の安心となる上乗せ年金を用意する目的で１９９１年に設立されたのが国民年金基金《こくみんねんきんききん》です。**

国民年金基金《こくみんねんきんききん》には、**全国国民年金基金と職能型国民年金基金の2つの種類**があります。

最初に口数を決め、給付の型を選択します。一口目は終身年金からひとつ選び、二口目からは終身年金または確定年金を自由に選択できます。

掛金は年齢、性別により決まっており、加入月数により年金額が確定しています。口数を増やすことにより、老後の保障を厚くできますが、掛金の限度額は月額６万８０００円までです。

**受給する年金額がわかっているので、老後のプランが立てやすい**のが特徴のひとつです。

## iDeCo《イデコ》は自分で積立運用する「自分年金」

**iDeCo《イデコ》（個人型確定拠出年金《こじんがたかくていきょしゅつねんきん》）は、自分で掛金を決め、運用商品（預金、保険商品、投資信託）を選び、掛金とその運用益の合計額を、老後の年金資産として受け取る年金制度**です。掛金は月５０００円から千円単位で設定でき、1年分をまとめて拠出することも可能になりました。

手続きは運営管理機関となる金融機関です。金融機関ごとに取り扱う運用商品や手数料は異なります。まず、金融機関を選び、複数ある運用商品の中から自分の運用方針に沿った運用商品を選び運用します。自営業などの第1号被保険者の掛金の限度額は月額６万８０００円までです。

２００１年10月にスタートしたこの制度、加入者は急増し、２０２４年1月末現在約３２１万人となっています。

※2022年10月からは、会社の企業確定拠出年金に加入している人は、マッチング拠出との選択も可能となり、規約の有無にかかわらず、決められた拠出限度額内で加入することができます。

## ポイントで比較！　国民年金基金と個人型確定拠出年金

国民年金基金は
会社員や公務員の人は
利用できません。

| | 国民年金基金 | iDeCo《イデコ》（個人型確定拠出年金） |
|---|---|---|
| 加入できる人 | 20歳～65歳<br>●国民年金の第1号被保険者<br>●国民年金の任意加入被保険者 | 20歳～65歳<br>●国民年金第1号～第3号被保険者 |
| 特徴 | **受け取る額がわかりやすい**<br>●納めた掛金の額や期間に応じて年金額が決まる。<br>●65歳から受給できる（一部60歳からも可）。 | **受け取る額は運用（投資などの）結果次第**<br>●自分で運用商品を選択して、運用の指示を出す。運用成績によって給付額が変動する。リスクは個人が負う。<br>●60歳～75歳になるまでの間に請求できる。 |
| 途中で解約できる？ | **原則、どちらも解約はできない**<br>●会社員になるなどして、加入資格がなくなったら脱退する（掛金を納めた分は、将来年金として受け取ることができる）。<br>●掛金の口数を減らすことはできる。 | ●企業年金のある会社に就職した場合、年金資産を企業年金に移すことができる。<br>●掛金を納めるのを止めることはできる（止めた場合も、運用指示を続けることは可能）。 |
| 税金 | **税金が安くなる**<br>●掛金の拠出時：掛金の全額が所得控除の対象となり、所得税や住民税が安くなる。<br>●年金の受取時：老後の年金には公的年金等控除が適用され、所得税や住民税が安くなる。 | ●運用中の運用益は非課税。<br>●一時金での受け取りは退職所得控除が受けられる。 |

12-34

12-34

年金

運用リスク

安心！先生からの一言

### 国民年金を増やすなら「付加年金」もセットで

国民年金の第1号被保険者と任意加入者《にんいかにゅうしゃ》（65歳以上を除く）は、定額保険料に付加保険料《ふかほけんりょう》を上乗せして納めることで、受給する年金額を増やせます。保険料は月額400円です。付加年金額は「200円×付加保険料納付月数」で計算されます。たとえば、20歳～60歳の40年間納めた場合は200円×480月＝96,000円になります。65歳から老齢基礎年金にプラスして毎年96,000円が上乗せして受け取れます。納めた分の保険料は2年で元が取れるのです。

なお、付加年金は定額のため、物価スライド（増額・減額）はありません。申し込みは市区役所および町村役場の窓口でできます。なお、国民年金基金との併用はできません。

加入の有無は会社次第

# 会社が企業年金に加入していると年金がアップ

コレだけおさえる！

**1** 自分の会社はどんな制度に入っているか確認する

**2** 企業年金とは、給料の後払い・退職金の分割払い

**3** 老後の生活保障として将来の受給額を知っておく

## 会社で働く人の老後をさらに手厚くする企業年金

厚生年金保険《こうせいねんきんほけん》に加入する会社員は、企《き》業年金《ぎょうねんきん》にも加入している場合があります。**企業年金のある会社に勤める社員は、原則、みんな加入者となり、公的年金に上乗せの給付があります。**代表的なものには、次の①と②があります。

**①確定給付企業年金（DB）は、会社が社員に掛金を支払い、その積立金を運用する企業年金**です（**確定給付：老後に給付される金額が確定**しているということ）。

**②企業型確定拠出年金《きぎょうがたかくていきょしゅつねんきん》（DC）は、会社が社員に掛金を払い、社員自らが運用商品を選んで運用しその運用結果に基づく年金を老後に受け取る制度**です。運用次第で年金額が変動します（**確定拠出：掛金が確定**しているということ）。

## 企業年金の種類は時代とともにかわる

これまで企業年金の主流であった厚生年金基金は、２０１４年4月以降、新規設立は認可されず、既存の厚生年金基金はその多くが国へ返上（代行していた部分を厚生年金保険に戻す）し、解散しています。

解散した厚生年金基金に加入していた人や短期間（おおむね10年以下）で会社を退職した人などは※企業年金連合会《きぎょうねんきんれんごうかい》が引き継いでいます。**1か月以上厚生年金基金に加入していた人は国の老齢年金の受給資格がなくても終身年金として受け取れますので、確認しておきましょう。**

受け取る時期は老齢厚生年金と同じです。老齢厚生年金の繰下げ（→P96）をする場合は、基金も繰下げとなり、増額した額になります。

現在は、DBやDCを導入する会社が増えています。まず、**自分がどの制度に加入しているのかを確認しましょう。**

特にDCは長期間にわたり自分で選んだ運用商品（投資信託など）を運用し、運用益を増やしていくことで老後の資産を増やすことになります。そのため基本的な投資の知識も必要です。公的年金の上乗せの給付として上手に活用しましょう。

※企業年金連合会主催の企業年金コールセンター　0570-02-2666（平日9：00～17：00）

## 加入している人は必ず把握しておきたい　企業年金の種類

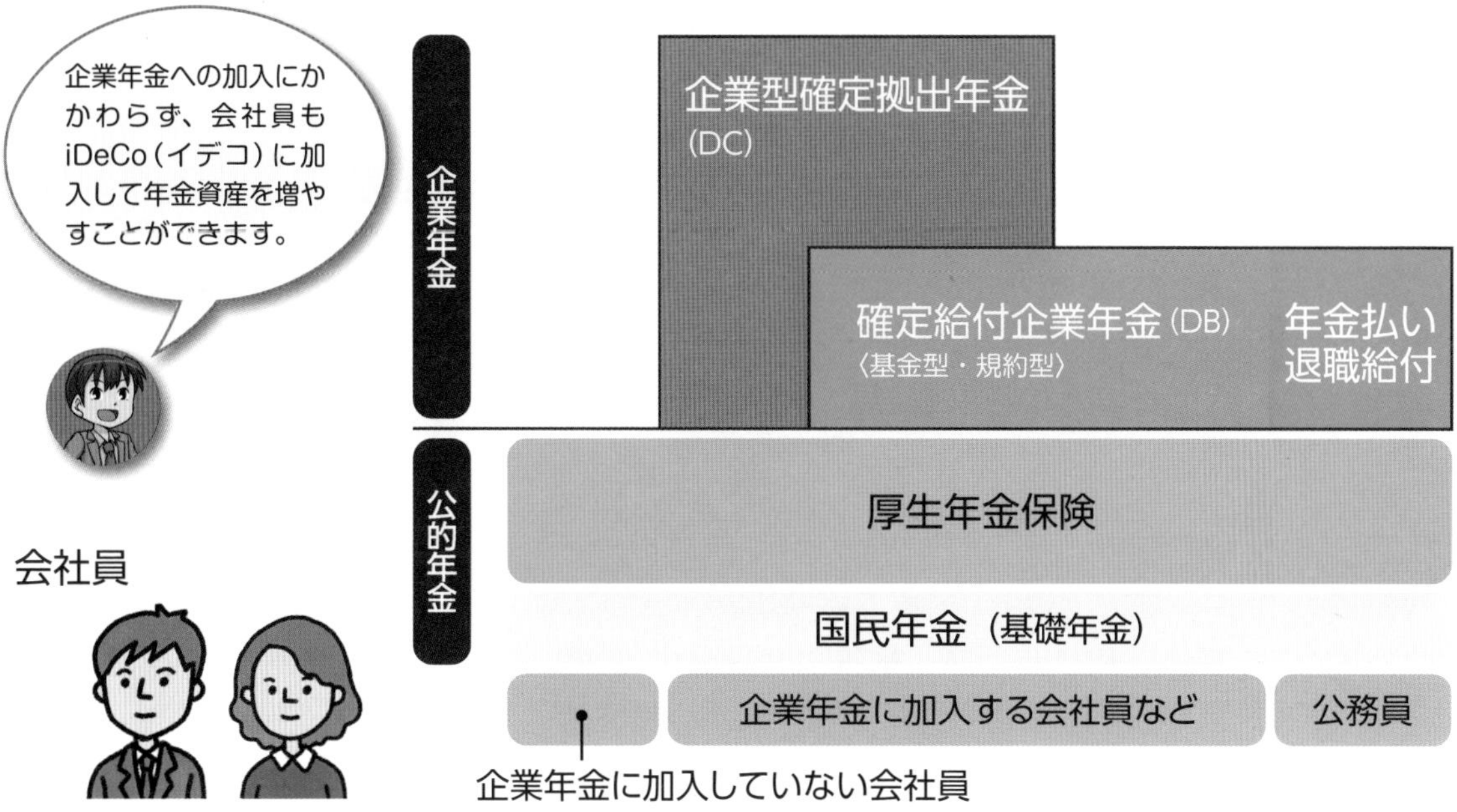
企業年金への加入にかかわらず、会社員もiDeCo（イデコ）に加入して年金資産を増やすことができます。
会社員
企業年金
企業型確定拠出年金
(DC)
確定給付企業年金（DB）
〈基金型・規約型〉
年金払い
退職給付
公的年金
厚生年金保険
国民年金（基礎年金）
企業年金に加入する会社員など
公務員
企業年金に加入していない会社員

| | 確定給付企業年金（DBとも呼ぶ） | 企業型確定拠出年金（DCとも呼ぶ） |
|---|---|---|
| しくみ | ●会社が企業年金基金や信託会社などを通じ年金資金を管理・運用し退職時60～70歳（規約があれば50歳以上）までの間に受け取る年金<br>※受給開始年齢は、2022年4月より変更された。以前は60～65歳。<br><br>給付<br>確定<br>運用リスク<br>会社 | ●会社が社員に掛金を拠出し、社員が運営管理機関を通じて運用を行い、60～75歳までの間に受け取る年金<br>※受給開始年齢は、2022年4月より変更された。以前は60～65歳。<br><br>確定<br>運用リスク |
| メリット | ●将来の年金額がある程度わかるので、老後の設計が立てやすい。<br>●中途の引き出しに制限がない。<br>●掛金が全額控除され、税金が安くなる。<br>●厚生年金保険に合わせて70歳まで加入できる。<br>●受給時には公的年金等控除、退職所得控除が利用できる。 | ●運用が好調なら年金額が増える。<br>●年金資産が加入者ごとに管理されるので各加入者が常に最新の残高を確認できる。<br>●転職等があっても年金資産の持ち運びが可能。<br>●掛金が全額控除され、税金が安くなる。<br>●運用益は非課税。<br>●受給時には公的年金等控除、退職所得控除が利用できる。 |
| デメリット | ●退職理由（懲戒解雇など）によっては年金額が減額される（規約による）。<br>●運用の低迷で積立金不足が生じると、会社が追加拠出をしなければならない。 | ●投資のリスクを加入者が負う。<br>●老後に受け取る年金額が事前に確定しない。<br>●運用が不調なら年金額が減る。<br>●原則60歳まで引き出しができない。 |

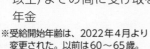

プランを理解して上手に選択を

# 個人年金保険にはこんなものがある

コレだけおさえる!

**1** 個人年金保険は、保険会社などと契約する私的な年金保険

**2** 最高で4万円までの個人年金保険料控除があるので節税になる

**3** 公的年金に比べてバリエーションが豊富にある

## 生保会社や損保会社などと私的に加入する個人年金保険

老後の資金を考えたとき、公的年金や上乗せの企業年金《きぎょうねんきん》などのほか、個人で年金を準備したい人もいるでしょう。その選択肢のひとつに、**生命保険会社や損害保険会社、金融機関などが販売する個人《こじん》年金保険《ねんきんほけん》**があります。

個人年金保険は、**多くが元本保証《がんぽんほしょう》（運用によって年金資産が減らない）のあるあらかじめ受け取る額が決まった確定給付《かくていきゅうふ》のタイプの商品**です。

## 節税効果もある手堅い老後のマネープラン

また個人年金保険には、「個人年金保険料控除」という税制面での優遇措置《ゆうぐうそち》があります。**個人年金保険は、支払った保険料が最高で4万円まで生命保険料控除となり、所得税が安くなります。**控除を利用するには条件がありますが、積み立てタイプの個人年金の場合は、利用するとよいでしょう。

## 保険料・年金額・受け取りプランを自由に選べる

個人年金保険は受け取り方によって、①終身年金《しゅうしんねんきん》、②確定年金、③有期年金《ゆうきねんきん》の大きく3つに分類されます。

①**終身年金は、一生涯年金を受け取れるタイプ**です。生涯受け取ることができるので、公的年金の不足分を一生涯にわたり準備することができます。

②**確定年金は、5年、10年などの決められた期間だけ受け取ることができます。**そのため、退職後に公的年金を受給するまでの収入のつなぎによく選ばれます。個人年金を受給中に本人が亡くなっても、残りの年金を遺族が受け取ることができます。

③**有期年金は、決まった一定期間に、生きている限り受け取ることができます。**保険料は年金額、受け取りを開始する年齢、性別、受け取り期間のタイプにより異なります。また、中途解約は元本割れすることもあるので、契約を続けられるかどうかも十分検討して選びましょう。

## 個人年金保険のしくみ

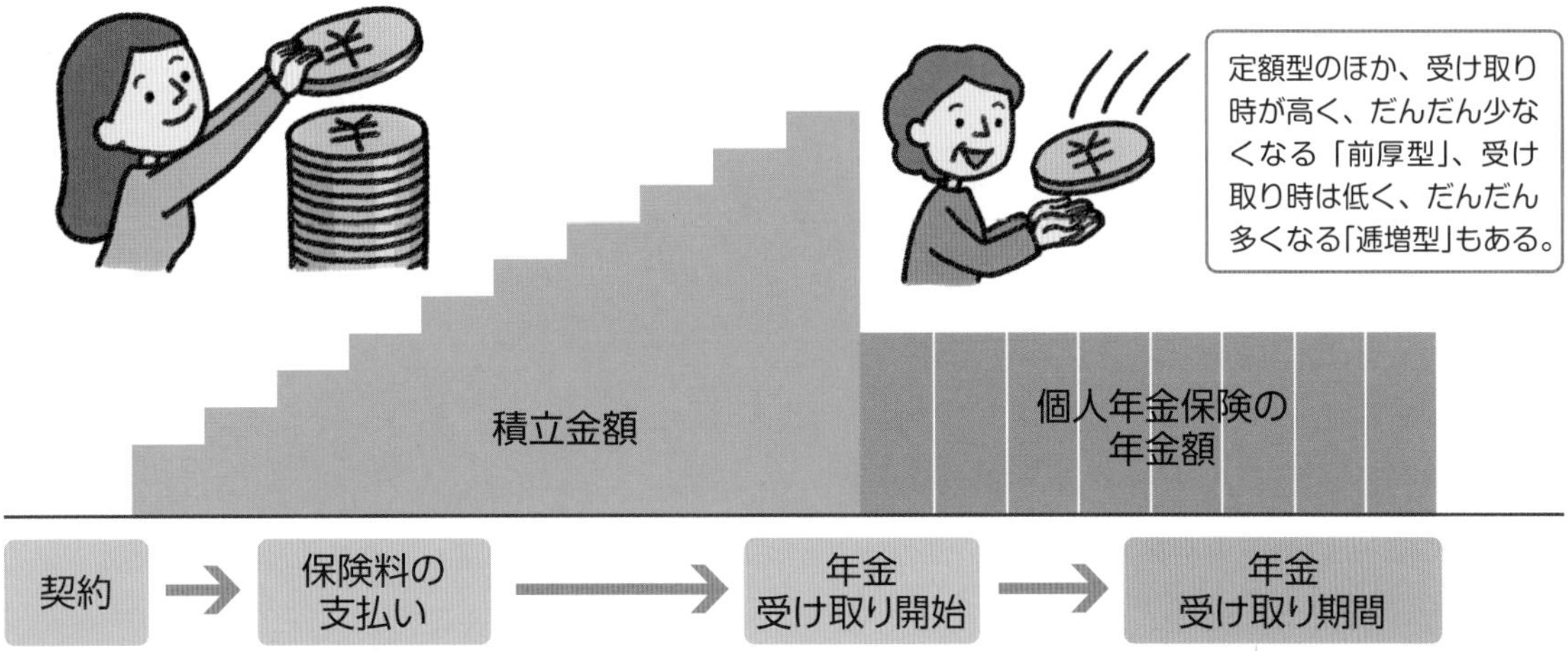


定額型のほか、受け取り時が高く、だんだん少なくなる「前厚型」、受け取り時は低く、だんだん多くなる「逓増型」もある。

万一、保険料の支払い中に亡くなったら、それまでに支払った保険料以上の死亡給付金を受け取れるタイプと、死亡給付金は少なくても、老後の生活保障を重視し、その分年金額が高くなる「生存保障重視型」のプランがある。

### おもな3タイプのメリット○・デメリット✕

**終身年金**
○ 年金を受け取り始めたら、一生受け取れる。
✕ 保険料は高めのものが多く、保証期間が付いていないプランは、亡くなっても遺族が受け取れない。

**確定年金**
○ 保険料は中間程度が多く、一定期間（一般的には5、10，15年）は必ず年金を受け取れる（亡くなったら、残りの期間に対応する年金または一時金を遺族が受け取る）。
✕ 受け取れる期間が限られる。

**有期年金**
○ 保険料は安めのものが多く、一定期間内、年金を受け取れる。
✕ 保証期間がついていないプランは、亡くなっても遺族が受け取れない。

損しない！よくある勘違い

### 運用実績が大きく反映される変額個人年金保険

年金資産を積極的に運用し、年金を増やしたい人のための商品が変額個人年金保険です。一般的に個人年金保険と呼ばれるものは定額型となるので、別の商品です。

変額個人年金保険は、保険料が国内や海外の株式、債券などにより運用されます。その運用実績によって死亡時の保険金や年金の額が大きく増減します。利益が出れば、還元されますが、運用が不調だったときは年金資産が減ってしまいます。基本的には最低保証がないプランが多いのも特徴です。

ローリスク・ローリターンの個人年金保険と、ハイリスク・ハイリターンの変額個人年金保険。プランの内容をよく理解し、目的に応じた適切な保険の選択が大切です。

COLUMN

# 1ページでわかる！ 年金一元化

国民年金《こくみんねんきん》から支給される老齢基礎年金《ろうれいきそねんきん》に上乗せする公的な年金制度があります。以前は会社員なら厚生年金保険《こうせいねんきんほけん》、公務員なら共済組合《きょうさいくみあい》に加入していました。これらが2015年10月に厚生年金保険に統一されました。「被用者年金の一元《いちげん》化《か》」といいます。厚生年金保険と共済組合は基本的には同じしくみですが、いくつかの違いがありました。そこを急に変更すると、保険料負担がいきなり重くなったり、あてにしていた年金がなくなったりする人が出てしまいます。共済組合のほうが有利といわれていた点の多くは厚生年金保険にあわせる方向で、年数をかけて解消していきます。

現在の保険料率は共済組合に加入していた人のほうがやや低めですが、毎年0.354％ずつ引き上げ、公務員は2018年度に、私学教職員は2027年度に厚生年金保険と同じ18.3％となります。

年金の名称や種類は「厚生年金保険」に統一され、受け取るための条件も統一されました。共済組合に加入していた人にとっては、障害年金を受け取るために保険料納付の条件が加わったり、遺族年金《いぞくねんきん》の権利をほかの親族に引き継ぐことができなくなったりしています。

さらに共済組合にあった上乗せの職域加算《しょくいきかさん》が廃止となりました。職域加算は公的年金の一部という性質をもっていたので、同じ条件でも厚生年金より共済年金のほうが高い水準の年金を受け取れました。なお、2015年９月以前に共済組合の加入期間がある人は職域加算の年金も受け取ることができます。職域加算に代わってつくられたのが「年金払い退職給付《たいしょくきゅうふ》」です。これは企業年金に相当するもので、積立方式の年金制度となっています。

このように、官民格差があるといわれていた厚生年金保険と共済組合は一元化により、格差解消の一歩を踏み出しています。

PART 2

# 年金はいつからもらう？

## ～老齢年金のしくみ～

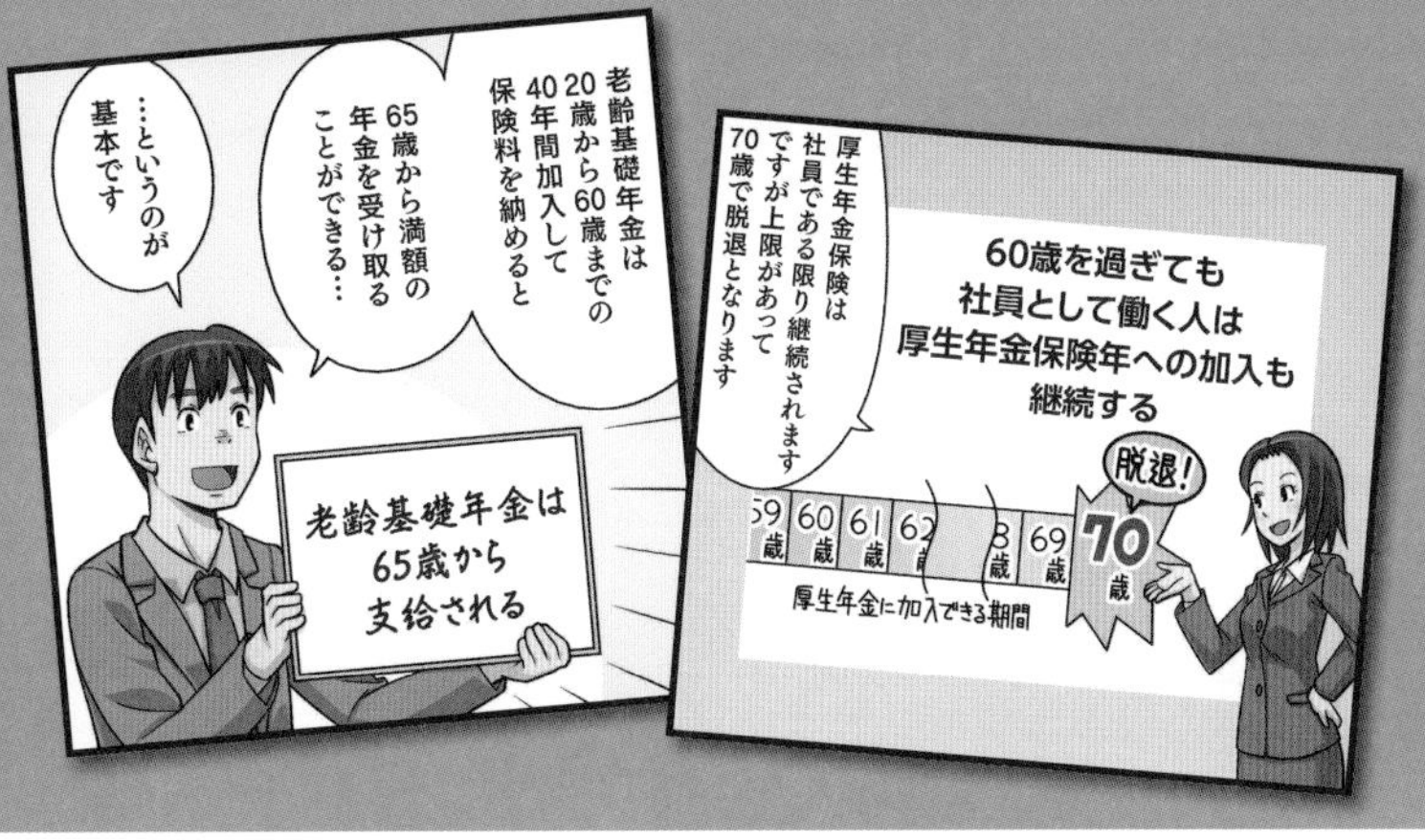

# 結局、年金は何歳からもらえるの？ その1

マスターもう一杯！
先生っもうこのへんで
…はぁ
どうしたんです井上さん？ため息なんかついて
どこかに景気のいい話ありませんかね～
腕利きのカメラマンが珍しく弱気ですね
その実態はしがないフリーランスですよ身体が動くうちにしっかり稼いでおかないと…
カランッ
そうですねその点に関しては私も同じですし
あー…そうかマスターだって俺と同じ自営業だもんなってことは国民年金《こくみんねんきん》だよね？

マスターって いくつなの?

先日、60歳に なりました
還暦!? じゃあもう 年金もらえる んじゃないの?

はい、そこ 間違ってる!

カラン
ちょっ! せんせー!!

あれ? 違ったっけ? 何歳からもらえるん だっけか
井上さんも 自営業なら そのへんしっかり なさらないと!

ではここで問題! 国民年金から 支給される 老後の年金のことを なんて いうでしょう?

…はい、 ハジメくん!

え!? ぼ、僕ですか? …ええっと 老《ろう》齢《れい》基《き》礎《そ》年《ねん》金《きん》 です!

せ・い・か・い! よろしいっ! ハジメ、よくやった!

いや、まあ 年金なんて 俺にはまだ 先の話だから…
保険料を納めてるんですから 年金は他人事じゃありませんよ！
ハジメくん
老齢基礎年金は20歳から60歳になるまでの40年間加入して保険料を納めると 65歳から満額の年金を受け取ることができる…
…というのが基本です
老齢基礎年金は65歳から支給される
それって40年間納めていないともらえないってことなの？
いえいえ、少なくとも10年以上加入し保険料を納めていればもらえます
10年以上の加入で年金は支給される
（2017年8月より）
もちろん免《めん》除《じょ》期《き》間《かん》があれば減額されてしまいますけどね
そうなのか
あれぇ？ もしかして保険料を納めてないのぉ？
ちゃんと納めてるよ！ でも…
ん？ なにか隠してる？ 白状しちゃいなさい

ただ、学生時代はまるまる払ってなかったなって…

それってどうなるんだい？

井上さんのころは※学生は加入しなくてもよい時代でした払ってなくても加入期間にカウントされます
じゃあその分は丸儲けってことか？

年金額には反映されません納めた期間が10年に満たないときに期間だけカウントしてくれます
なんだ…加入期間にはなるけれど、払ったことにはならないわけか…

ま、そりゃそうか
よくやったわハジメくん！今回は完璧だったわよ！お祝いに一杯飲みなさい！

先生っもう今日はこのへんで…

いーからいーからーそっちのカメラマンも過ぎたことは飲んで忘れましょ！

マスター！ここにいる全員にもう一杯ね！

先生～っ

※1991年３月31日以前に20歳以上の学生だった場合、対象期間となります。

年金を受け取るための重要ポイント

# 受給資格のカギは加入期間にあり

コレだけおさえる！

**1**
国民年金から
老後に受け取る年金を
老齢基礎年金という

**2**
老齢基礎年金を
受け取るには10年の
加入期間が必要

**3**
加入期間には保険料を
納めた期間や
免除期間などが含まれる

## 老齢基礎年金を受け取るには条件がある

**国民年金《こくみんねんきん》から支給される老後の年金を老齢基礎年金《ろうれいきそねんきん》**といいます。20歳から60歳になるまでの**40年間加入して保険料を納め、65歳から満額の年金を受け取るしくみ**です。

ここでいう40年の加入期間には、国民年金の保険料を納めた期間だけでなく、**厚生年金保険《こうせいねんきんほけん》や統合前の共済組合《きょうさいくみあい》への加入期間、会社員や公務員に扶養されている配偶者の第3号被保険者《ひほけんしゃ》だった期間なども含まれます。また、保険料の免除《めんじょ》を受けた期間も入ります。**免除には全額免除だけでなく一部免除があり（↓P42）、その場合は減額された保険料を納めていることが必要です。

保険料を納めないままにしていた未納《みのう》期間《きかん》などは加入期間に含めることができません。未納期間などがあって加入期間が40年に満たない場合にも、減額された老齢基礎年金を受け取ることができます。ただし、**少なくとも10年の加入期間がないと老齢基礎年金を受け取る資格はなくなってしまいます。**

## 受給のための加入期間が25年から10年に短縮

２０１７年7月までは、老齢基礎年金を受け取るためには加入期間が25年以上必要でした。25年に満たないと、それまで納めた保険料が掛け捨てになってしまいます。そこで、できるだけ多くの人が老齢基礎年金を受け取ることができるよう、法律が改正されました。**２０１７年8月から、10年以上の加入期間があれば受給資格が得られるようになりました。**

10年加入していれば老齢基礎年金を受け取ることができるとはいえ、**加入期間が40年に満たない場合は、減額されますので注意が必要です。**たとえば、10年間国民年金の保険料を納め、30年未納だった人の老後の年金額は年額で20万４０００円、月にして1万７０００円（いずれも２０２４年度額）です。満額の年金額（↓P78）と比べると4分の1の額になります。

【注意】2024年度の年金額は2.7%の引き上げとなります。ここでは昭和31年4月2日以後生まれの人の年金額を掲載しています。

## 老齢基礎年金を受け取るための加入期間（年金額に反映される期間）

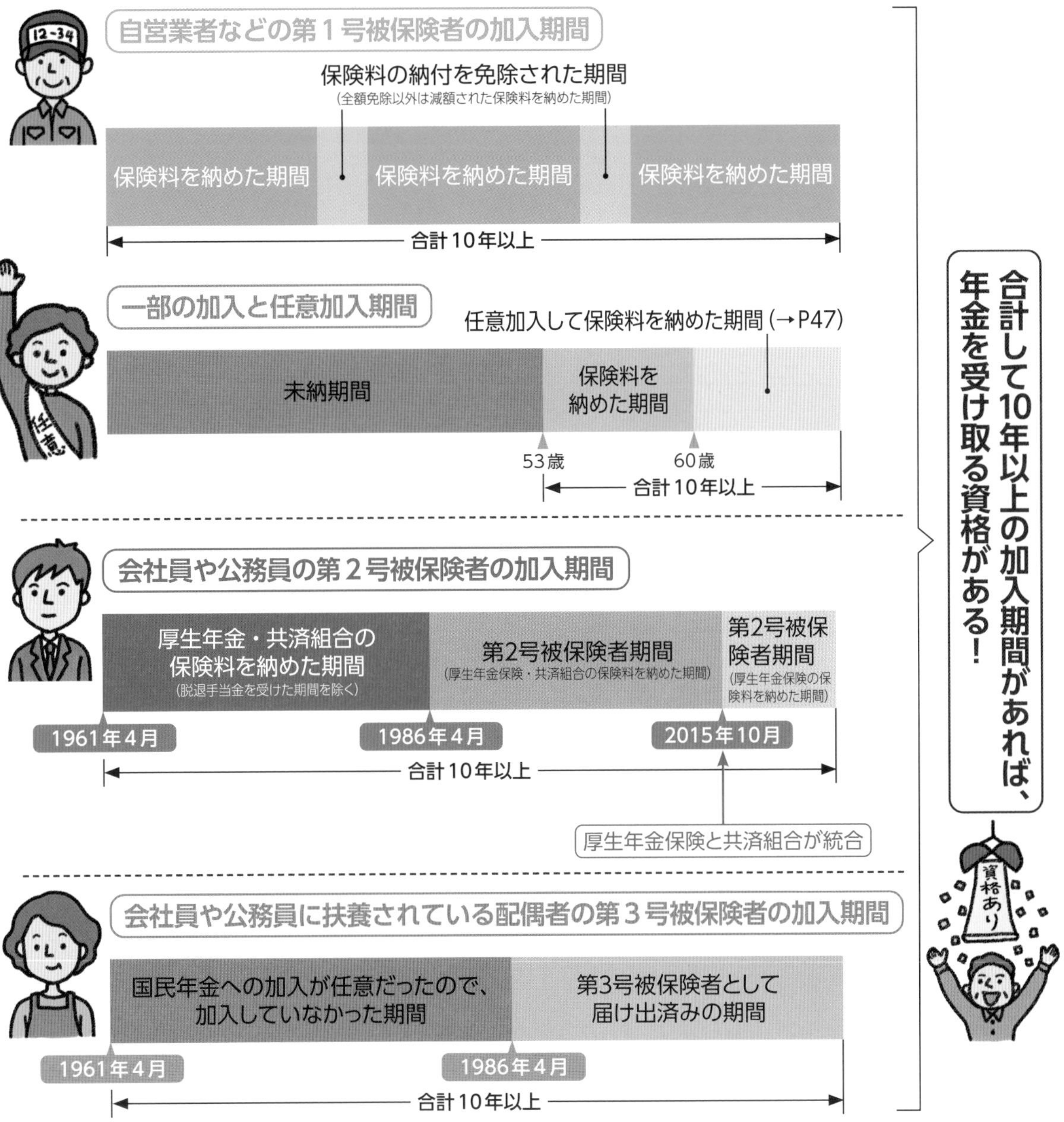
12-34
自営業者などの第１号被保険者の加入期間
保険料の納付を免除された期間
（全額免除以外は減額された保険料を納めた期間）
保険料を納めた期間
保険料を納めた期間
保険料を納めた期間
合計10年以上
一部の加入と任意加入期間
任意加入して保険料を納めた期間（→P47）
未納期間
保険料を納めた期間
53歳
60歳
合計10年以上
任意
会社員や公務員の第２号被保険者の加入期間
厚生年金・共済組合の保険料を納めた期間
（脱退手当金を受けた期間を除く）
第2号被保険者期間
（厚生年金保険・共済組合の保険料を納めた期間）
第2号被保険者期間
（厚生年金保険の保険料を納めた期間）
1961年4月
1986年4月
2015年10月
合計10年以上
厚生年金保険と共済組合が統合
会社員や公務員に扶養されている配偶者の第３号被保険者の加入期間
国民年金への加入が任意だったので、加入していなかった期間
第3号被保険者として届け出済みの期間
1961年4月
1986年4月
合計10年以上
合計して10年以上の加入期間があれば、年金を受け取る資格がある！
資格あり

安心！ 先生からの一言

### 老齢基礎年金を満額に近づける方法

老齢基礎年金を受け取るための加入期間が10年に短縮され、年金を受け取りやすくなりました。しかし老後のマネープランを考えると、公的年金に40年加入して、老齢基礎年金は満額を受け取っておきたいところでしょう。なんらかの事情で満額が受け取れない人が受け取り額を増やす方法は2つあります。

ひとつはさかのぼって保険料を納める方法です。納付すべき月を過ぎてしまっても、2年までなら後から納めることができます。免除《めんじょ》・猶予《ゆうよ》（→P42）なら利子のように加算額がついて納める金額が増えますが、10年前の分まで納めることができます。

もうひとつは加入期間が終わる60歳を過ぎても保険料を納め続けるという方法（任意加入《にんいかにゅう》→P47）です。

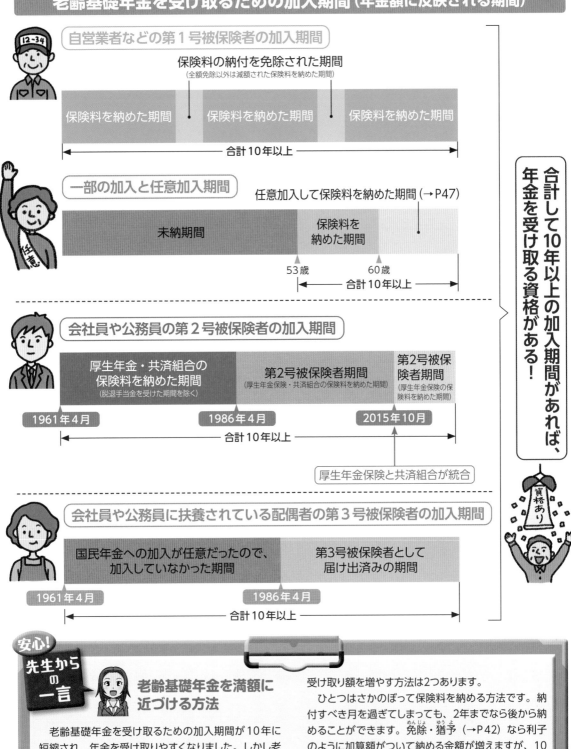

年金を受け取れるかどうかの分かれ道!?

# 合算対象期間（カラ期間）を確認しよう

コレだけおさえる!

**1** 加入期間が10年に満たないときはカラ期間がないか確認

**2** カラ期間は年金額の計算には入れることができない

**3** 後からの届け出で認められることがある

## 加入期間が足りないときのための特別な期間

国民年金《こくみんねんきん》から老後に支給される老齢基礎年金《ろうれいきそねんきん》を受け取るためには、少なくとも10年以上の加入期間が必要です（↓P74）。この加入期間のうち、保険料を納めた期間や免除《めんじょ》された期間、会社員や公務員に扶養されている配偶者の第3号被保険者《ひほけんしゃ》期間などは年金額に反映される期間です。

このほかにも、**年金額には反映されないけれど、年金を受け取る資格を得るための加入期間に繰り入れることができる期間があります。**それが**合算対象期間《がっさんたいしょうきかん》で、カラ期間とも呼ばれています。**カラ期間にはさまざまな期間があります。加入期間が足りないと思っていたけれど、自分の未納期間《みのうきかん》の状況を再確認したところ、カラ期間が見つかり、加入期間を満たすことができたというケースもあります。

## 専業主婦、学生、海外在住などでカラ期間が発生

代表的なカラ期間の例をいくつか見ていきましょう。

現在の公的年金制度ができたのは1986年4月です。

1961年4月以降から1986年3月までは、**厚生年金保険《こうせいねんきんほけん》、共済組合《きょうさいくみあい》の加入者の被扶養配偶者は、国民年金への加入は強制ではなく任意加入《にんいかにゅう》となっていました。任意加入していない場合は保険料も納めていないので、年金額には反映されませんが、カラ期間として計算されます。**

また、**1991年3月までの学生（夜間制、通信制を除く）であって国民年金に任意加入しなかった期間もカラ期間と**なります。

**第2号被保険者としての被保険者期間のうち20歳未満の期間または60歳以上の期間もカラ期間**です。

このほかにも、カラ期間とはなりませんが、同じ効果があるものとして、保険料《ほけんりょう》納付《のうふ》猶予《ゆうよ》や学生納付特例《がくせいのうふとくれい》の承認を受けた期間（↓P42）などがあります。

**加入期間が足りないと思い込んであきらめる前に年金事務所《ねんきんじむしょ》に相談して、確認することが大切**です。

## カラ期間とは？

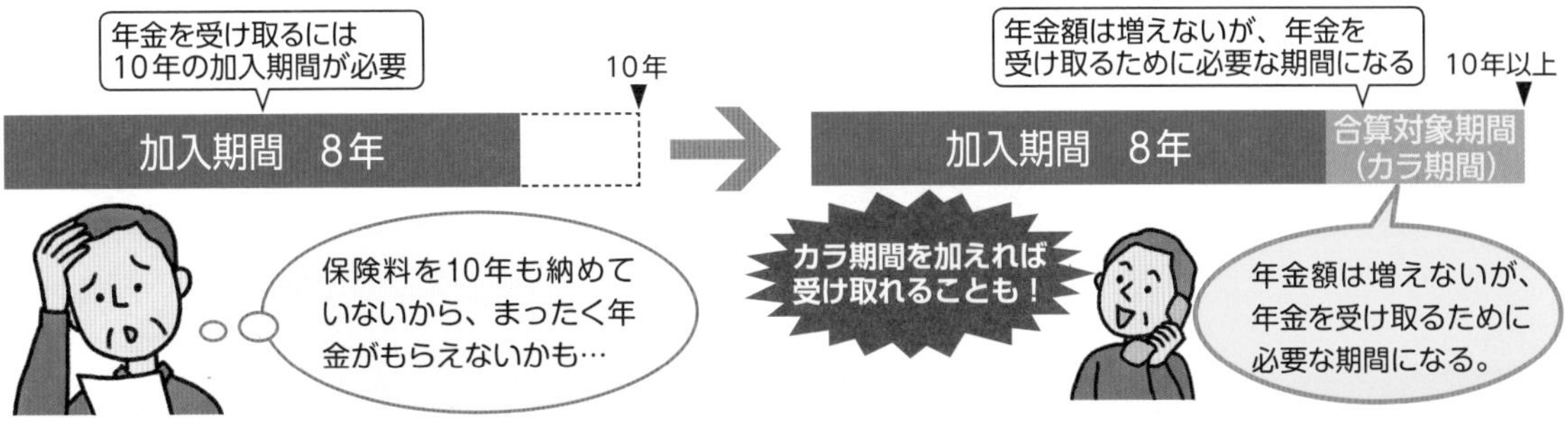
年金を受け取るには
10年の加入期間が必要
10年
加入期間　8年
保険料を10年も納めていないから、まったく年金がもらえないかも…
年金額は増えないが、年金を受け取るために必要な期間になる
10年以上
加入期間　8年
合算対象期間（カラ期間）
カラ期間を加えれば受け取れることも！
年金額は増えないが、年金を受け取るために必要な期間になる。

## カラ期間などの例

### 専業主婦の期間がある人のカラ期間

●任意加入しなかった

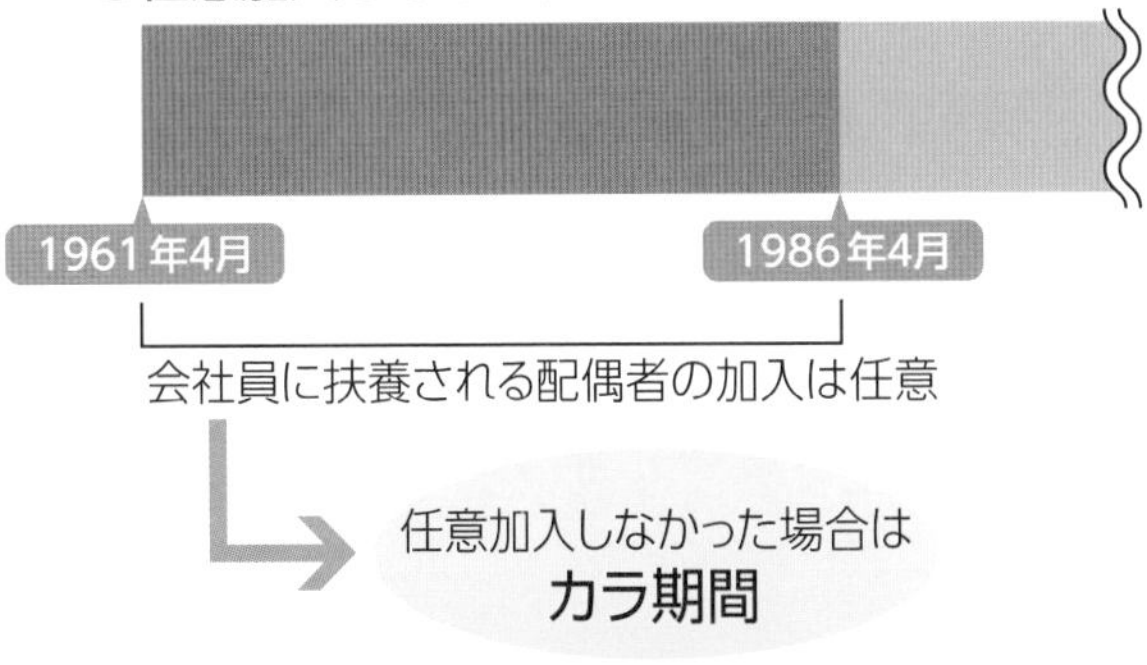
1961年4月
1986年4月
会社員に扶養される配偶者の加入は任意
任意加入しなかった場合は
カラ期間

●脱退手当金を受け取った

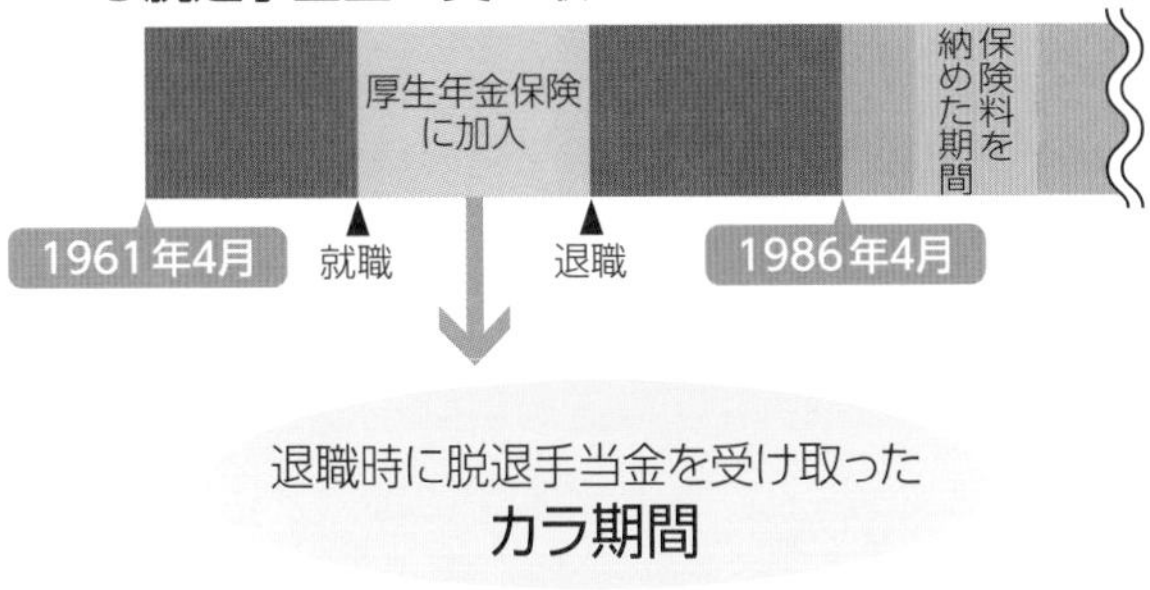
厚生年金保険に加入
保険料を納めた期間
1961年4月
就職
退職
1986年4月
退職時に脱退手当金を受け取った
カラ期間

※脱退手当金の選択をしなかった場合は、老齢厚生年金としてカウントされます。

### 学生の期間がある人のカラ期間

●任意加入しなかった

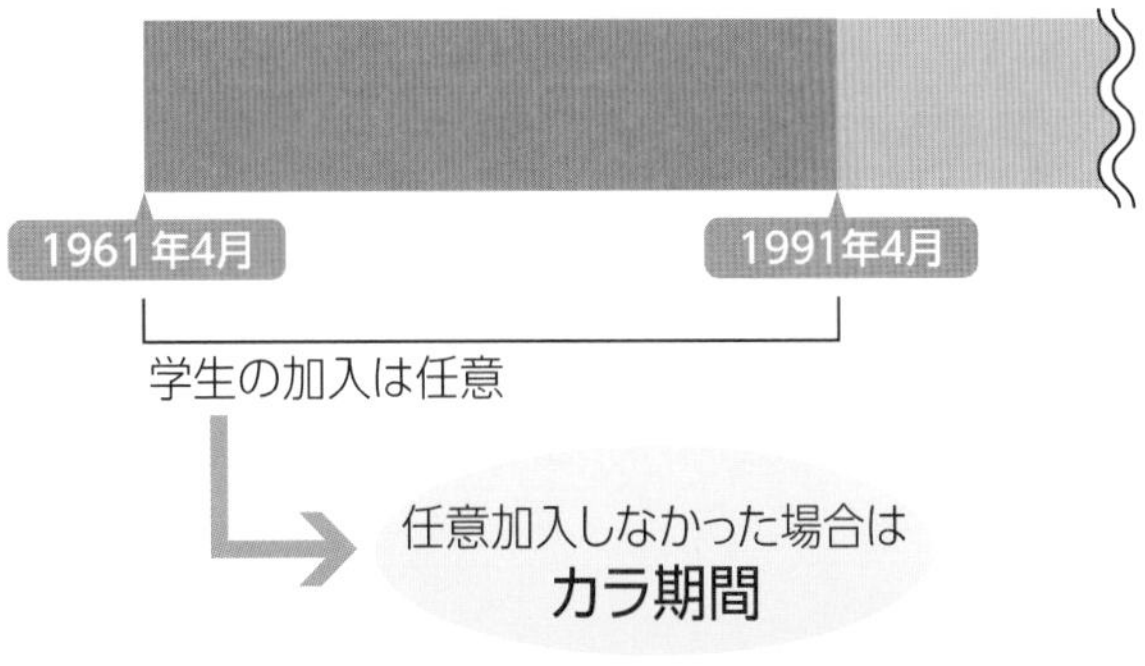
1961年4月
1991年4月
学生の加入は任意
任意加入しなかった場合は
カラ期間

●学生納付特例を利用した（カラ期間と同じ効果）

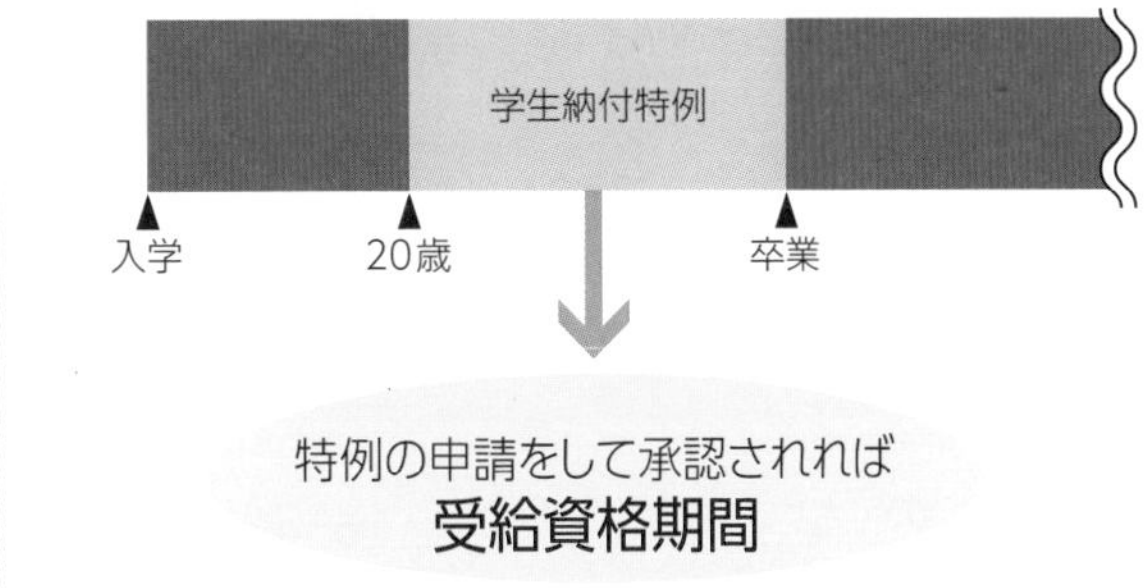
学生納付特例
入学
20歳
卒業
特例の申請をして承認されれば
受給資格期間

※10年以内に保険料を納めれば（追納）、当時納めていたのと同じ扱いになり、老齢基礎年金にカウントされます。

## どうする？ こんなとき

### カラ期間かな？ と思ったら調査の依頼を

日本《にっぽん》年金《ねんきん》機構《きこう》では被保険者の年金制度への加入期間の記録は保管していますが、未加入期間がカラ期間であったかどうかをすべて把握しているわけではありません。自分の加入の記録に不明な点があるときは、年金事務所に相談し、カラ期間についての説明を聞いたり、過去のデータを調査してもらったりして、記録を明らかにしておきましょう。

右ページで代表的なカラ期間の例を紹介しましたが、ほかにも任意加入の手続きをしたのに保険料を納めなかった期間、日本人で海外に居住していた期間のうち国民年金に任意加入しなかった期間など、実にさまざまな期間が相当します。

### 老後のマネープランの土台部

# 老齢基礎年金はいくらもらえる？

コレだけおさえる！

**1** 20歳以上60歳未満の40年加入して年額約81万円受け取る

**2** 未納期間がある人はその長さに応じて減額される

**3** 免除期間がある人は国の負担分を除き減額される

## 40年加入で満額、満たないときは減額

**老齢基礎年金《ろうれいきそねんきん》は原則として65歳から受け取り始めます。**年金の支給は一生続きます。**年金額は40年加入した満額の人で年間約81万円、月にして6万8000円です（2024年度の額）。**年金の額は物価や賃金の変動に応じてスライドするため、毎年4月から翌年3月までの年度ごとに決められています。

保険料を納めないままにした未納期間《みのうきかん》や年金額には反映できないカラ期間（↓P76）があると減額されます。**40年の加入すべき期間のうち未納だった月数やカラ期間の月数の割合を満額から引けば、受け取る額が計算できます。**

老齢基礎年金は、希望すれば、65歳よりも早くから受け取りを開始することができます。これを繰《くり》上《あ》げ受給（↓P90）といいます。ただし、この場合は減額があります。一方、66歳以降に増額された年金の受け取りを開始することもでき、これを繰《くり》下《さ》げ受給（↓P94）といいます。

2019年10月から、所得の低い年金受給者に、年金に上乗せして「老齢年金《ろうれいねんきん》生活者支援給付金《せいかつしゃしえんきゅうふきん》」が支給されます。

## 免除期間の年金も国の負担する分は受け取れる

**国民年金《こくみんねんきん》保険料の免除を受けた人の老齢基礎年金は、免除《めんじょ》の種類と期間により、いくら減額になるかが決まります。**

老齢基礎年金の支給のしくみとして、受け取る額の半分は国が負担しています。そこで、**免除期間についても国が負担する半分は必ず受け取ることができ、残りの半分は保険料を納めた割合に応じて受け取ることができる**というのが基本的な考え方です。そのため、全額免除の月の分も半分受け取る計算となっています（↓左ページ）。なお、2009年3月以前は、年金における国の負担割合が支給額の3分の1でした。そのため、**2009年3月までは免除期間の3分の1が必ず受け取れる額、残り3分の2に保険料を納めた割合を掛けて年金額を計算**します。

## 老齢基礎年金はいくら？

【注意】2024年度の年金額は2.7%の引き上げとなります。ここでは昭和31年4月2日以後生まれの人の年金額を掲載しています。

**2024年度の老齢基礎年金**　年額 **816,000円**　［月額 **68,000円**］

### 未納期間やカラ期間がある場合

保険料を納めた期間や第2号被保険者、第3号被保険者だった期間など（→P74）。

$$816{,}000\text{円} \times \frac{\text{年金額に反映される加入期間（月数）}}{\text{40年（加入可能年数※）} \times 12} = \text{年額}$$

例　保険料納付期間が30年、未納期間が10年の場合

$$816{,}000\text{円} \times \frac{\text{360（保険料納付年数30年×12か月）}}{\text{480（40年（加入可能年数※）×12か月）}} = \text{年額612,000円（目安：月額51,000円）}$$

### 免除期間がある場合

$$816{,}000\text{円} \times \frac{\text{年金額に反映される加入期間（月数）} + \text{保険料の免除月数} \times \text{各免除月の反映する割合}}{\text{40年（加入可能年数※）} \times 12} = \text{年額}$$

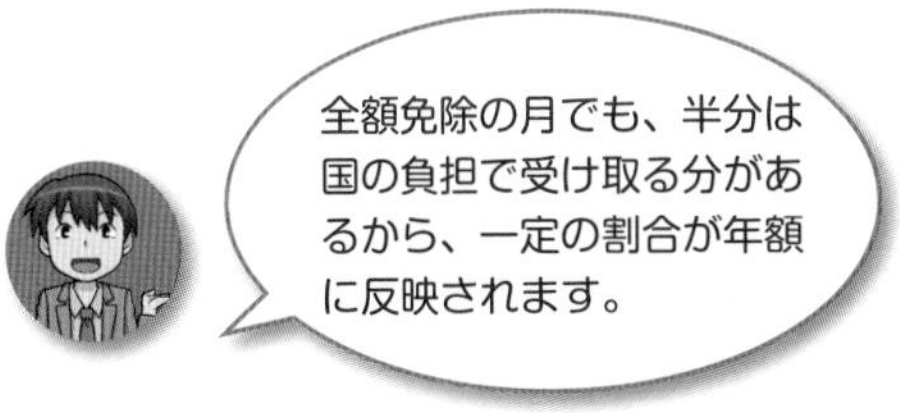
全額免除の月でも、半分は国の負担で受け取る分があるから、一定の割合が年額に反映されます。

| | 全額免除の月数分 | 4分の3免除（4分の1納付）の月数分 | 半額免除（半額納付）の月数分 | 4分の1免除（4分の3納付）の月数分 |
|---|---|---|---|---|
| 2009年3月以前の月の反映の割合 | 1/3 | 1/2 | 2/3 | 5/6 |
| 2009年4月以降の月反映の割合 | 1/2 | 5/8 | 3/4 | 7/8 |

例　保険料納付期間が30年、全額免除期間（2009年4月以降）が10年の場合

$$816{,}000\text{円} \times \frac{\text{360（保険料納付年数30年×12か月）} + \text{60（全額免除年数10年×12か月×}\tfrac{1}{2}\text{）}}{\text{480（40年（加入可能年数※）×12か月）}}$$

＝年額714,000円（目安：月額59,500円）

※昭和16年4月1日以前生まれの人は加入可能年数が異なるため、年金事務所に問い合わせを。

安心！先生からの一言

### 年金額は計算しなくても確認できます

日本年金機構《にっぽんねんきんきこう》から送られてくるねんきん定期便（→P180）には、老後の年金の見込額が記載されています（50歳以上の人限定）。見込額とは、60歳になるまで保険料を納め続けると仮定して計算した額ということです。

基礎年金番号《きそねんきんばんごう》をもっていれば利用できるのがねんきんネット（→P19）の年金見込額試算です。将来のことはわからないという人も、条件を変えて試算することができます。たとえば会社員なら、このまま会社で働き続けた場合と自営業になった場合の年金額の比較ができますし、免除を受けている人が後から保険料を納めたらどのくらい年金額が増えるのかを知ることも可能です。また、厚生労働省の年金額簡易試算ツール「公的年金シミュレーター」でも自分将来の年金額を簡単に試算できます（→P182）。もちろん、お近くの年金《ねんきん》事務所《じむしょ》でも確認できますので、利用してみてはいかがでしょうか。

チリン チリン
いらっしゃいませ
やあ、マスター
井上来てますか？
ええ
あちらに
先に楽しんで
おられますよ
結局、年金は
何歳からもらえるの？
その2
おう！
ようやく
来たな
なんだ
ずいぶんと
盛り上がってる
じゃないか
そちらは？
こちらは
社《しゃ》労《ろう》士《し》事務所の
方たちでね
話してたら
すっかり
意気投合
してさ
よろしく～
はじめまして
はっじめまして

こいつは城島 学生時代からの 親友でしてね 商社に勤めて いるんですよ これでも一応 副部長なんですよ
はじめまして
一応ってなんだっ
城島です よろしく
さっきまで 年金のこととか いろいろ教えて もらってたんだ お前も 老《ろう》齢《れい》基《き》礎《そ》年《ねん》金《きん》の ことなんて 考えたこと ないだろ？
俺の場合は お前と違って サラリーマン だから 老《ろう》齢《れい》厚《こう》生《せい》年《ねん》金《きん》 だな
あら、よくごぞんじですね！ でも、もうちょっと 正確にいうと
老齢基礎年金に 老齢厚生年金が 上乗せされて いますので どっちかではなく 城島さんの場合は 2つを合わせた額を 受け取ることに なりますね
なるほど ちょっと勘違いしてました
な！ 意外と わからないだろ？ じゃあ、何歳から もらえるか 知ってるか？
基本は65歳だろ …でも、リタイアした 先輩たちを見ていると 65歳を待たずに もらい始めている人 けっこういるんだ
え？ なんだそれ！ 受け取る時期って 自由に変えられるの!?

たしかできましたよね？
ええできますよ
城島さんの先輩方の場合はもともと支給開始年齢が65歳前に設定されていた年代かもしれませんね
城島さんや井上さんが受け取る頃には65歳からということで統一されていますよ
昭和36年4月1日以前生まれの男性と
昭和41年4月1日以前生まれの女性は
65歳になる前から
特別支給の老齢厚生年金を受給できる
あれ？それでも受け取り開始時期は自分で選べたような？
はいおっしゃるとおりですそれに関しては…
ハジメくん説明しなさい！

キュッ キュッ
もおお!
先生ってば
不意打ち
ばっかり
なんだから…
ゆっくり飲んでられないよ
60歳以上65歳未満に
繰上げ受給を請求して
早くから受け取る
ことができる
60歳 61歳 62歳 63歳 64歳 65歳
この期間で選べます
ここでもらおうかな
希望すれば
65歳より前から
受け取りを
開始することも
可能です
へぇ!
早くから
もらえるなら
それだけ長く
もらえるわけ
だから
得だよね?
いえ、繰上げ受給にすると
受給額は減額されて
しまいますので
総額で必ず得になるとは
いえないんですよ
繰上げできるのは
老齢基礎年金だけ?
老齢厚生年金は?
※もちろん
老齢厚生年金の繰上げも
できますよ
じゃあ逆に
65歳よりも
遅らせる場合は
どうなるんだい?
お、たしかに
それも気になるな

※昭和28年4月2日以後生まれの男性と昭和33年4月2日以後生まれの女性の場合。

もちろん66歳以降の好きなタイミングに繰下げて請求することも可能ですね
66歳以降に年金の受け取りを繰下げて請求することもできる
がんばって70歳からもらうようにするか!
65歳
66歳
67歳
68歳
69歳
70歳
71歳
72歳
その場合さっきと逆のパターンだから受給額は増額されるんだよね?
お、城島さん大・正・解!理解が早いですねぇ
理解早い人ってステキー♥
いやぁははは
てれてれ
おいおいそれくらい俺だってわかってたさ!
ずりーぞ!!
実際、今は健康で長生きの人が多いから65歳からもらうより70歳とか…
もっと自信があるなら80歳ぐらいまでがんばれれば相当増額されるんじゃないですか?
たしかに先に延ばすほど増額率は上がりますが上限は決まっていて※75歳が最高でそれ以上は増額されません
繰下げ自体は75歳以上でもできますが
なんだそうなのか

※2022年4月から繰下げ受給の上限年齢が75歳に引き上げられました。

それに65歳で受け取り始めた場合の総額を上回るにはけっこう長生きしないとなりませんね
（詳しくは94～97ページへ）
うーん…
繰上げるにしても繰下げるにしてもどこかの時点で決めなくちゃいけないんだよね
あ、ちなみに一度決めたらもう生涯変更はできませんよ ですのでよく考えて決めてくださいね
やっぱり変えたいんだけど…
ブブー
それはできません!
年金
え! そうなのか…
う～ん… これは一度自分がいくら年金を受け取れるのか試算しておいたほうがいいなぁ
俺、そういうの苦手だなぁ
あら、でしたらぜひうちの事務所へご用命お待ちしておりま～す!
名刺どーぞ
…一杯おごりますからお安くならない?
う～んそういうことなら…
だ、ダメですよ! 先生っ!

65歳になる前から年金がある人も

# 老齢厚生年金は生年月日で受け取り開始年齢が決まる！

コレだけおさえる！

**1** 厚生年金保険に加入していた人が65歳から受け取る

**2** 老齢基礎年金を受け取る資格がないと老齢厚生年金は受け取れない

**3** 生年月日と加入期間の条件を満たすと65歳前に受け取れる年金がある

## 厚生年金保険に加入していたことがあれば受け取れる年金

厚生年金保険《こうせいねんきんほけん》から支給される老後の年金を**老齢厚生年金《ろうれいこうせいねんきん》**といいます。厚生年金保険への加入期間のある人が65歳から受け取ります。**老齢基礎年金《ろうれいきそねんきん》を受け取る資格があって、1か月以上加入していれば受け取ることができます。**

厚生年金保険は、老齢基礎年金に上乗せの支給をする公的年金です。**原則65歳から老齢基礎年金と老齢厚生年金を合わせて受け取ります。**

生計を維持する配偶者や子がいる場合には、条件を満たせば加給年金《かきゅうねんきん》（↓P122）もプラスされます。

**以前は、老齢厚生年金の受け取りは60歳からでしたが、法律の改正で65歳からとなりました。**

## 3つの条件を満たせば65歳前の老齢厚生年金の対象に

次の①～③の条件をクリアすれば、65歳になる前に老齢厚生年金を受け取ることができます。

**①老齢基礎年金を受け取ることができる。**

**②厚生年金保険に1年以上加入している。**

**③定められた生年月日である。**

**60歳から64歳までの老齢厚生年金は、特別支給の老齢厚生年金と呼ばれます。**

**昭和36年4月1日以前生まれの男性と昭和41年4月1日以前生まれの女性**は、①②の条件を満たせば、特別支給の老齢厚生年金を受け取ることができます。

特別支給の老齢厚生年金は、報酬比例《ほうしゅうひれい》部分と定額部分（老齢基礎年金に相当する金額）がありましたが、定額部分は原則なくなりました。

そして、**報酬比例部分も支給開始年齢が引き上げられているところで、やがてこの部分はなくなり、将来は65歳からの支給に統一**されます。

特別支給の老齢厚生年金の受給年齢の引き上げは、平均寿命の伸びや少子高齢化の進展を受けて、65歳現役社会に向けて年金制度の改正が行われた際に定められました。

## 生年月日によって老齢厚生年金の受け取り開始年齢が異なる

### 65歳前に受け取る場合の年金額のイメージ

**報酬比例部分** ＋ **定額部分** ＋ **加給年金** ＝ **特別支給の老齢厚生年金**（65歳前に受け取る場合）

- 報酬比例部分：（計算方法→P89）
- 定額部分：（下記、「例外」と「安心! 先生からの一言」の場合などを除き、基本なし）
- 加給年金：（→P122）

老齢基礎年金（国民年金）とは別！

### 特別支給の老齢厚生年金の受け取り開始年齢の違い

| 生年月日 | 特別支給の老齢厚生年金（報酬比例部分） | 65歳～ |
|---|---|---|
| 男 昭和24年4月2日～昭和28年4月1日生まれ<br>女 昭和29年4月2日～昭和33年4月1日生まれ | 60歳～65歳 | 老齢厚生年金・老齢基礎年金 |
| 男 昭和28年4月2日～昭和30年4月1日生まれ<br>女 昭和33年4月2日～昭和35年4月1日生まれ | 61歳～65歳 | 老齢厚生年金・老齢基礎年金 |
| 男 昭和30年4月2日～昭和32年4月1日生まれ<br>女 昭和35年4月2日～昭和37年4月1日生まれ | 62歳～65歳 | 老齢厚生年金・老齢基礎年金 |
| 男 昭和32年4月2日～昭和34年4月1日生まれ<br>女 昭和37年4月2日～昭和39年4月1日生まれ | 63歳～65歳 | 老齢厚生年金・老齢基礎年金 |
| 男 昭和34年4月2日～昭和36年4月1日生まれ<br>女 昭和39年4月2日～昭和41年4月1日生まれ | 64歳～65歳 | 老齢厚生年金・老齢基礎年金 |
| 男 昭和36年4月2日以後生まれ<br>女 昭和41年4月2日以後生まれ | なし | 65歳～ 老齢厚生年金・老齢基礎年金 |

期間限定の措置なので、これ以後の人は、特別支給の老齢厚生年金はありません。

### 例外

昭和24年4月1日以前生まれの男性、昭和29年4月1日以前生まれの女性の場合、定額部分を含む特別支給の老齢厚生年金がある。詳しくは年金事務所へ

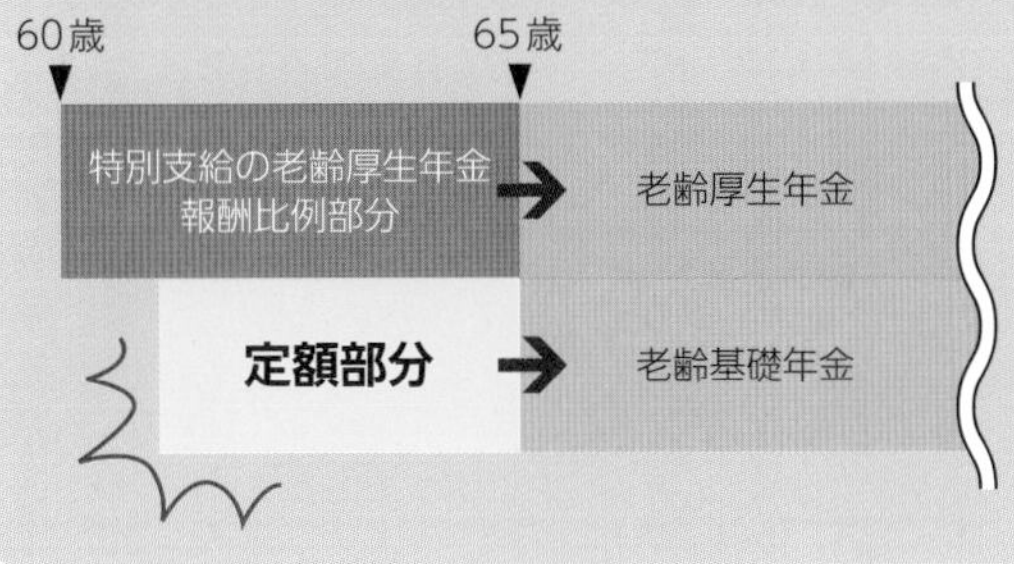


### 安心! 先生からの一言

**障害者と長期加入者には定額部分の老齢厚生年金がプラス**

特別支給の老齢厚生年金の定額部分がない生年月日の人も、報酬比例部分と廃止された定額部分の両方を受け取ることができるケースがあります。それは障害等級《しょうがいとうきゅう》が3級以上の人、あるいは厚生年金保険の加入期間が44年以上ある人で、いずれも会社を退職している人です。

厚生年金保険に44年以上加入していた人は自動的に受け取れますが、障害のある人は請求が必要です。該当する人は年金事務所《ねんきんじむしょ》に問い合わせましょう。

### 保険料を納めた期間と額に比例する年金

# 老齢厚生年金はどうやって計算される？

コレだけおさえる！

**1** 保険料を納めた期間と額によって計算される報酬比例の年金

**2** 総報酬制が導入される前と後で計算式が異なる

**3** 2つの方法で計算して高額なほうの年金が支給される

## 平均的な月収と加入期間により年金額を計算

厚生年金保険《こうせいねんきんほけん》に加入していた人が**65歳から受け取る老齢厚生年金《ろうれいこうせいねんきん》は、保険料を納めた期間や額に応じて年金の額が決まる報酬比例《ほうしゅうひれい》の年金**です。老齢基礎年金《ろうれいきそねんきん》（↓P78）とセットで受け取れます。

**年金額は、厚生年金保険に加入していた期間の平均的な月収、給付乗率《きゅうふじょうりつ》、加入期間を掛け合わせて計算**します。65歳になる前に受け取る特別支給の老齢厚生年金（報酬比例部分↓P86）も同様に計算します。

平均的な月収は、納める厚生年金保険料を決める際に登場した仮の月収額（標《ひょう》準報酬月額《じゅんほうしゅうげつがく》と標準賞与額《ひょうじゅんしょうよがく》）を使って計算されます（↓P58）。

**総報酬制《そうほうしゅうせい》（↓P59）が導入される前の2003年3月までの分は、ボーナスを含まない平均標準報酬月額《へいきんひょうじゅんほうしゅうげつがく》**が平均的な月収となります。

一方、**2003年4月以降の分はボーナスも含めた平均標準報酬額《へいきんひょうじゅんほうしゅうがく》**が平均的な月収となります。**どちらの期間も加入していた当時のままの金額ではなく、最近の賃金や物価の水準にして計算し直しています。**

## 5％引き下げ前の年金額を受け取れる従前額の保障

**本来の給付乗率は原則、2003年3月までは1000分の7・125、2003年4月以後は1000分の5・481で**す。これは2000年の法律改正により5％引き下げられた数字ですが、急激に年金額が下がることを防ぐため、**従前額《じゅうぜんがく》の保障**というしくみもあります。**本来の額と5％引き下げ前の額（従前額）を比べ、高額なほうの年金が支給される**ものです。

**従前額が保障される場合の給付乗率は、原則として、2003年3月までは1000分の7・5、2003年4月以後は1000分の5・769で、さらに従前額改定率（原則として1・041）を掛けます。**こうすることで、法改正前の賃金や物価の水準で年金額を計算でき、法改正後とのバランスをとるしくみです。

## 老齢厚生年金の計算

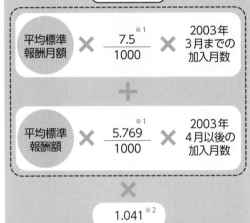

**報酬比例の年金** ＝ **65歳から受け取る老齢厚生年金**

「本来の額」と「従前額」の両方を計算

（平均標準報酬月額…加入期間の標準報酬月額（→P58）をすべて足して加入月数で割った額
平均標準報酬額……ボーナス（賞与）も含めて、加入期間の標準報酬月額をすべて足して加入月数で割った額）

**本来の額**

平均標準報酬月額 × 7.125※1/1000 × 2003年3月までの加入月数
＋
平均標準報酬額 × 5.481※1/1000 × 2003年4月以後の加入月数

**従前額**

（平均標準報酬月額 × 7.5※1/1000 × 2003年3月までの加入月数
＋
平均標準報酬額 × 5.769※1/1000 × 2003年4月以後の加入月数）
×
1.041※2

どちらか高いほうが支給される！

※1：昭和21年4月1日以前に生まれた人は、生年月日に応じた給付乗率が決められています。
※2：昭和13年4月1日以前に生まれた人は、1.043で計算します。

どうする？ こんなとき

### 「老後2,000万円問題」は自分の将来を考えるチャンス！

老齢厚生年金を高額にするには、毎月の給与やボーナスをできるだけ高くすること、できるだけ長期間（10代から70歳まで）厚生年金に加入することが上記の計算式からもわかります。若いときからのキャリアプランが大切ですが、60歳前後を迎える方は100歳までのライフプランをどうしようと不安に思われるかもしれません。まずはねんきんネットなどを利用し、自分の受給額を正確に知ることです。退職金や企業年金の受取額、受け取り方を確認し、個人の資産も洗い出します。月々の生活費から不足の有無を計算し、仕事の継続や資産運用を検討し、暮らし方をシュミレーションするとよいでしょう。

安心！ 先生からの一言

### 保険料をムダにしないための経過的加算

年金の受け取り見込額に「経過的加算《けいかてきかさん》」という文字を見たことがある人もいるかもしれません。これは、20歳未満や60歳以後など、厚生年金保険料を納めても老齢基礎年金に反映されない期間分の年金額を反映させるための加算です。

65歳前の特別支給の老齢厚生年金の定額部分（→P87）は65歳からの老齢基礎年金に相当する額となっています。しかし老齢基礎年金のほうが少し低くなるため、この差額も経過的加算によって埋められています。

## “一生減額”なので決定は慎重に！

# 繰上げ❶ 老齢基礎年金は早く受け取ることができる

コレだけおさえる！

**1** 65歳からの老齢基礎年金は早めに受け取り開始ができる

**2** 60歳以上65歳未満の好きなときから受け取り開始が可能

**3** 請求した年齢によって年金の減額率が決められている

### 65歳を待たずに年金を受け取り始める

国民年金《こくみんねんきん》から老後に支給される老齢《ろうれい》基《き》礎《そ》年金《ねんきん》は65歳から受け取るのが原則です。ただし、**希望すれば65歳になる前から、老齢基礎年金を受け取ることができます。**早く受け取り始めることを繰上《くりあ》げといい、**繰上げ受給の老齢基礎年金**と呼ばれています。

60歳の誕生日の前日を含む月を60歳0か月として、65歳になる直前の64歳11か月までの好きなときに月単位で請求することができ、**請求した月の翌月分から受け取れます。**ただし、国民年金に任意加入《にんいかにゅう》中（↓P47）の人は繰上げを請求することはできません。

国民年金の第1号被保険者《ひほけんしゃ》期間のみの人が受け取る老後の年金は、老齢基礎年金のみです。厚生年金保険《こうせいねんきんほけん》の加入期間がある人は上乗せで老齢厚生年金《ろうれいこうせいねんきん》も受け取ることになります。

**老齢厚生年金の受け取り開始も原則65歳からですが、老齢基礎年金とあわせて繰上げをすることになります**（↓P92）。

### 請求した月により減額率が決まる

**繰上げを請求すると、65歳から受け取るはずだった年金額と比べ、減額されます。**減額率は、繰上げを請求した月から65歳になる月の前月までの月数に0・4%を掛けて計算されます。65歳になる月というのは、誕生日の前日を含む月のことです。

たとえば、満額の年額81万6000円（月額6万8000円）の老齢基礎年金を受け取れる人が、60歳0か月で繰上げ請求をすると、65歳までの60月に0・4%を掛けて、減額率は24%となります。受け取れる年金は年額62万0160円（月額5万1680円、いずれも2024年度額）です。

**一度決めた減額率は一生変更されません。**65歳になっても本来の額に戻りませんので、注意が必要です。また、**繰上げ受給をした後は、原則、障害基礎年金《しょうがいきそねんきん》を請求することができなくなります。**

【注意】2024年度の年金額は2.7%の引き上げとなります。ここでは昭和31年4月2日以後生まれの人の年金額を掲載しています。

## 繰上げ受給を請求したときの年齢と減額率

### 65歳前に受け取る場合の減額率の計算式

0.4% × 65歳になる月の前月までの月数（繰上げを請求した月から数える） ＝ 老齢基礎年金（国民年金）の減額率※

＼受け取る年金が減額される／

※昭和37年4月1日以前に生まれた人は0.4%を0.5%で計算します。

### 請求時の年齢による減額率の違い

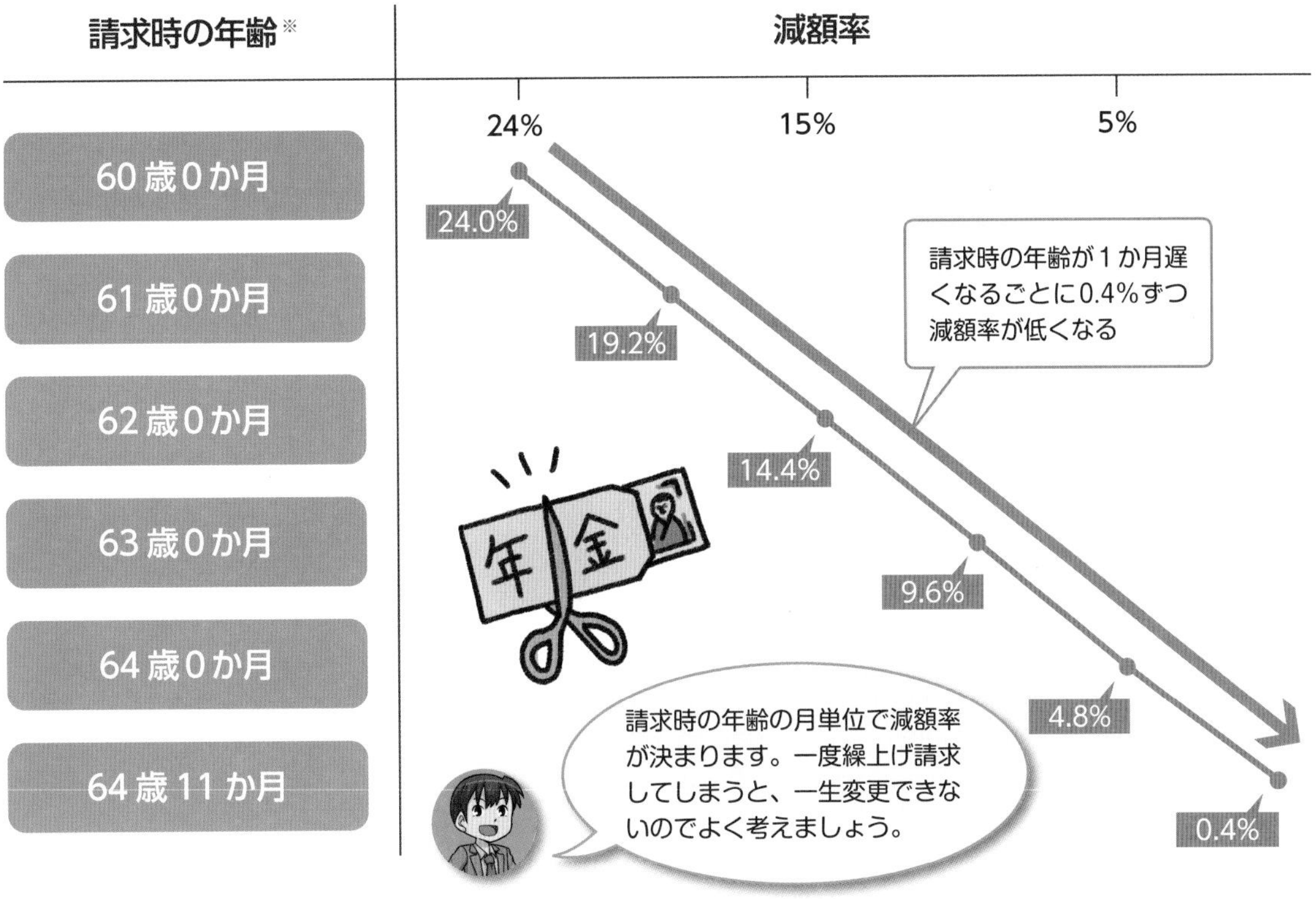
請求時の年齢※
減額率
24%
15%
5%
60歳0か月
61歳0か月
62歳0か月
63歳0か月
64歳0か月
64歳11か月
24.0%
19.2%
14.4%
9.6%
4.8%
0.4%
請求時の年齢が1か月遅くなるごとに0.4%ずつ減額率が低くなる
年金
請求時の年齢の月単位で減額率が決まります。一度繰上げ請求してしまうと、一生変更できないのでよく考えましょう。

※昭和37年4月2日以降に生まれた人が対象。

どうする？ こんなとき

### 何歳まではお得？ 繰上げ受給

「早く年金が欲しいけれど、繰上げ受給を請求してしまうと年金額が減ってしまうし……」と迷ってしまうものです。参考までに、老齢基礎年金の受け取り開始が60歳の場合と65歳の場合を現在の年金額で比較してみましょう。

2022年4月より、繰上げの計算に使う乗数0.5%が0.4%に改正され、減額率は最大で6%改善しました。

60歳0か月で繰上げ請求した場合の年金総額が、65歳で受け取り始めた場合の総額を下回るのは、80歳10か月のときです。

トータルでいくら受け取ったかという観点で損得を考えるなら、それより前までは、繰上げ受給のほうが得といえます。その後は65歳から受け取り始めた額のほうが上回っていきます。

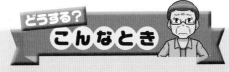

生年月日によってしくみが異なる

# 繰上げ②　老齢厚生年金も早く受け取ることができる

コレだけおさえる！

**1**
65歳からの老齢厚生年金も60歳以上65歳未満の間に開始できる

**2**
繰上げ請求した年金の減額率の計算方法は老齢基礎年金と同じ

**3**
65歳になる前の特別支給の老齢厚生年金も繰上げできる

## 65歳からの老齢厚生年金を繰上げ

厚生年金保険《こうせいねんきんほけん》から支給される**65歳からの老齢厚生年金《ろうれいこうせいねんきん》も、希望する人は繰上《くりあ》げて受け取ることができます。**これを**繰上げ受給の老齢厚生年金**と呼びます。しくみは国民年金《こくみんねんきん》からの老齢基礎年金《ろうれいきそねんきん》と同じ（→P90）で、60歳0か月から64歳11か月の間に請求します。**本来受け取り始める日までの期間で減額率が決まり、1か月ごとに0・4％減額**されます。

**老齢厚生年金の繰上げができるのは、65歳になる前の特別支給の老齢厚生年金（→P86）がない人**です（昭和36年4月2日以降生まれの男性と昭和41年4月2日以降生まれの女性）。また老齢厚生年金の繰上げを請求する場合は、**老齢基礎年金も同時に繰上げ請求となります。**

65歳からの老齢厚生年金には、生計を維持する配偶者や子がいて、条件を満たせば加給年金《かきゅうねんきん》（→Ｐ１２２）もプラスされます。ただし老齢厚生年金を繰上げて受け取る場合であっても、加給年金の受け取りは65歳からとなっています。

## 61歳〜64歳からの年金を早く受け取り始める

**特別支給の老齢厚生年金（→P86）を受け取れる人のうち、受け取り始める年齢が60歳ではなく61歳以上になる人**（昭和28年4月2日から昭和36年4月1日生まれの男性と昭和33年4月2日から昭和41年4月1日生まれの女性）の場合は、受け取り始める年齢になる前に、**希望すれば、減額された老齢厚生年金を受け取ることができます。**繰上げ受給の老齢厚生年金も老齢基礎年金と同時に繰上請求する必要があります。また、特別支給の老齢厚生年金を受け取り始める年齢以降は、老齢基礎年金だけを繰上げ請求することもできます。

ただし、65歳前に障害年金《しょうがいねんきん》や遺族年金《いぞくねんきん》が発生するとどれかひとつを選ぶため、老齢厚生年金が受け取れないケースがあります。一度請求すると、変更ができないので、年金事務所に正確な年金額を算出してもらい、十分に検討しましょう。

## 老齢基礎年金・老齢厚生年金の繰上げのおもなパターン

### パターン1　老齢基礎年金と老齢厚生年金を繰上げて60歳で受給する場合

例　昭和36年4月2日以降生まれの男性
昭和41年4月2日以降生まれの女性

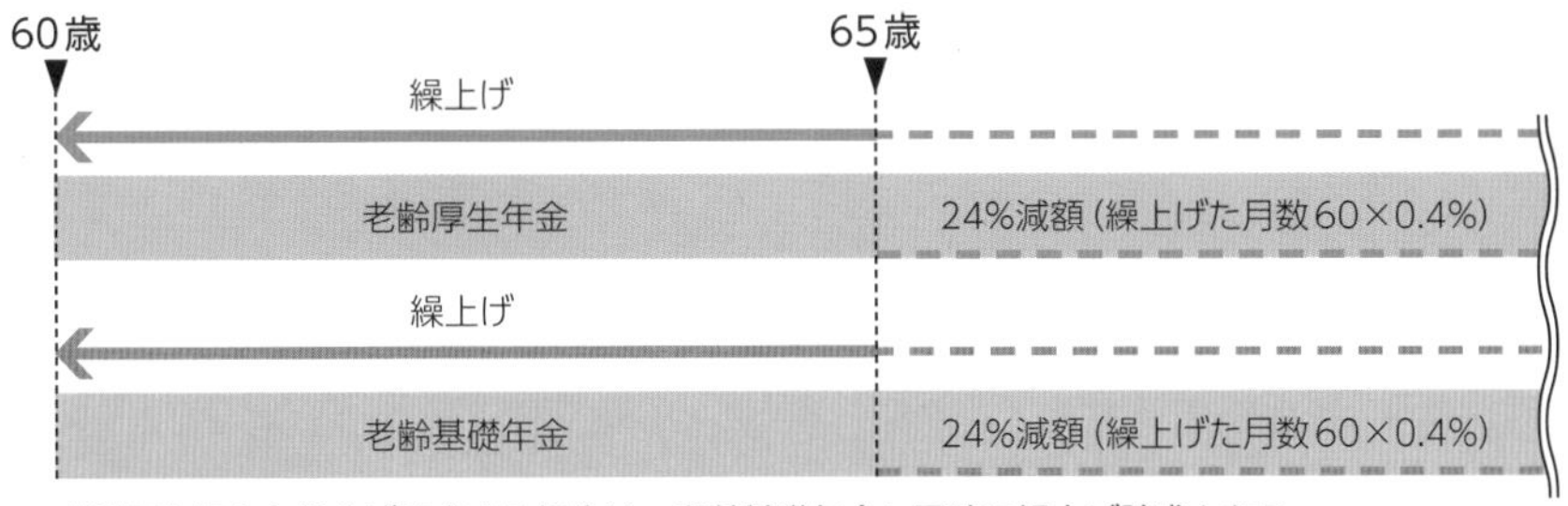


特別支給の老齢厚生年金（→P86）がない人ができる。

老齢厚生年金を繰上げ請求する場合は、老齢基礎年金も同時に繰上げ請求となる。

※昭和37年4月1日以前に生まれた人は0.4%を0.5%で計算します。

### パターン2　特別支給の老齢厚生年金に合わせて老齢基礎年金を繰上げて60歳で受給する場合

例　昭和39年4月2日～昭和41年4月1日生まれの女性

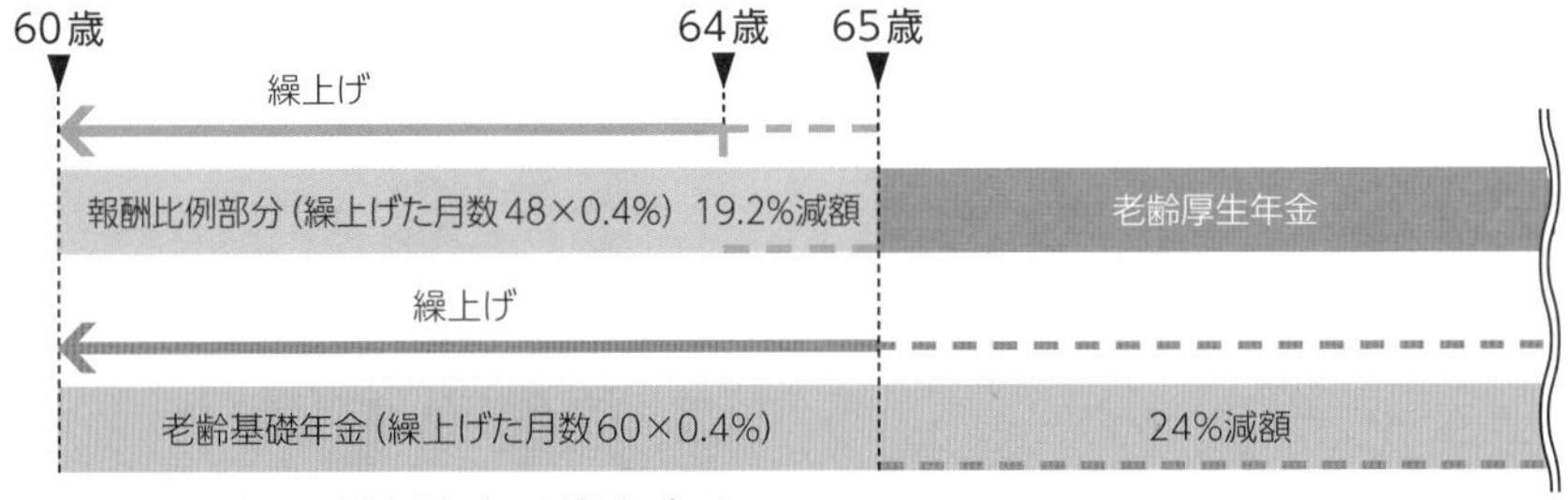


特別支給の老齢厚生年金がある人ができる（特別支給の老齢厚生年金開始前）。

老齢厚生年金と老齢基礎年金の減額率が異なる。

※昭和37年4月1日以前に生まれた人は0.4%を0.5%で計算します。

**老齢年金の繰上げのデメリット**

- ✕ 繰上げ受給をした時点で年金が減額され、生涯変わらない。
- ✕ 障害年金を請求できなくなることがある。
- ✕ 国民年金に任意加入、追納ができなくなる。
- ✕ 繰上額によっては課税対象額となり、税金が引かれる。

**安心！先生からの一言**

### 定額部分がある人は一部繰上げもできる

過去に老齢基礎年金の一部繰上げという制度がありました。特別支給の老齢厚生年金（→P86）に定額部分も含まれていて、61～64歳から定額部分の支給が始まる人のみが対象です。具体的には昭和16年4月2日から昭和24年4月1日生まれの男性と昭和21年4月2日から昭和29年4月1日生まれの女性が対象です。

一部繰上げというのは、定額部分の支給が始まる前の期間に請求すれば、定額部分とセットで老齢基礎年金の一部を繰上げて受け取ることができるというものです。65歳になると繰上げていなかった残りの老齢基礎年金が加算されます。

現在は、長期特例と障害者特例に該当する人が繰上げを希望すると一部繰上げとなります。

66歳以後に請求すれば年金が増える！

# 繰下げ❶ 老齢基礎年金は遅く受け取ると割増がある

コレだけおさえる！

1. 老齢基礎年金は受け取り開始を66歳以降に延ばすことができる
2. 請求した年齢によって年金の増額率が決められている
3. 最高で84％増額の老齢基礎年金を受け取ることができる

## 66歳を過ぎてから老齢基礎年金を受け取り始める

国民年金《こくみんねんきん》から老後に支給される老齢基《ろうれいき》礎《そ》年金《ねんきん》は65歳から受け取るのが原則です。しかし、**希望すれば66歳以降に老齢基礎年金を受け取ることができます。**これを**繰下《くりさ》げ受給の老齢基礎年金**といいます。

２０２２年４月から66歳の誕生日の前日を含む月を66歳０か月とし、75歳になるまでの好きなタイミングで請求することができるようになりました。何歳まで働くかなど、就労状況やライフプランにあわせて受給開始年齢を決める幅が広がりました。

## 受け取りを先に延ばすほど増額率が上がる

繰下げ受給を請求すると、65歳から受け取る年金額と比べ、増額されます。**増額率は、65歳になった月から繰下げ受給を請求した月の前月までの月数に0・7％を掛けて計算**されます。

たとえば、満額の年額81万６０００円（月額６万８０００円）の老齢基礎年金を受け取れる人が、66歳０か月で繰下げ請求をしたとします。65歳０か月から12か月あるので、月数12に０・７％を掛けて、増額率は８・４％となります。受け取れる年金は年額88万４５４４円（月額７万３７１２円、いずれも２０２４年度額）です。

増額率の０・７％に掛けることができる月数の上限は１２０月と決まっています。つまり**75歳0か月が最高の増額率で84％**です。満額の老齢基礎年金を受け取れる人であれば年額１５０万１４４０円（月額12万５１２０円、いずれも２０２４年度額）となります。それ以上繰下げても増額はされません。遅くても75歳になったら請求しましょう。

繰下げ受給は、一度請求すれば、増額した年金を生涯受け取ることができます。ただし、年金生活者支援給付金を受け取れる人は、繰下げをすると繰下げ待機中は給付金も受け取れないので、注意しましょう。

【注意】2024年度の年金額は2.7％の引き上げとなります。ここでは昭和31年4月2日以後生まれの人の年金額を掲載しています。

## 繰下げ受給を請求したときの年齢と増額率

### 66歳以降に受け取る場合の増額率の計算式

0.7% × 65歳になった月から請求した月の前月までの月数 ＝ 老齢基礎年金（国民年金）の増額率※

受け取る年金が増額される

### 請求時の年齢による増額率の違い

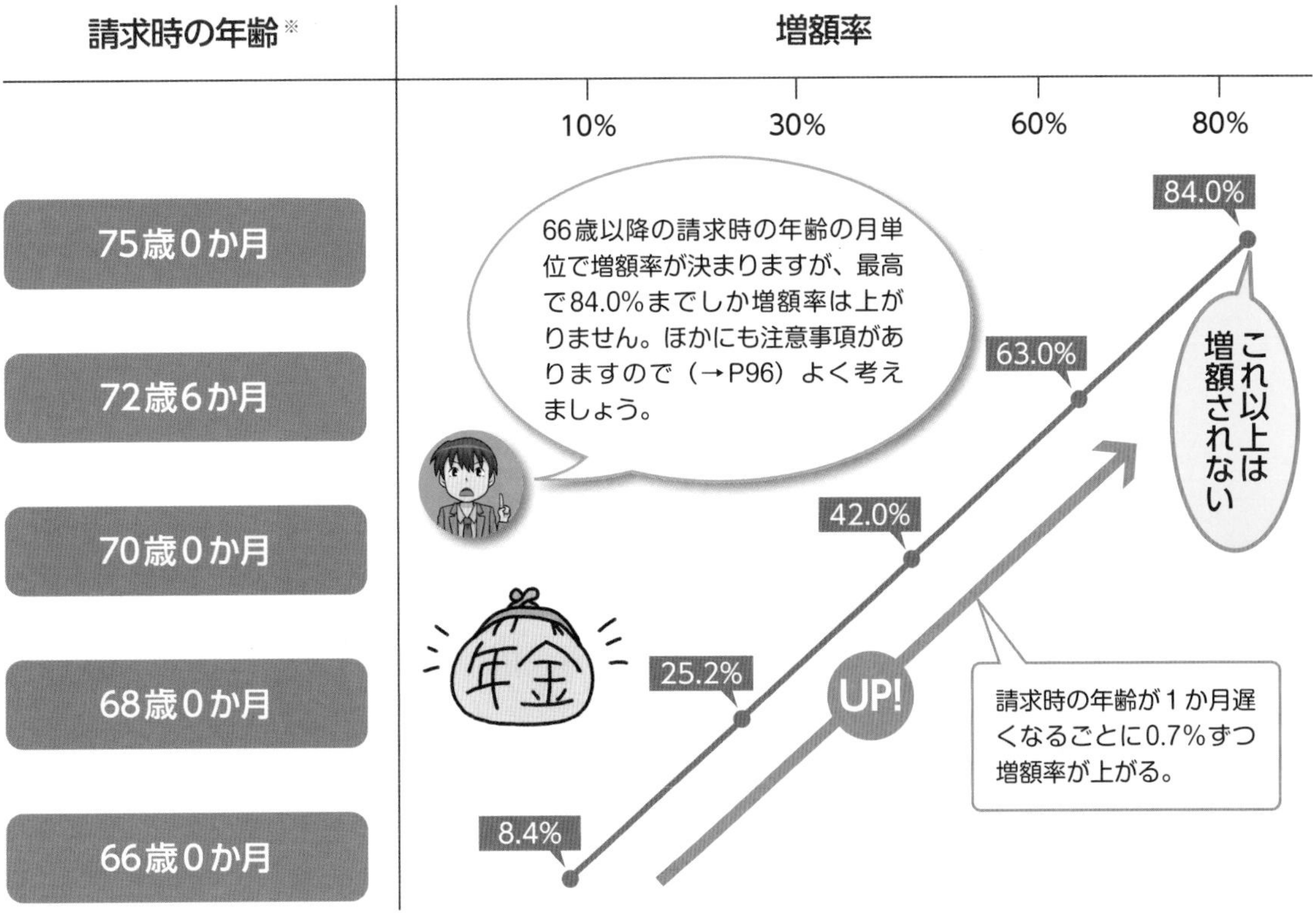
請求時の年齢※
増額率
10%
30%
60%
80%
75歳0か月
72歳6か月
70歳0か月
68歳0か月
66歳0か月
84.0%
63.0%
42.0%
25.2%
8.4%
66歳以降の請求時の年齢の月単位で増額率が決まりますが、最高で84.0%までしか増額率は上がりません。ほかにも注意事項がありますので（→P96）よく考えましょう。
これ以上は増額されない
年金
UP!
請求時の年齢が1か月遅くなるごとに0.7%ずつ増額率が上がる。

※昭和27年4月2日以降に生まれた人が対象。

どうする？
こんなとき

### 繰下げ受給は何歳からお得になるの？

「少しでも多く年金が欲しいから繰下げ受給にしたいけれど、受け取り期間が短いと遅らせた分、逆に損してしまうかも……」。極端にいえば、何歳まで生きれば得になるのでしょうか。老齢基礎年金の受け取り開始が基本の65歳の場合と70歳まで繰下げた場合を現在の年金額で比較してみましょう。

70歳0か月で繰下げ請求した場合の年金総額が、65歳で受け取り始めた場合の総額を上回るのは81歳11か月のときからです。また、75歳0か月で繰下げ請求した場合の年金総額が65歳で受け取り始めた場合の総額を上回るのは86歳10か月のときからです。それ以降は長生きするほどお得になっていきます。

厚生年金も遅らせて増やせる！

# 繰下げ② 老齢厚生年金も遅く受け取ると割増がある

コレだけおさえる！

**1** 老齢厚生年金も繰下げの請求をすることができる

**2** 増額率は老齢基礎年金の繰下げ受給と同じ

**3** ただし65歳より前の老齢厚生年金は繰下げできない

## 66歳を過ぎてから老齢厚生年金を受け取り始める

厚《こう》生《せい》年《ねん》金《きん》保《ほ》険《けん》から老後に支給される老《ろう》齢《れい》厚《こう》生《せい》年《ねん》金《きん》は65歳から受け取るのが原則です。しかし、**希望すれば66歳以降に繰《くり》下《さ》げ受給の老齢厚生年金を受け取ることができます。**国《こく》民《みん》年《ねん》金《きん》から支給される繰下げ受給の老《ろう》齢《れい》基《き》礎《そ》年《ねん》金《きん》（↓P94）と共通項の多い制度となっています。

**老齢厚生年金の繰下げ請求ができるのは、2007年4月以後に老齢厚生年金を受け取れるようになった人**です。66歳の誕生日の前日を含む月を66歳0か月とし、75歳になるまでの好きなタイミングで請求することができます。ただし、**75歳を過ぎて繰下げの請求をした場合は75歳に請求したとみなされます。**

繰下げ受給を請求すると、65歳から受け取る老齢厚生年金額と比べ、増額されます。**増額率は、65歳になった月から繰下げ受給を請求した月の前月までの月数に0・7%を掛けて計算**されます。

## 繰下げ受給は注意事項をよく確認してから決める

65歳になる前から受け取ることができる**特別支給の老齢厚生年金（↓P86）は、繰下げて受け取ることができません。65歳から支給される予定の老齢厚生年金を66歳以降に繰下げて受け取ることはできます。**

また、**老齢基礎年金と老齢厚生年金は別々に繰下げの請求をすることができます。**どちらかを65歳から受け取り、もう一方を繰下げて受け取るといった組み合わせもできます。

繰下げにはたくさんの注意事項がありますので、よく理解して慎重に決める必要があります。

まず、**一度繰下げ請求すると生涯変更できません。**加《か》給《きゅう》年《ねん》金《きん》（↓P１２２）や振《ふり》替《かえ》加《か》算《さん》（↓P１２４）、経《けい》過《か》的《てき》加《か》算《さん》（↓P89）も同時に繰下げとなりますが、**加給年金と振替加算の増額はありません。**また、**厚生年金基金に加入してる人は、老齢厚生年金とセットで繰下げとなります。**

## 繰下げ受給のおもなパターン

**パターン1** 老齢基礎年金だけ繰下げ（老齢厚生年金は繰下げない）

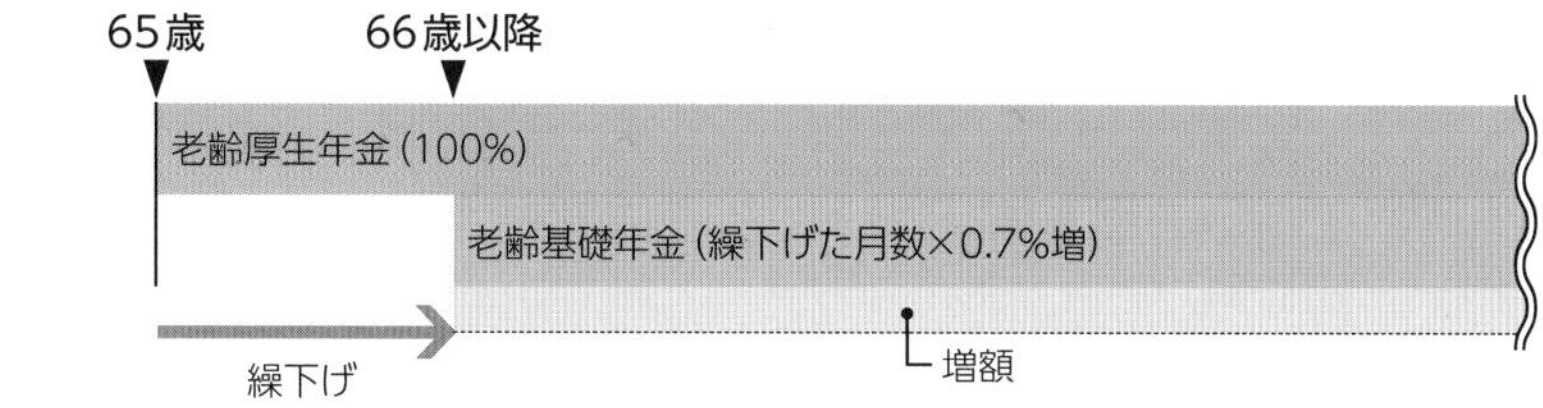


**パターン2** 老齢厚生年金だけ繰下げ（老齢基礎年金は繰下げない）

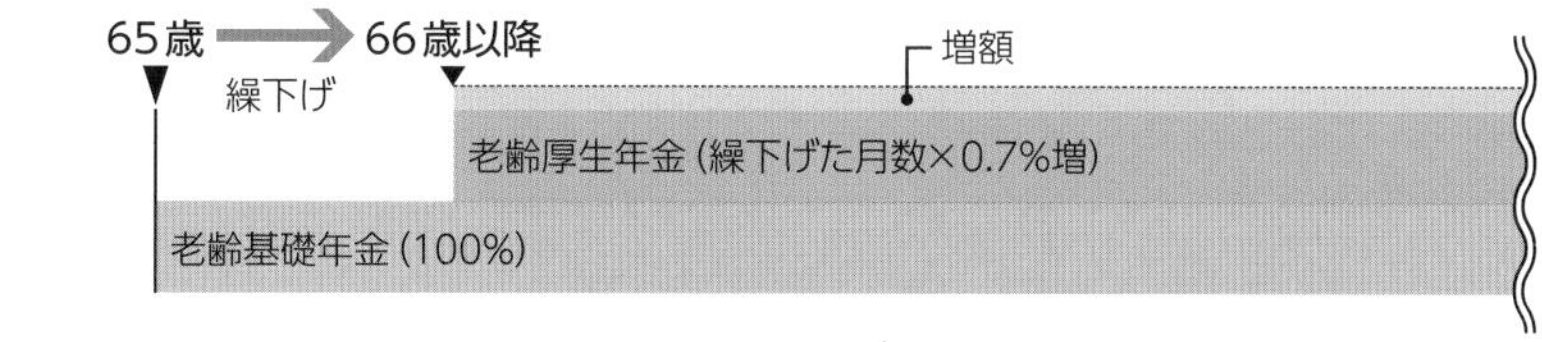


**パターン3** 老齢基礎年金と老齢厚生年金をセットで繰下げ

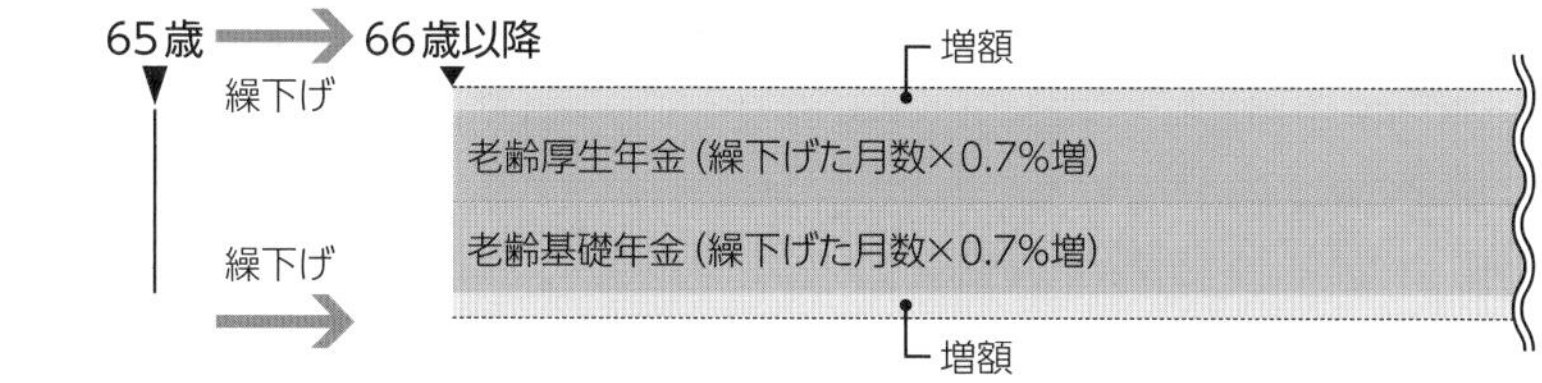


**パターン4** 特別支給の老齢厚生年金を受け取った後に繰下げ
（老齢基礎年金と老齢厚生年金の両方を繰下げた場合）

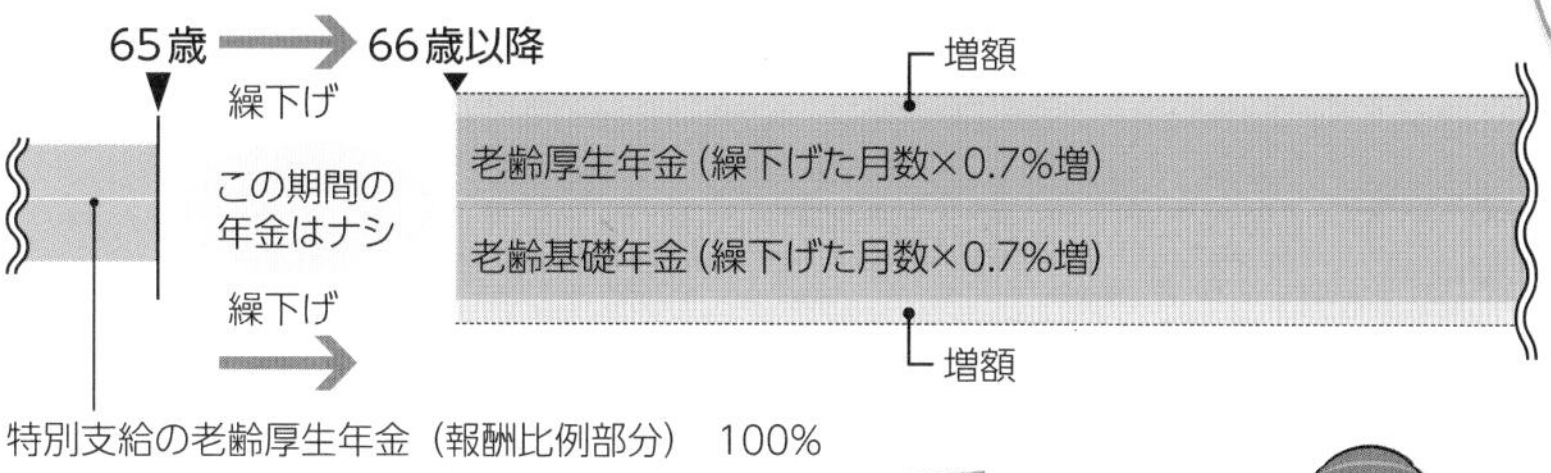


### ！ 老齢厚生年金の繰下げのデメリット

- ✕ 一度請求したら取り消しができない。
- ✕ 加給年金が付く老齢厚生年金の繰下げは、加給年金分については増額されず、配偶者が65歳になれば終了する。
- ✕ 繰下げ年齢を事前に指定しておくことはできない。希望する月が来たら手続きをする。
- ✕ 繰下げ待機中は年金はまったく支給されない。

特別支給の老齢厚生年金は繰下げできません。パターン4で繰下げているのは65歳から受け取る予定だった老齢厚生年金です。

どうする？ こんなとき

### 繰下げをしようと思っていたら状況が変わったときは

老齢厚生年金の繰下げをするつもりで、66歳の誕生日を過ぎても老齢厚生年金の請求をせずにいる間に、状況がさまざまに変わることがあります。

たとえば、その間に障害年金《しょうがいねんきん》や遺族年金《いぞくねんきん》を受け取ることができるようになったとき、老齢厚生年金の扱いとしては、その時点まで繰下げたことにして増額率が決まります。希望すれば65歳にさかのぼって老齢厚生年金を受け取ることもできます。

ほかにも、就職して厚生年金保険に加入した場合は、65歳から受け取る予定の老齢厚生年金の額から、在《ざい》職老齢年金《しょくろうれいねんきん》（→P108）で支給停止となった額を引いた額のみが繰下げの対象になります。

なお、繰下げた年金を請求せずに本人が亡くなった場合は、遺族に未支給年金《みしきゅうねんきん》（→P162）として支払われます。

仕事と年金の兼ね合いはどうする？
その1
国枝社《しゃ》会《かい》保《ほ》険《けん》労《ろう》務《む》士《し》事務所の国枝と申します加藤社長とお約束しているのですが…
3階 会議室のほうへお願いいたします
どうも
今日は先生が顧問労務士をしている会社の定例打ち合わせだ
いつか僕も一人前の社労士になれば、こうやって顧問を受けもつことになるだろう
そんな日のためにも今日はきちんと先生の補佐をつとめなければ…
会議室
在室
早いものでうちの会社も気がつけば起業して20年ですよ
5年前に顧問契約を結んだ頃はいろいろと苦心されておられましたよね
国枝先生に来ていただいて本当に助かってますよ

ところで先生
もうすぐ
定年を迎える
社員が何名か
いるんですよ

そこで今回は
年金のことなどについて
ご相談したいのです

創業20年、社員30名の会社経営者　加藤社長

そうですね
60歳を超えた
社員に対する
会社としての
対応を考えて
おいたほうが
いいでしょう

そのまま
働き続けて
ほしい者も
いるんですが
そこは相手の
意志も
ありますしね

では、定年を迎えるみなさんと
個別に話す機会を設けましょう
でも、その前に社長ご自身も
年金や雇用《こよう》保険《ほけん》について理解して
いただかないといけませんね

社員に
説明できなきゃ
話もできません
からね
よろしく
お願いします

承知いたし
ました
じゃあハジメくん
準備を

ハイ、先生!

厚《こう》生《せい》年《ねん》金《きん》保《ほ》険《けん》に 年齢制限は あるんですか?
国《こく》民《みん》年《ねん》金《きん》の 加入期間は 60歳まで ですよね
60歳を過ぎても 社員として働く人は 厚生年金保険への加入も 継続する
脱退!
60歳 61歳 69歳 70歳
厚生年金に加入できる期間
厚生年金保険は 社員である限り継続されます ですが上限があって 70歳で脱退となります
保険料を 払い続けて いる間の年金は どうなるん ですか?
年金の一部が 減額されたり 全額停止に なることがあります
この しくみを 『在《ざい》職《しょく》 老《ろう》齢《れい》年《ねん》金《きん》』 といいます
64歳までに 特別支給の 老《ろう》齢《れい》厚《こう》生《せい》年《ねん》金《きん》を 受け取っている場合 それが減額 されるんですか?
よくごぞんじですね 60歳から64歳までの方も 65歳以上の方も在職老齢年金の 対象で年金が減ることがあります

なにを基準に減額されるんですか？
その人が受け取る老齢厚生年金（基本月額）と賃金（総《そう》報《ほう》酬《しゅう》月《げつ》額《がく》相当額）の2つを基準に計算して減ずる額が決まります
具体的には60歳から64歳の間に老齢厚生年金を受け取れる人がその年齢になっても働いている場合は…
まずこのように振り分けられます
老齢厚生年金（基本月額）
＋
賃金（総報酬月額相当額）
が
月額50万円超
減額対象に
月額50万円以下
全額支給
なるほど
50万円を超えた場合とそれから65歳以上の場合はどうなるんですか？
65歳以上になると老《ろう》齢《れい》基《き》礎《そ》年《ねん》金《きん》の給付が始まりますがこれは全額受け取ることができますですが老齢厚生年金はさっきの基準と同じように老齢厚生年金の月額と賃金の月額の合計が50万円超になると減額されます

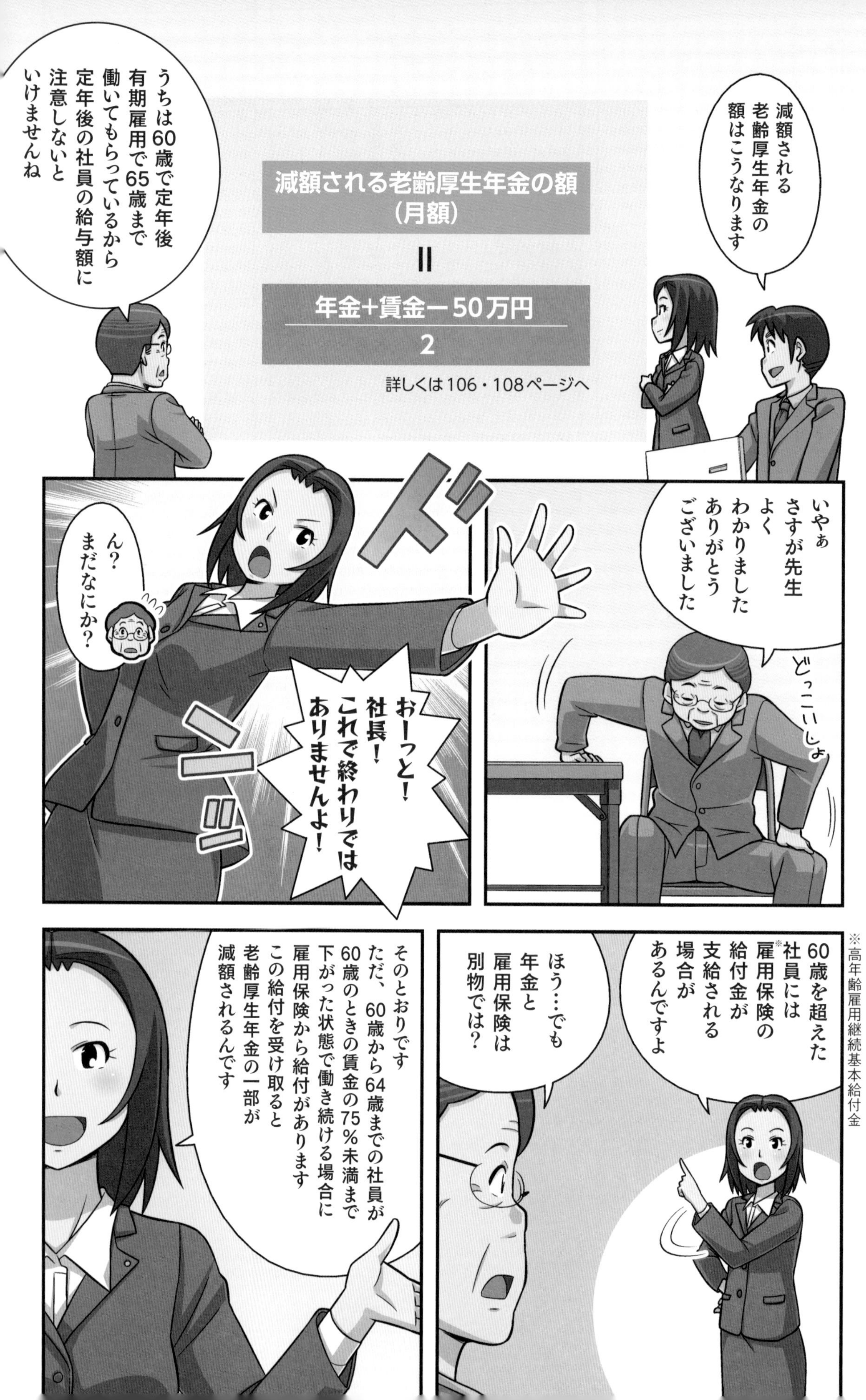

減額される老齢厚生年金の額はこうなります
減額される老齢厚生年金の額（月額）
＝
年金+賃金ー50万円
2
詳しくは106・108ページへ
うちは60歳で定年後有期雇用で65歳まで働いてもらっているから定年後の社員の給与額に注意しないといけませんね
いやぁさすが先生よくわかりましたありがとうございました
どっこいしょ
ド
おーっと！社長！これで終わりではありませんよ！
ん？まだなにか？
60歳を超えた社員には※雇用保険の給付金が支給される場合があるんですよ
※高年齢雇用継続基本給付金
ほう…でも年金と雇用保険は別物では？
そのとおりです
ただ、60歳から64歳までの社員が60歳のときの賃金の75%未満まで下がった状態で働き続ける場合に雇用保険から給付があります
この給付を受け取ると老齢厚生年金の一部が減額されるんです

賃金が75%未満に下がると
雇用保険から支給される給付金がある
100%
給付金なし
75%未満
段階的に増える（最大15%）
61%以下
新賃金
雇用保険
給付金
というと60歳になる前から継続して働いている社員の場合ですよね?
そうです
新賃金が60歳のときの賃金の75%以上あれば給付金はありません 75%未満から段階的に増えていって 61%以下になった場合は 一律で新賃金の15%が支給されます
とはいっても新賃金が37万0452円を超える場合は雇用保険から給付金は支給されません
給付金ちょーだい
37万0,452円以上の賃金
それだけもらっていたらダメです!
雇用保険
在職老齢年金は賃金の低下率に応じて減額されて最大で新賃金の標準報酬月額の6%が減額されますね
その場合でも雇用保険の給付金は全額支給されます
雇用を継続して賃金を低くする場合には雇用保険の給付金と在職老齢年金の兼ね合いを考えに入れてもいいですね

そもそもなんですが定年退職後の失業給付《しつぎょうきゅうふ》はいくらぐらいもらえるものなのでしょう?
それまでの賃金の45～80%の金額を受け取ることができます受け取りの期限は原則として退職した翌日から1年とされています
賃金の45～80%の金額
受けとり期限
会社
退職した日
翌日 〇月△日
1年後の 〇月△日
失業給付を受けるにはハローワークで求職の申し込みが必要ですよね?
はい 64歳までに求職すると失業保険の給付が優先されるのでその間は老齢厚生年金の支給はストップします
このように60歳から64歳までは年金が減額されるケースもありますから社員のみなさんの希望を聞くときにも注意してくださいね
60歳～64歳までは求職を申し込むと失業保険が優先されて年金と加給年金は支給停止になる
失業保険もらってたらダメです!
そっちもちょーだい
年金
加給年金
失業保険
失業保険が年金給付の妨げになるのかこれはたしかに社員にきちんと説明しておかないと

う～ん…こりゃ本格的に勉強しないとダメですかな
大丈夫ですよそのためにわれわれがいるんですから
またいつでもご説明にうかがわせていただきます！
そうでしたね
いやぁ先生のところは若い人も頼りになりますし安泰そうでうらやましい
え？そ、そうですか？
いえいえまだまだツメが甘くて…もっとビシバシ教育していきませんと
え～!?そりゃないですよせんせい～！
はっはっは苦労するな！青年！

### 働きながら受け取る在職老齢年金❶

# 60歳以上の会社員は年金額に調整が入る

コレだけおさえる！

**1** 60歳を過ぎても働く会社員は年金が減ることがある

**2** 年金と賃金の額によっていくら減るかが決まる

**3** 60～64歳と65歳以上では年金の減るしくみは同じ

## 会社で働く60歳以上の人は老齢年金が一部または全部停止

**60歳を過ぎてからも会社などで働き、厚生年金保険《こうせいねんきんほけん》に加入している人の年金は、減額になったり、全額の支給が停止になったりすることがあります。**このしくみを**在職老齢年金《ざいしょくろうれいねんきん》**といいます。年金が減額や支給停止になるのかは、**受け取る予定の年金の額（基本月額）**と**賃金（総報酬月額相当額《そうほうしゅうげつがくそうとうがく》）**の2つを基準にします。

基本月額とは、これまでの加入期間と納めた保険料額に応じて計算された老齢《ろうれい》厚生年金《こうせいねんきん》の月額のことです。

**総報酬月額相当額は、1年間に受け取る月収とボーナスの総額を12で割って1か月分に換算した額**です。仮の月収である標準報酬月額《ひょうじゅんほうしゅうげつがく》（↓P58）とボーナスによって決まる標準賞与額《ひょうじゅんしょうよがく》（↓P58）を12で割った額を足して計算されます。

## 65歳になる前に年金がある人の支給停止のしくみ

年金が減額されるしくみは、2022年4月から60～64歳の人と65歳以上の人とで統一されました（65歳以上については↓P108）。

65歳になる前に特別支給の老齢厚生年金（↓P86）のある人が、年金を受け取れる年齢になっても会社で働いている場合、**年金と賃金を足して50万円以下なら、特別支給の老齢厚生年金は全額支給**されます。**50万円を超えたら、超えた額の半分が減額**されます。

**在職老齢年金を受け取る60～64歳の人は、働いて厚生年金保険料を納めながら、一方で年金を受け取る**ということになりますが、この期間に納めた保険料は在職老齢年金には反映されません。退職したときに、または65歳になったときに、すべての加入期間にもとづき、年金額が再計算されます。

厚生年金に加入しながら老齢厚生年金を受けている人が退職した場合、退職して1か月を経過したら退職した翌月分の年金額から再計算された年金が支給されます。

## 60～64歳の在職老齢年金の支給停止額チャート

**年金** ―― 基本月額のこと。特別支給の老齢厚生年金（→ P86）の月額。

**賃金** ―― 総報酬月額相当額のこと。
（その月の標準報酬月額）＋（直近１年間の標準賞与額の合計÷12）

支給停止の計算式は2022年４月から65歳以上の在職老齢年金と同じになりました。

**年金と賃金の合計が50万円以下**

※50万円は在職老齢年金の支給停止調整額といいます。

↓はい
年金は全額支給される。

↓いいえ
一部または全額が支給停止となる。

**減額される老齢厚生年金の月額**
**（年金＋賃金－50万円）÷2**

例 年金が15万円、賃金が45万円の人の場合の年金月額
15万円＋45万円＝60万円→減額あり（50万円を超える）
（年金15万円＋賃金45万円－50万円）÷2＝5万円
受け取れる老齢厚生年金額：月額10万円（15万円－5万円）

老齢基礎年金（国民年金）はこの計算では関係ありません。

## 厚生年金に加入しながら特別支給の老齢厚生年金を受けている人が退職したら

例 65歳になる前に退職し、その後就労せず年金を受け取り続ける場合

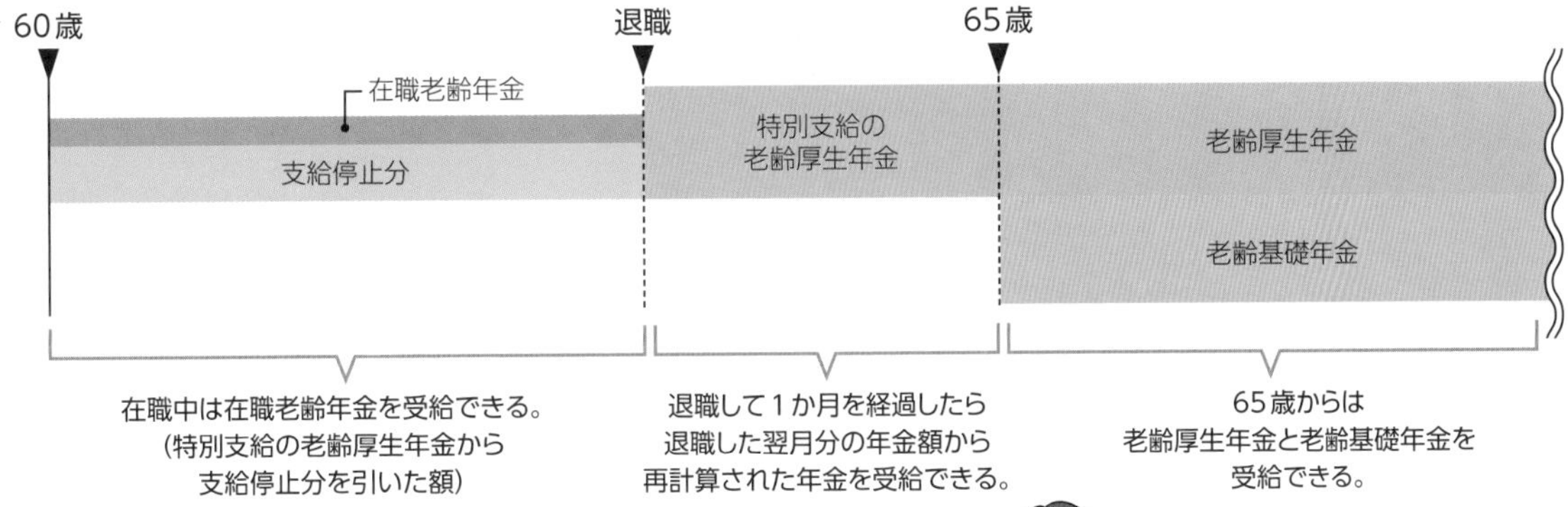
60歳
退職
65歳
在職老齢年金
支給停止分
特別支給の老齢厚生年金
老齢厚生年金
老齢基礎年金
在職中は在職老齢年金を受給できる。（特別支給の老齢厚生年金から支給停止分を引いた額）
退職して１か月を経過したら退職した翌月分の年金額から再計算された年金を受給できる。
65歳からは老齢厚生年金と老齢基礎年金を受給できる。

**損しない！ よくある勘違い**

### 厚生年金保険に加入しない働き方もある

60歳を過ぎて働く場合、「年金が減額になってしまうから働かないようにしよう」と考えるのは早合点です。60歳を過ぎても保険料を納め、在職老齢年金のしくみが適用となるのは会社で働く厚生年金保険の加入者です。

自営業の人などの国民年金への強制加入は60歳になると終了しますので、保険料を納める必要はなくなります。

つまり会社員だった人が年金を減らされることなく収入を得るための、60歳以降の働き方の選択肢のひとつとして、これまでの経験を生かして自営業となったり、フリーランスで働いたりする方法もあります。

働きながら受け取る在職老齢年金❷

# 65歳以上で働く人の老齢厚生年金は増額も減額もある

コレだけおさえる！

**1** 65歳以上にも在職老齢年金のしくみがある

**2** 在職時改定で毎年年金がアップする

**3** 繰下げしても増額するのは支給停止されない部分のみ

## 在職時でも年金が年に1度増額する

65歳になると老齢基礎年金《ろうれいきそねんきん》と老齢厚生年金《ろうれいこうせいねんきん》の受け取りが始まりますが、65歳以降の会社員で厚生年金保険に加入している場合、老齢基礎年金は全額受け取れますが、老齢厚生年金は在職老齢年金の対象となります。

２０２３年4月から、**在職定時改定《ざいしょくていじかいてい》**（↓Ｐ２）のしくみが導入され、65歳以降毎年9月から翌年8月までの保険料が10月から年金額に反映され、12月の支給日から年金が増額します。**月給20万円で1年間働くと、年額１３０００円程度増額します**※。また、厚生年金保険の加入期間が40年ない場合は、**経過的加算《けいかてきかさん》**（↓P89）**によって1年ごとに２００００円程度増額するので、働き続けるモチベーションが高まるかもしれません。**

60代前半と同じ在職老齢年金のしくみは残るため、給与等が高額の場合は支給停止となりますが、『就労＋年金』を生活の基盤にしている人は、恩恵を受けられるでしょう。なお、老齢基礎年金は収入に関係なく受給できます。

70歳までに退職するときや70歳になると、厚生年金保険料の納付は終了となり、老齢厚生年金の最終額が確定します。

## 在職老齢年金で減額する人は繰下げ受給に注意する

65歳以降も現役並みに収入があり、在職老齢年金の減額が多い人は、繰り下げて年金の受給を先延ばしにし、増額した年金を受給しようと考えるかもしれません。しかし、繰下げの有無にかかわらず、在職老齢年金の計算がされるので、**在職中でなければ受給できるはずの65歳からの老齢厚生年金の額がすべて増額の対象になるわけではありません。**対象になるのは、**支給停止をされない部分についてのみとなります。**その結果、思ったほどの増額率にならない場合もあります。

このように、在職中や退職後の年金額の計算は複雑なので、年金事務所《ねんきんじむしょ》等で試算してもらい、受給方法を検討するとよいでしょう。

※厚生労働省の試算

## 65歳以上の在職老齢年金の支給停止額チャート

**年金** ―― 基本月額のこと。老齢厚生年金（→P86）の月額。

**賃金** ―― 総報酬月額相当額のこと。
（その月の標準報酬月額）＋（直近１年間の標準賞与額の合計÷12）

**年金と賃金の合計が50万円以下**

※50万円は在職老齢年金の支給停止調整額といいます。

↓ はい
年金は全額支給される。

↓ いいえ
一部または全額が支給停止となる。

**減額される老齢厚生年金の月額**
（年金＋賃金－50万円）÷2

(例) 年金が15万円、賃金が45万円の人の場合の年金月額
15万円＋45万円＝60万円→減額あり（50万円を超える）
（年金15万円＋賃金45万円－50万円）÷2＝5万円
受け取れる老齢厚生年金額：月額10万円（15万円－5万円）

老齢基礎年金（国民年金）は
この計算では関係ありません。

## 在職老齢年金の繰下げ受給のしくみ

**通常の受け取り** 70歳まで働く場合（年金が一部カットされるケース）

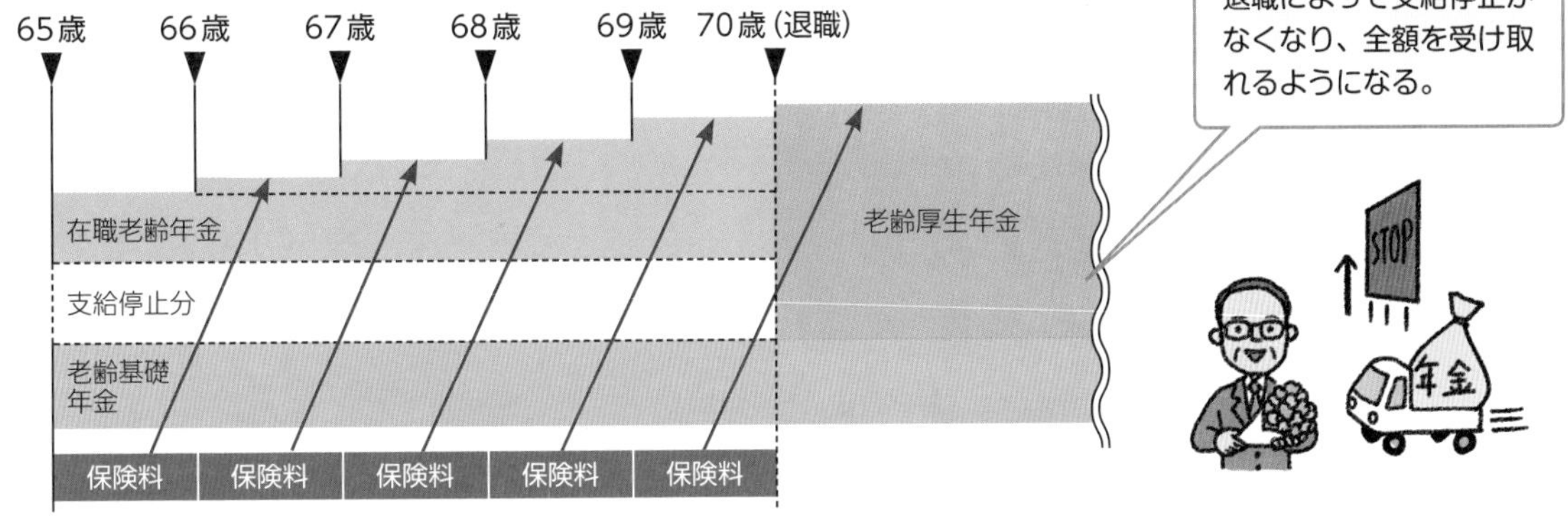
65歳
66歳
67歳
68歳
69歳
70歳（退職）
在職老齢年金
支給停止分
老齢基礎年金
保険料
保険料
保険料
保険料
保険料
老齢厚生年金
退職によって支給停止がなくなり、全額を受け取れるようになる。
STOP
年金

**70歳まで繰下げた場合の受け取り** 70歳まで働く場合（年金が一部カットされるケース）

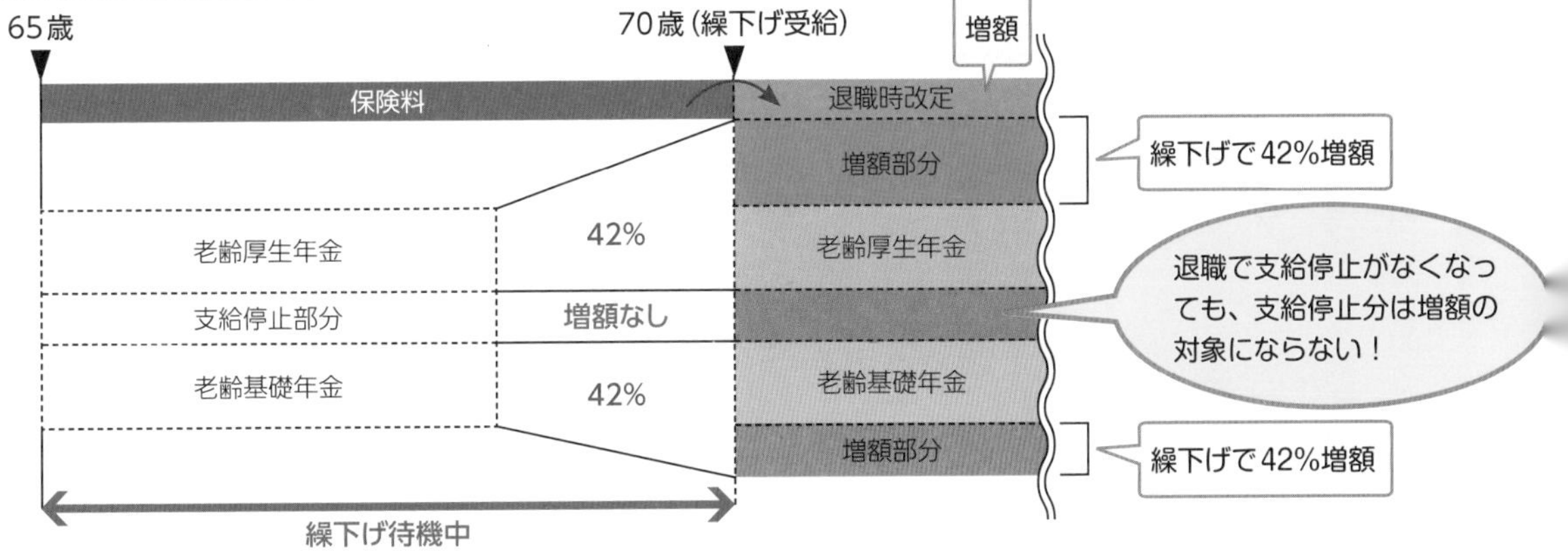
65歳
70歳（繰下げ受給）
増額
保険料
退職時改定
増額部分
繰下げで42%増額
老齢厚生年金
42%
老齢厚生年金
支給停止部分
増額なし
退職で支給停止がなくなっても、支給停止分は増額の対象にならない！
老齢基礎年金
42%
老齢基礎年金
増額部分
繰下げで42%増額
繰下げ待機中

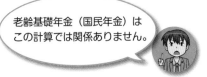

## 60歳を超えて給料が下がったら

# 年金とあわせて考える雇用保険❶
# 高年齢雇用継続基本給付金のしくみ

コレだけおさえる！

**1** 働き続ける60～64歳の人には雇用保険から給付がある

**2** 60歳の時点と比べて賃金が75％未満に下がった人が対象

**3** 高年齢雇用継続給付を受け取ることにより在職老齢年金はさらに減額される

## 雇用保険から支払われる60～64歳の人への給付金

会社などで働いていて、60歳を超えると、**雇用保険《こようほけん》からの給付金**を受け取れる場合があります。その対象は、**雇用保険に5年以上加入していた人のうち、60歳の時点の賃金（100％）と比べ、賃金が75％未満に下がった60～64歳の人**です。

この**高年齢雇用継続給付《こうねんれいこようけいぞくきゅうふ》**という雇用保険からの給付金は2種類あり、**どちらか受け取れます。**60歳になる前から継続して働いていれば**高年齢雇用継続基本給付《こうねんれいこようけいぞくきほんきゅうふ》金《きん》**、退職して失業給付《しつぎょうきゅうふ》（雇用保険の基本手当）を受け取ってから再就職したなら**高《こう》年齢再就職給付金《ねんれいさいしゅうしょくきゅうふきん》**（→P112）です。

継続して働く人のための**高年齢雇用継続基本給付金の額は、下がった賃金に支給率を掛けて計算**されます。支給率は、60歳時点の賃金（100％）から何％へと下がったかによって決まります。75％未満から61・5％の間は割合が下がるほど、段階的に支給率は上がります。賃金が61％以下になった人は、一律で低下後の賃金の15％が支給されます。ただし、そもそも**賃金※が月37万0452円を超える場合は支給されない**ので注意しましょう。

なお、もし60歳になった時点で雇用保険の加入期間が5年なかった人が、その後で5年になったときは、その時点の賃金から75％未満に下がれば給付金の対象になります。

## 高年齢雇用継続給付があると年金はダブルで支給停止

**特別支給の老齢厚生年金《ろうれいこうせいねんきん》**（→P86）と、**雇用保険の高年齢雇用継続基本給付**は60～64歳という同じ時期の収入を補ってくれる給付です。そのため、**両方を受け取れるときは、年金の一部が支給停止（減額）**になります。支給停止のしくみは2種類あり、どちらも適用されます。

まず、働きながら年金を受け取ると、年金と賃金の額に応じて**年金が減額される在職老齢年金《ざいしょくろうれいねんきん》**（→P106）があります。

さらに、**高年齢雇用継続給付を受け取ると、最高で賃金（標準報酬月額《ひょうじゅんほうしゅうげつがく》）の6％に当たる額が年金から減額**されます。

※賃金の上限370,452円は2024年7月31日までの金額で、毎年変更されます。

## 雇用保険の高年齢雇用継続給付金は２種類

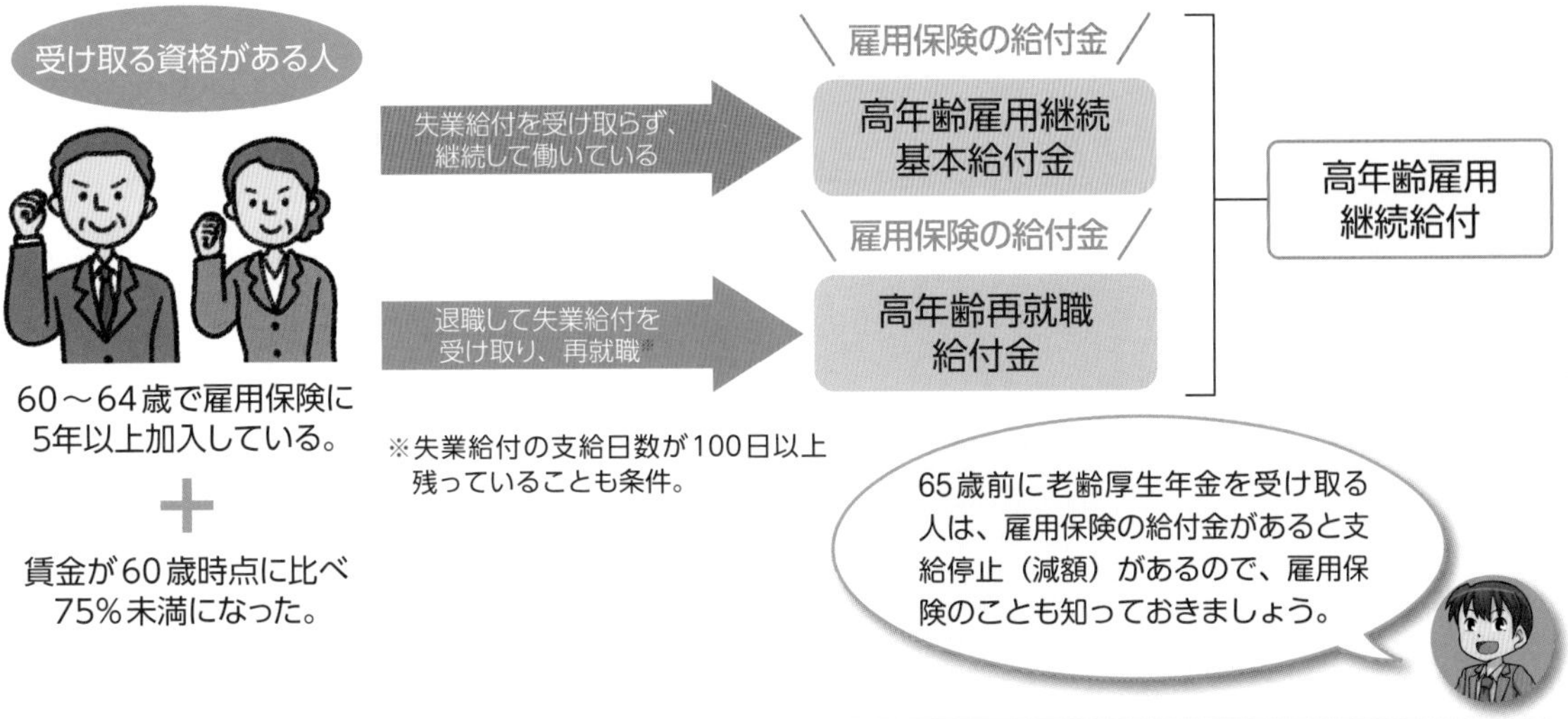
受け取る資格がある人
60～64歳で雇用保険に
5年以上加入している。
＋
賃金が60歳時点に比べ
75％未満になった。
失業給付を受け取らず、
継続して働いている
雇用保険の給付金
高年齢雇用継続
基本給付金
退職して失業給付を
受け取り、再就職※
雇用保険の給付金
高年齢再就職
給付金
高年齢雇用
継続給付
※失業給付の支給日数が100日以上
残っていることも条件。
65歳前に老齢厚生年金を受け取る
人は、雇用保険の給付金があると支
給停止（減額）があるので、雇用保
険のことも知っておきましょう。

## 特別支給の老齢厚生年金を受け取る人は雇用保険の給付金に注意！

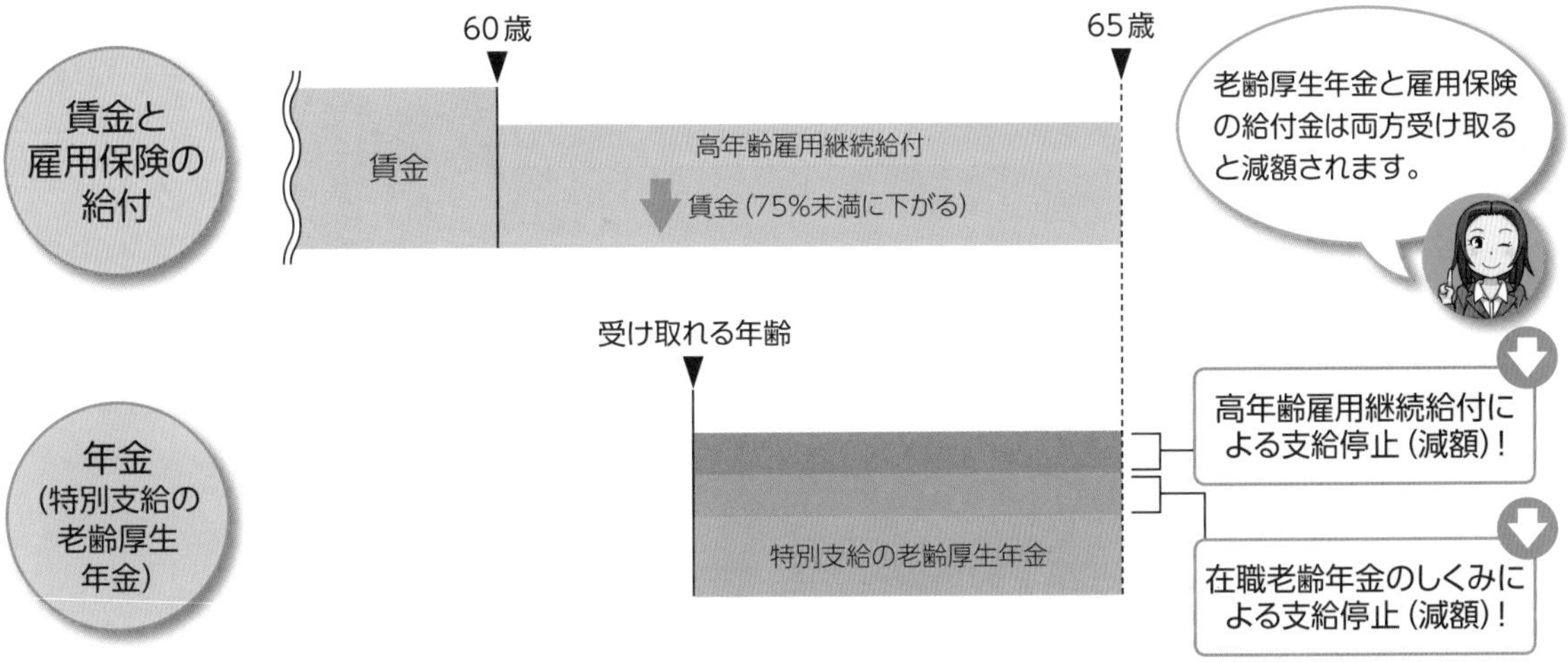
60歳
65歳
賃金と
雇用保険の
給付
賃金
高年齢雇用継続給付
賃金（75％未満に下がる）
老齢厚生年金と雇用保険
の給付金は両方受け取る
と減額されます。
受け取れる年齢
年金
（特別支給の
老齢厚生
年金）
特別支給の老齢厚生年金
高年齢雇用継続給付に
よる支給停止（減額）！
在職老齢年金のしくみに
よる支給停止（減額）！

### どうする？ こんなとき

### 老齢厚生年金の繰上げ受給も減額される？

老齢厚生年金を繰《くり》上《あ》げ受給（→P92）で受け取っていた場合はどうなるのか、気になる人もいるでしょう。この場合も、働き続けて厚生年金保険《こうせいねんきんほけん》の被保険《ひほけん》者《しゃ》であれば、在職老齢年金の対象です。老齢厚生年金部分は減額されます（同時請求している老齢基礎《ろうれいきそ》年金《ねんきん》は減額されない）。加えて、高年齢雇用継続給付があればその分も減額されてしまうので、働き続ける人は繰上げ受給を特に慎重に考えたほうがよいでしょう。

### 安心！ 先生からの一言

### 年金は年金事務所 雇用保険はハローワーク

60歳で定年退職した後の収入不足をカバーしてくれる年金や雇用保険。給付によって管轄《かんかつ》が異なりますので、しっかり把握しておきましょう。

厚生年金保険に関することは、勤務先の地域の年金事務所《ねんきんじむしょ》に問い合わせを。退職している場合はお住まいの地域の年金事務所となります。一方、雇用保険は、勤務先の地域のハローワークが管轄となっています。雇用保険の給付金と関係する加入期間について不安がある人は、ハローワークへ相談しましょう。

60～64歳で再就職する人は要チェック！

# 年金とあわせて考える雇用保険❷
# 高年齢再就職給付金のしくみ

コレだけおさえる！

❶ 60～64歳で再就職した人には高年齢再就職給付金がある

❷ 受け取る条件や年金との調整は高年齢雇用継続基本給付金と同じ

❸ 給付金と再就職手当のどちらがお得かは賃金や年金額による

## 再就職したら支払われる60～64歳の人への給付金

雇用保険《こようほけん》から支払われる高年齢雇用継続給付《こうねんれいこようけいぞくきゅうふ》は、60歳前と比べて低くなった賃金を補う役割を果たしています。

2種類ある給付のうち、**高年齢再就職給付金**《こうねんれいさいしゅうしょくきゅうふきん》では、いったん退職して失業給付《しつぎょうきゅうふ》（雇用保険の基本手当）を受け取り始め、支給日数を100日以上残して就職していることが条件です。

雇用保険に5年以上加入していた人で、60歳の時点と比べて賃金が75％未満に下がった人が受け取れるという条件や受け取れる給付金の計算方法、特別支給の老齢厚生年金《ろうれいこうせいねんきん》との調整は、高年齢雇用継続基本給付金《こうねんれいこようけいぞくきほんきゅうふきん》（↓P110）と同じです。

## 再就職した月から1年間または2年間受け取れる

高年齢雇用継続基本給付金と異なるのは**受け取る期間**です。高年齢雇用継続基本給付金は65歳になるまで受け取れますが、高年齢再就職給付金は**失業給付の残りの日数に応じて、再就職した月から1年または2年間です。その間に65歳になったら終了します。**

## 高年齢再就職給付金と再就職手当のいずれかを選択

**再就職手当**《さいしゅうしょくてあて》は、失業給付を受給中に再就職が決まった場合に受け取れるお祝い金で、失業給付の受け取り期間を3分の1以上残していることが条件です。

早く再就職すると、より高い給付率で再就職手当を受け取ることができます。この**再就職手当は受け取っても特別支給の老齢厚生年金は減額されません。**

ただし、**高年齢再就職給付金と再就職手当の両方を受け取ることはできません**ので、どちらかを選ぶことになります。再就職した時期や再就職後の賃金、老齢《ろうれい》年金《ねんきん》の額などによって、どちらがより得かが決まります。

**一度選択すると変更できない**ため、ハローワークで相談しながら十分に比較、検討して決める必要があります。

## 比べてみよう！　高年齢再就職給付金・再就職手当

| | 高年齢再就職給付金 | 再就職手当 |
|---|---|---|
| 対象となる年齢は? | 60～64歳 | 年齢制限はなし（失業給付の受給中に再就職した人が対象） |
| どんな制度? | 再就職後に賃金が下がった場合、賃金の一部を一定期間補う。<br>条件：60歳で退職して失業給付を受け取り始めて100日以上の支給日数を残した状態で再就職した場合 | 失業給付（雇用保険の基本手当）を受給中に再就職が決まった場合に受給できるお祝い金。 |
| 受け取る時期は? | 65歳になるまでの1年または2年間、2か月ごとに受け取る。 | 再就職後に一度にまとめて受け取る。 |
| いくら受け取れる? | 60歳の時点での賃金より下がった率に応じて決まる（最大で賃金の15%）。 | 基本手当の日額×残りの日数×60%または70% |
| 年金との関係は? | 特別支給の老齢厚生年金（→P86）の一部が減額になる。 | 年金と関係しない（特別支給の老齢厚生年金がある人は、そのまま受け取れる）。 |

60歳
再就職
65歳
1年または2年間

手当

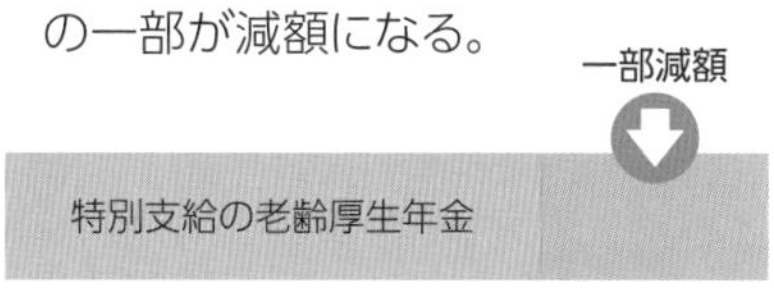
一部減額
特別支給の老齢厚生年金

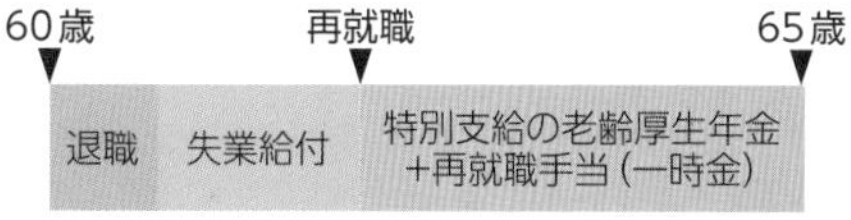
60歳
再就職
65歳
退職
失業給付
特別支給の老齢厚生年金
+再就職手当（一時金）

給付金
手当
失業給付

失業給付を受け取ってから再就職した人は、高年齢再就職給付金か再就職手当か、どちらかを受け取る選択肢が考えられます。

安心！先生からの一言

### 65歳を過ぎても働ける社会と制度に注目

人生100年時代と言われることが当たり前になってきました。年金は老後の備えですが、国は前期高齢者の方を中心に多様な働き方で社会を支える側にもなるエージレス社会を目指しています。70歳までの定年引上げや、継続雇用、定年の廃止等の努力義務が改正高年齢者雇用安定法において決定し、2021年4月よりスタートしました。また労使の合意があれば、社会貢献活動に継続的に従事できる制度など創業支援等の措置も盛り込まれています。年金を受け取りながら、あるいは繰下げしながら、生き生きと働ける社会に変化していくのもそう遠くないでしょう。

失業給付を受け取ると年金がストップ

# 年金とあわせて考える雇用保険③
# 60～64歳の年金と失業給付

コレだけおさえる！

**1** 会社を退職すると雇用保険から失業給付を受け取れる

**2** 60～64歳は申し出れば失業給付の受け取り期間を延長できる

**3** 求職の申し込みをすると60～64歳の老齢厚生年金は支給停止

## 雇用保険から受け取る失業給付のしくみ

**失業給付《しつぎょうきゅうふ》（雇用保険《こようほけん》の基本手当）**も年金も、収入が下がったときに行う社会保障給付のため、支給のしくみで注意したいことがあります。その前に、まずは失業給付のしくみを確認しましょう。

雇用保険では、**60～64歳の人が退職し、働く意志や能力があるのに仕事に就けない場合に、失業の認定を受けると、一定期間、それまでの賃金の45～80％の金額を受け取ることができます。**失業給付の金額は賃金の低い人ほど割合が高く設定されます。また、失業給付を何日分受け取れるかは、**90日分から最大で360日分**までの幅があり、加入期間や退職の理由などによって決められています。

失業給付の手続きとしては、働いていた会社で離職票を受け取り、ハローワークに持参して**求職の申し込み**をすることになります。申し込みは、失業給付の受け取り期限を考えて行うことが大切です。**受け取りの期限は原則として退職した翌日から1年間**とされ、給付の途中で1年目を迎えると、1年を超えた分は受け取れません。ただし、60歳以上で定年退職や再雇用の期限がきた後、少し休んだ後で職探しをする場合は、**申し出をすればもう1年分、つまり最大2年まで受け取りの期限を延長することも可能**です。

## 60～64歳で求職の申し込みをすると一定期間の年金は支給停止に

ここで年金の話に戻ります。支給のしくみとして注意したいのは、65歳になる前に支給される**特別支給の老齢厚生年金《ろうれいこうせいねんきん》（→P86）を受け取ることができる人がハローワークに求職の申し込みをすると、一定期間の年金と加給年金《かきゅうねんきん》（→P122）が全額支給停止になるという点です。つまり失業給付が優先されます。**

年金が支給停止となる一定期間は、求職の申し込みをした月の翌月から失業給付を受け取り終わった月までです。**期間中に基本手当を受けていない月がある場合は、その月分の年金は約3か月後に受け取ることができます。**

## 失業給付の受け取り期限のしくみ

### 通常の失業給付の受け取りの期限

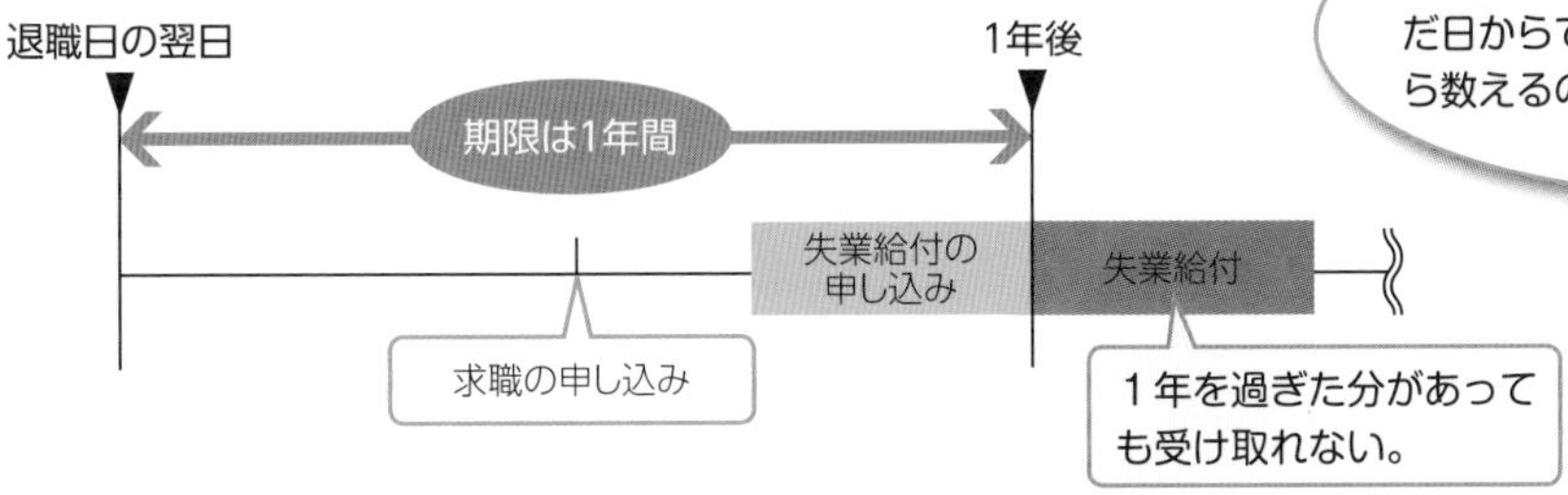
退職日の翌日
1年後
期限は1年間
失業給付の申し込み
失業給付
求職の申し込み
1年を過ぎた分があっても受け取れない。

失業給付の受け取りの期限は申し込んだ日からではなくて、退職した翌日から数えるので注意しましょう。

### 60～64歳の人の場合の失業給付の受け取りの期限

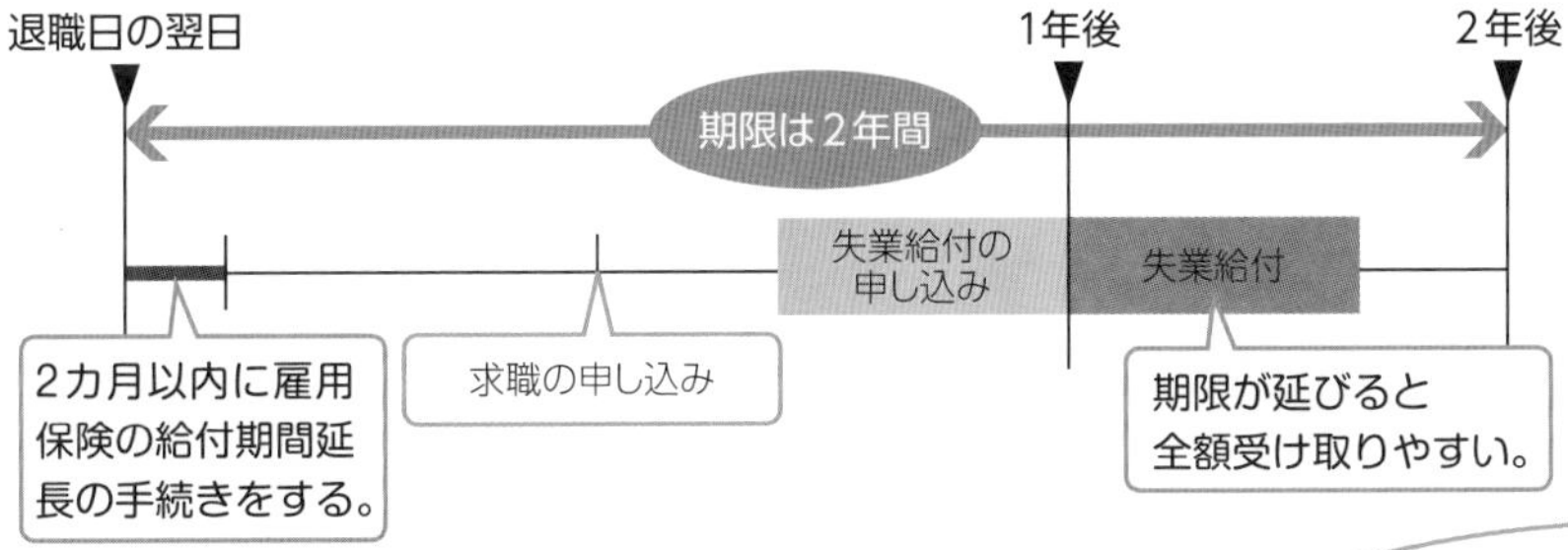
退職日の翌日
1年後
2年後
期限は2年間
失業給付の申し込み
失業給付
2カ月以内に雇用保険の給付期間延長の手続きをする。
求職の申し込み
期限が延びると全額受け取りやすい。

ハロー
ガンバレー
失業給付

## 失業給付と特別支給の老齢厚生年金

例 5月に求職の申し込みをし、
11月に受け取り期間が終了した場合

年金の支給停止は自動的に行われるので、求職の申し込みをした月の翌月～失業給付を受け取り終わった月まで、年金が必要以上に支給停止になっていないか確認しましょう。

| | 4月 | 5月 | 6月 | 7月 | 8月 | 9月 | 10月 | 11月 | 12月 | 1月 | 2月 |
|---|---|---|---|---|---|---|---|---|---|---|---|
| 失業給付 | | （求職の申し込み） | ○受け取り | ○受け取り | ○受け取り | ×受け取りなし | ○受け取り | ○受け取り | | | |
| 特別支給の老齢厚生年金 | ○支給 | ○支給 | ×支給停止 | ×支給停止 | ×支給停止 | ○支給 | ×支給停止 | ×支給停止 | ○支給 | ○支給 | ○支給 |
| 本来受け取れる年金を実際に受け取る月 | | | 4・5月分 | | | | | | 9月分 | | 12・1月分 |

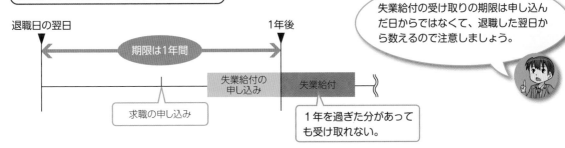

65歳から雇用保険も年金も変わる！

# 年金とあわせて考える雇用保険❹
# 65歳以降の雇用保険と年金

コレだけおさえる！

**1** 65歳以降に退職して就職活動する場合は高年齢求職者給付金がある

**2** 高年齢求職者給付金を受け取っても年金は停止されない

**3** 失業給付が65歳以上にかかると年金の支給停止はなくなる

## 65歳を過ぎると年金との調整はなくなる

65歳になると年金も雇用保険《こようほけん》もしくみが切り替わります。年金は65歳になると、老齢基礎年金《ろうれいきそねんきん》と老齢厚生年金《ろうれいこうせいねんきん》の受け取りが始まります。

雇用保険からの失業給付《しつぎょうきゅうふ》も変わります。65歳以降に退職し、求職の申し込みをすると、**高年齢求職者給付金《こうねんれいきゅうしょくしゃきゅうふきん》**という一時金《いちじきん》が支給されます。これは雇用保険の加入期間が1年以上なら50日分、1年未満なら30日分に相当する失業給付を受け取ることができる制度です。また、**高年齢求職者給付金を受け取っても老齢厚生年金は停止されません（両方受け取れる）**。

なお、雇用保険への新規加入は、以前は64歳まででしたが、２０１７年1月からは65歳以降に就職した人も加入することになっています。条件を満たせば、高年齢求職者給付金を複数回受け取ることも可能になります。

## 求職を申し込むタイミングで受け取り内容が変わる

60～64歳に求職を申し込み、失業給付を受けると、特別支給の老齢厚生年金はその間、支給停止となりました（→P114）。しかし、**65歳以上になると老齢厚生年金は支給停止になりません。**

ところが、65歳になる直前に求職の申し込みをして、失業給付の受け取り期間が65歳以降にかかることがあります。こういった場合は、65歳になるまでは年金が受け取れませんが、65歳からの年金は支給停止にならないので、全額、つまり両方とも受け取ることができます。

なお、**高年齢求職者給付金は、失業給付に比べて給付を受け取れる日数（給付日数）が短く設定され、受け取る金額は低くなっています。**65歳になる前の失業給付は**90～360日分**、高年齢求職者給付金は**30または50日分**です。つまり、**65歳を境に大幅に下がります。**65歳前後で退職のタイミングをはかっている場合は参考にしてください。

## 高年齢求職者給付金は失業給付よりも低くなる

### 失業給付と高年齢求職者給付金の給付日数（定年退職・自己都合で退職などの場合）

| 雇用保険の加入期間 | 1年未満 | 1年以上10年未満 | 10年以上20年未満 | 20年以上 |
|---|---|---|---|---|
| 失業給付（60～64歳） | 90日 | | 120日 | 150日 |
| 高年齢求職者給付金（65歳以上） | 30日 | 50日 | | |

65歳を過ぎて高年齢求職者給付を受け取ると、失業給付より大幅に下がるので注意しましょう。ちなみに給付日数は、退職理由などによって異なります。

## 求職の申し込みのタイミングと受け取る給付のイメージ

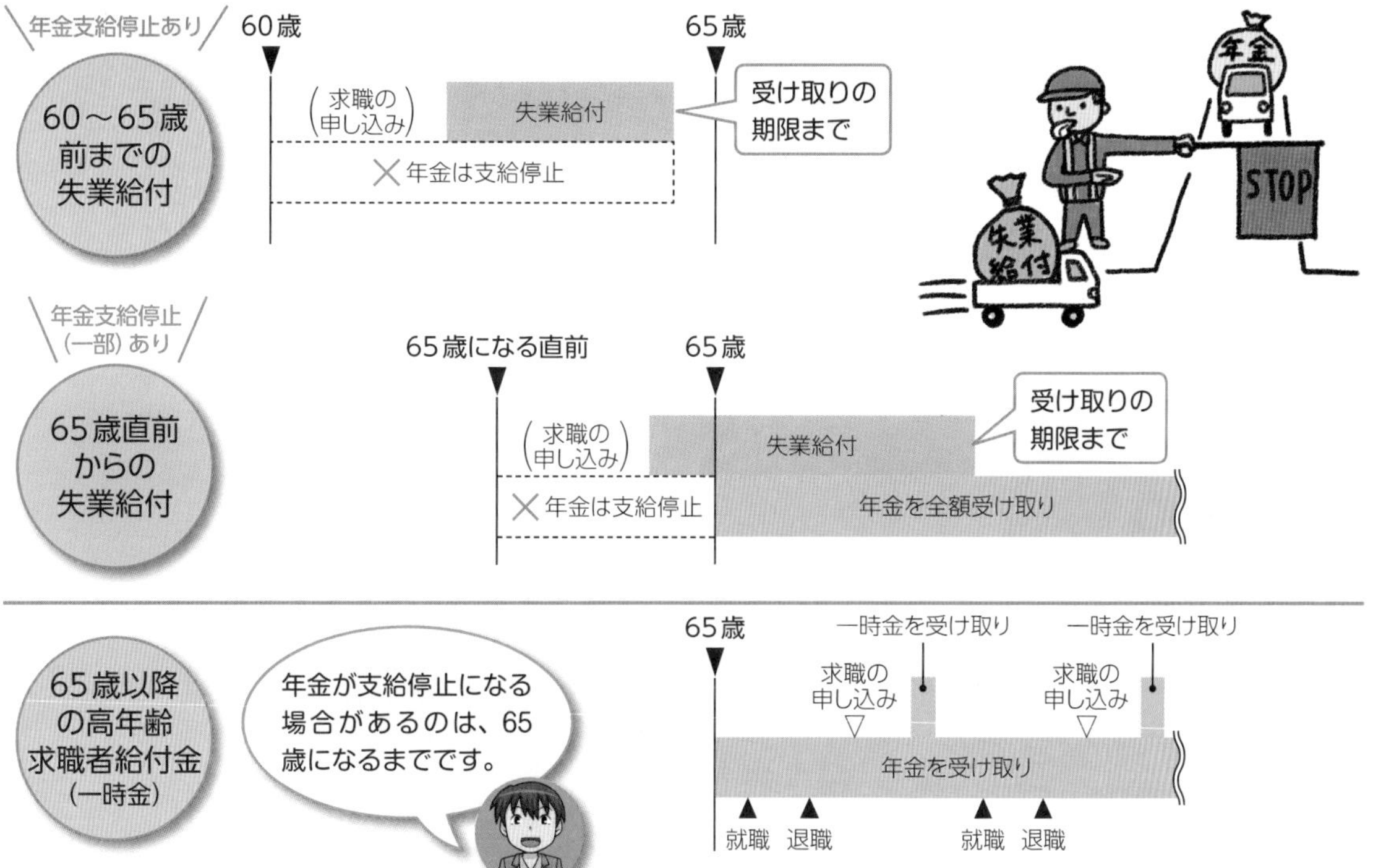
年金支給停止あり
60～65歳前までの失業給付
60歳
65歳
求職の申し込み
失業給付
受け取りの期限まで
年金は支給停止
STOP
年金
失業給付
年金支給停止（一部）あり
65歳直前からの失業給付
65歳になる直前
65歳
求職の申し込み
失業給付
受け取りの期限まで
年金は支給停止
年金を全額受け取り
65歳以降の高年齢求職者給付金（一時金）
年金が支給停止になる場合があるのは、65歳になるまでです。
65歳
一時金を受け取り
一時金を受け取り
求職の申し込み
求職の申し込み
年金を受け取り
就職
退職
就職
退職

どうする？
こんなとき

### 60歳以降は雇用保険と年金をよく知って働く

60～64歳は、失業給付と特別支給の老齢厚生年金を同時に受け取ることができません。けれども年金の受け取り開始が63歳の人で、すでに60～62歳のうちに退職し、失業給付も受け取り終わっていれば、63歳から年金を受け取ることができます。63歳になって再就職している状況であれば今度は在職老《ざいしょくろう》齢《れい》年《ねん》金《きん》（→P106）の対象となり、年金が減額される可能性もあります。

また65歳以上の人は、高年齢求職者給付金と老齢厚生年金は同時に受け取ることは可能であるものの、その後就職すると、こちらも在職老齢年金の対象になって年金が減額になることもあります。

このように制度間の調整は少々複雑で、簡単に損得勘定ができない場合も多くあります。よくわからないときは年金事務所やハローワークに相談しましょう。

## 仕事と年金の兼ね合いはどうする？ その2

いらっしゃいませ
喫茶
COFFEE
ナツメ
ハジメちゃん！こっちこっち！
ごめんね忙しいところわざわざ
お久しぶりです涼子おばさんちょうど昼休みですから…
60歳の夫と子ども2人（12歳と10歳）と暮らすハジメの叔母、涼子（45歳会社員）
どう？仕事のほううまくやってる？
いやぁ、これがなかなか大変で…でも頑張っていますよ！
で、なんですか？僕に相談っていうのは…

実はね うちの旦那が いよいよ今年で 定年なのよ
でも子どもたちが まだ2人とも 小学生でしょ だからまだ 仕事は続けて もらわないと…
そう考えると 先々心配でねぇ…
つまり、年金のこと？
そうなのよ！ 仕事を続けると 年金が 減るって 聞いたからね
どうするのが ベストなのか あんたに 聞こうと思って
そうだなぁ…まず おばさんところは おばさんも子どもたちも 加《か》給《きゅう》年《ねん》金《きん》の対象に なっていると 思うんだよね
かきゅうねんきん？
家族手当のようなもの なんだけど…おじさんって 厚《こう》生《せい》年《ねん》金《きん》保《ほ》険《けん》に20年以上 加入してるよね？
ええ、それは 間違いないわ
ドーン
老齢厚生年金の 支給対象者には 扶養者に対する プラスアルファの支給がある （条件付き）
だったら…65歳から 年金を もらい 始めるとして
一定の条件が あるんだけど これらを満たせば 支給されるよ
・65歳未満の配偶者である
・年収が850万円未満
・高校卒業にあたるまでの年齢（1，2級の障害がある場合は20歳未満）の子がいる

うちの人が65歳のとき…私は50歳で子どもたちは17歳と15歳よね…子どもの年齢も私の年収も当てはまるわね
だったら配偶者分の加給年金は約15年間子どもたちはそれぞれ上の子は約１年間下の子は約３年間受け取れることになるよ
子どもたち高校を出たら私の分しかないのね…
そうなんだけどおじさんが65歳を過ぎても働くのなら問題ないんじゃないかな
（詳しくは１０８ページへ）
とにかく元気で働けるってことが大切だと思うよ
う〜ん…まぁそうなんだけどねぇ……
まだなにか心配ある？
…たとえば、もし、もしもよ？離婚…したとしたら…私の年金はどうなるの？
ゔーっ
離婚って!?
や〜ね！もしもの話よほら、最近は熟年離婚とか多いっていうじゃない
だから参考にってことよ
…参考、ね
おどかさないでよ

年金には年金《ねんきん》分割《ぶんかつ》という
制度があるんだ
これを請求すると…
たとえば
〈3号分割〉の場合
会社員の夫と専業主婦の妻の離婚では
結婚期間のうちで2008年4月以降の期間は
夫の加入記録の2分の1を分割してもらえる
夫
妻
簡単にいうと
離婚する場合
年金は夫婦で分割
することもできるんだ

詳しくはP126〜129参照

…これはあくまで
「ざっくり言えば」だからね
実際はおじさんの受け取る
年金全体の半分って
わけではないし…
メモ
メモ
ふむふむ…
なるほど…
これでもし
なにかあっても大丈夫ね
フッフッフッ
なにかって
なに!?
ふふ
冗談よ
じょうだん!
笑えないっての!
FFEE
ナツメ

厚生年金保険に20年以上加入していたら

# 家族手当のような年金❶
# 加給年金

コレだけおさえる！

**1** 厚生年金保険の加入期間が20年以上ある人に加算される年金

**2** 生計を維持されている配偶者または子がいる人が対象となる

**3** 配偶者の加給年金は配偶者が65歳になると振替加算に移行する

## 厚生年金保険に20年以上加入していた人への加算

　厚生年金保険《こうせいねんきんほけん》に一定の期間加入していて、家族を養っている人には**家族手当のような加算**があります。これを**加給年金**《かきゅうねんきん》といいます。**厚生年金保険の加入期間が原則20年以上**（昭和26年4月1日以前生まれの人は中高齢の特例※により、15～19年の加入）ある人が**65歳になって老齢厚生年金を受け取るとき**に、生計を維持されている**65歳未満の配偶者や一定年齢以下の子どもがいる**と支給される**上乗せの年金**です。ほかにも、65歳になる前の特別支給の老齢厚生年金《ろうれいこうせいねんきん》の定額部分（↓P87）を受け取れるようになったときや障《しょう》害《がい》厚生年金《こうせいねんきん》（↓P172）を受け取れるようになったときにも対象となります。

　65歳からの在職老齢年金《ざいしょくろうれいねんきん》（↓P108）を受け取っている人も年金の一部でも支給があれば、加給年金は全額支給です。

　さらに**昭和9年4月2日以後に生まれた人には、生年月日に応じた特別加算が加わります。**

## 配偶者が65歳になるまで受け取れる

　支給される加給年金は、配偶者と1人目、2人目の子どもには各23万4800円（月額1万9566円）、3人目以降の子どもには1人につき7万8300円（月額6525円）となっています（2024年度額）。子どもの年齢には上限があり、**高校卒業にあたる年齢までの子**か**1、2級の障害のある20歳未満の子**までです。

　生計を維持されている**配偶者が65歳になると、配偶者分の加給年金は支給停止**になり、配偶者本人の老齢基礎年金《ろうれいきそねんきん》に**振**《ふり》**替加算**《かえかさん》（↓P124）がつきます。そのほか、配偶者が厚生年金保険に20年以上加入して老齢厚生年金を受け取れるときや障害厚生年金《しょうがいこうせいねんきん》、障害基礎年金《しょうがいきそねんきん》などを受け取れるときも、配偶者の分の加給年金は支給停止となります。

　生計を維持されている**配偶者が年上だと、先に65歳を迎えます。**この場合、配偶者が65歳未満という条件を満たせませんので**加給年金は受け取れません。**

※昭和26年4月1日以前生まれで、厚生年金保険に男性40歳以降、女性35歳以降に15年～19年加入していれば、それだけで年金の受給資格を満たすこととする特例。

## 加給年金を受け取るときのおもな条件

### 2024年度の加給年金

**配偶者**

234,800円（月額19,566円）

※昭和9年4月2日以降生まれの人には生年月日に応じて、さらに年34,700円～173,300円の特別加算額がある。

**子**

1～2人目

各234,800円（月額19,566円）

3人目以降

各78,300円（月額6,525円）

### おもな条件

1. 厚生年金保険の加入期間が原則20年以上あること（昭和26年4月1日以前生まれは15年～19年の短縮措置あり）。
2. 老齢厚生年金を受け取れるようになったとき、生計を維持している65歳未満の配偶者、または高校卒業にあたる年齢までの子（あるいは1、2級の障害のある20歳未満の子）がいること。
3. 生計を維持している配偶者または子が、年収850万円未満の収入であること。

## こんな家族にはこんな加給年金

この例は健康に年を重ねた場合を想定しています。ちなみに妻を、夫と読み替えた場合も、しくみは同じです。

例　会社員の夫が家族を扶養している家族の場合。

### 歳の近い夫婦

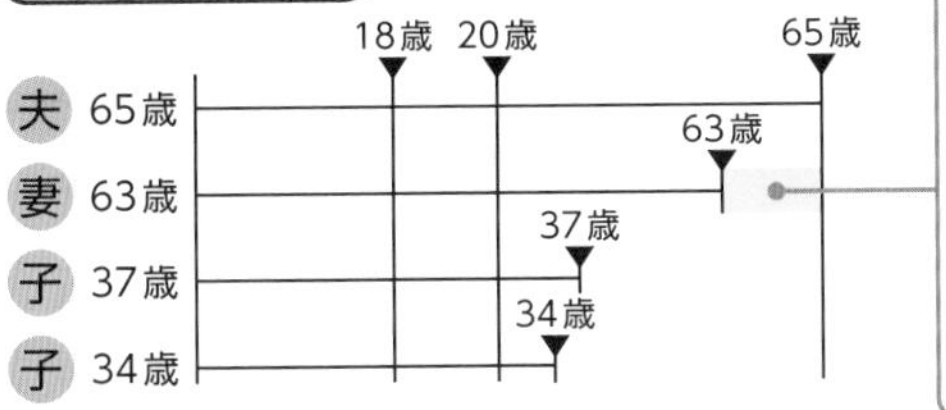

18歳
20歳
65歳
夫 65歳
63歳
妻 63歳
37歳
子 37歳
34歳
子 34歳


配偶者分の加給年金を2年間受け取ることができる。子の加給年金なし。

### 子どもの年齢が低い夫婦

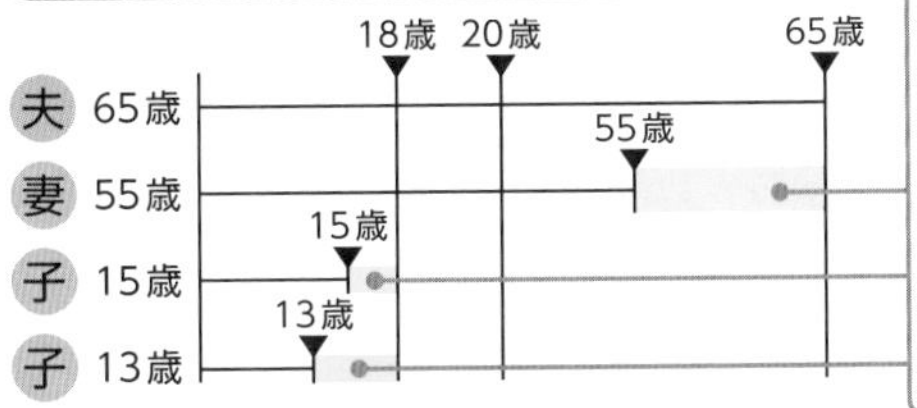

18歳
20歳
65歳
夫 65歳
55歳
妻 55歳
15歳
子 15歳
13歳
子 13歳


配偶者の加給年金を10年間、子の加給年金を上の子の分は約3年間、下の子の分は約5年間受け取れる。

### 歳の差が大きい夫婦

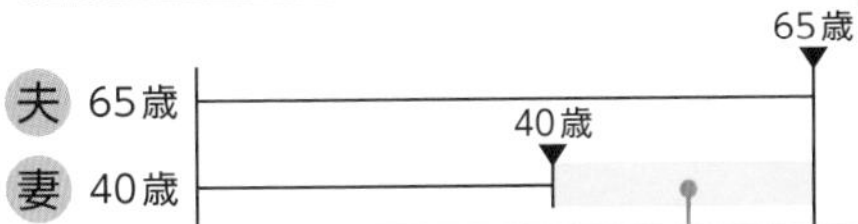

65歳
夫 65歳
40歳
妻 40歳
子なし


配偶者分の加給年金を25年間受け取ることができる。子の加給年金なし。

### 妻が年上の夫婦

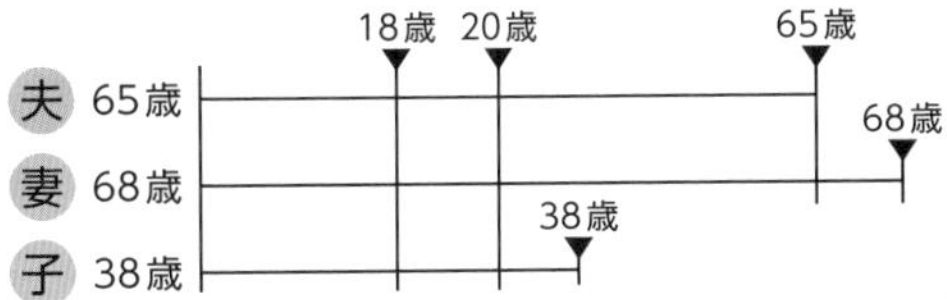

18歳
20歳
65歳
夫 65歳
68歳
妻 68歳
38歳
子 38歳


配偶者の加給年金も子の加給年金も受け取れない。

### 損しない！ よくある勘違い

#### 年収いくらまでが「生計を維持されている」？

加給年金の説明には「生計を維持されている」という言葉が登場します。ここには2つの条件が含まれています。ひとつは同居しているか、別居していても仕送りをしていること、もうひとつは前年の収入が850万円未満であることです。

一方、金額の基準でよく知られている、会社員などに扶養される配偶者の第3号被保険者となる条件は年収130万円未満です。こちらに比べると加給年金は条件がかなりゆるやかですので、混同しないようにしましょう。

### どうする？ こんなとき

#### 厚生年金保険への加入は20年が分かれ道

家族を養っていて、厚生年金保険への加入期間が20年に近づいている人は、可能であれば20年加入を目指すのをおすすめします。というのも、加給年金は昭和9年4月2日以降生まれの人の場合にある特別《とくべつ》加《か》算《さん》の金額を含めると、年間最大約40万円になり、お得な年金といえるからです。加入期間が19年だと加給年金はゼロとなってしまいます。生計を維持されている配偶者のほうは、正社員期間だけでなく、パートなども含めて厚生年金保険への加入がトータルで20年を超えると、加給年金の対象から外れるので、20年に近い場合は要注意です。

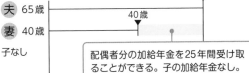

年金額が低い配偶者のための加算

# 家族手当のような年金②
# 振替加算

コレだけおさえる！

1. 昭和41年4月1日以前生まれの人が対象となる
2. 振替加算は、加給年金の対象となっていた人の年金に上乗せされる
3. 65歳で老齢基礎年金を受け取れるようになったときにつく

## 振替加算は生年月日により金額が決まる

会社員などに扶養される配偶者の**第3号被保険者《ひほけんしゃ》は、1986年4月から国民《こくみん》年金《ねんきん》への加入が強制**となったため、自分の年金が保障されています。**それ以前は加入が任意だった**ので、1986年4月の時点で60歳に近い第3号被保険者のうち、**任意加入《にんいかにゅう》していなかった人**の年金は低くなってしまうしくみになります。そこでできたのが**振替加算《ふりかえかさん》**です。

**振替加算の額は、生年月日に応じてだんだん少なくなります。**1986年4月にもうすぐ60歳になるところだった大正15年4月2日～昭和2年4月1日生まれの人が最も高額で、以後は年齢に応じて減額されていきます。

昭和41年4月2日以降に生まれた人からは、国民年金の未納期間《みのうきかん》がなければ満額の老齢基礎年金《ろうれいきそねんきん》が受け取れることになるため、振替加算はありません。

また、共働き夫婦の場合では、配偶者が、20年以上の厚生年金保険《こうせいねんきんほけん》への加入があると、振替加算は受け取れません。

## 配偶者が65歳になると加給年金から振替加算へ

**振替加算はしくみ上、加給年金《かきゅうねんきん》（→P122）と一緒に考える必要のある上乗せ年金**です。加給年金は、一定の条件に当てはまる配偶者や子がいると支給されます。

しかし、**加給年金の対象となる配偶者が65歳になると、加給年金が打ち切られます。**

その代わりに、**配偶者自身の老齢基礎年金の額に振替加算が行われるようになります。**また、もし加給年金の対象となる配偶者が年上の場合、加給年金はありませんが、生年月日に応じた振替加算はあります。

なお、**振替加算を受け取るようになった後に離婚しても**※**、生涯支給されます。**ただし、**加給年金は、離婚すると配偶者はいないということになり、支給されなくなります**ので注意してください。

※離婚により年金分割（→P126～129）の請求をし、自身が加入していた厚生年金保険の加入期間と相手から分割された厚生年金加入期間を加えて20年以上になる場合は、そのときから支払われなくなります。

## 加給年金から振替加算へ変わる・変わらないケース

### 振替加算の基本イメージ

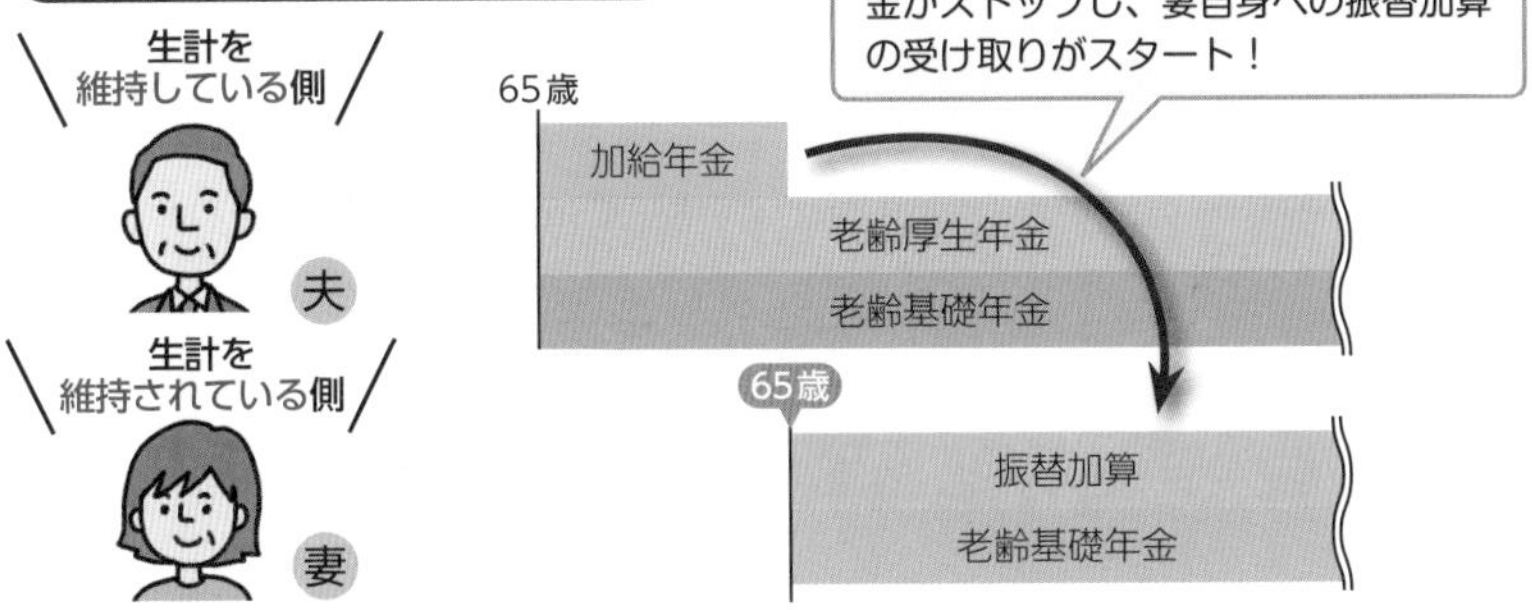
妻が対象で夫が受け取っていた加給年金がストップし、妻自身への振替加算の受け取りがスタート！
生計を維持している側
夫
生計を維持されている側
妻
65歳
加給年金
老齢厚生年金
老齢基礎年金
65歳
振替加算
老齢基礎年金

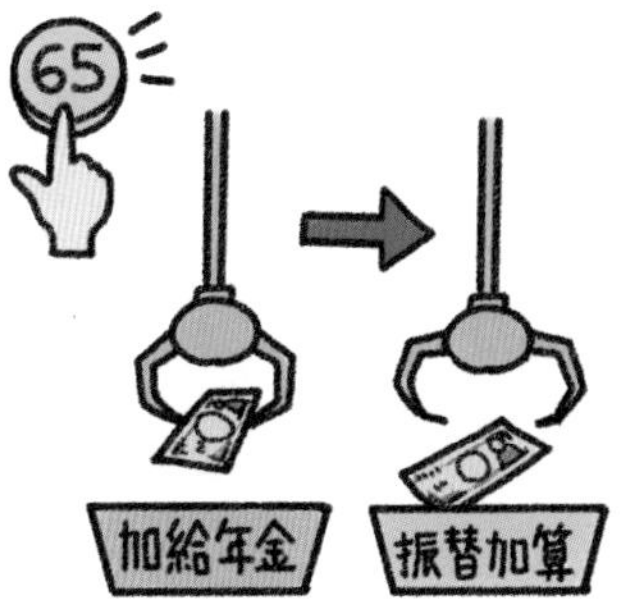
65
加給年金
振替加算

### 加給年金から振替加算になるケース

例　会社員の夫60歳（昭和39年3月生まれ）、専業主婦の妻58歳（昭和41年3月生まれ）の夫婦の場合。

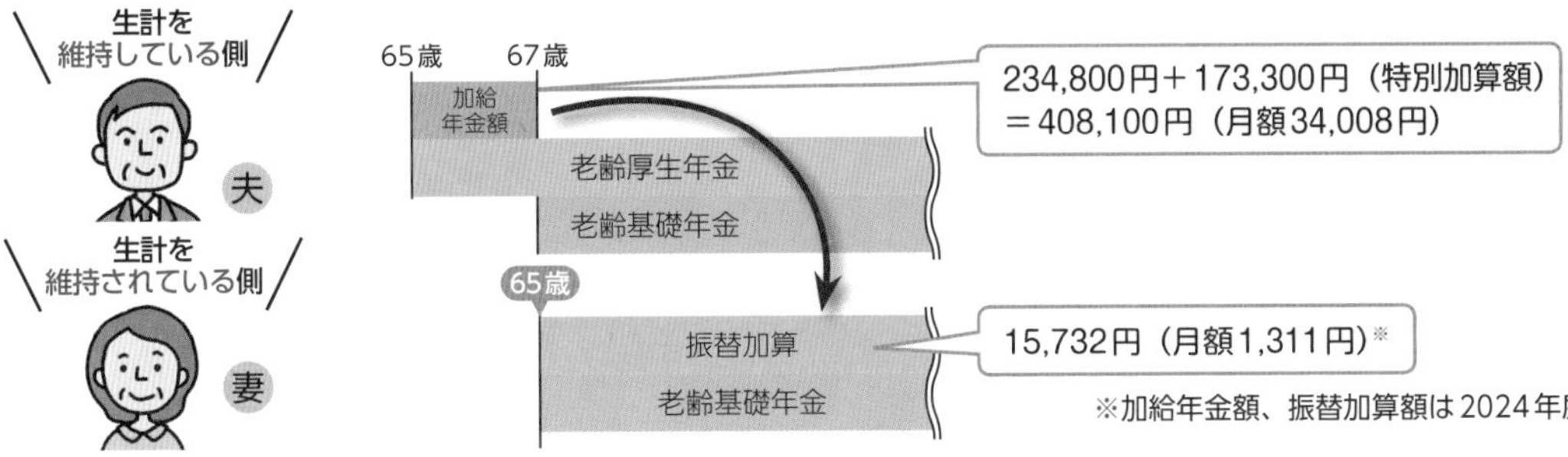
生計を維持している側
夫
生計を維持されている側
妻
65歳
67歳
加給年金額
234,800円＋173,300円（特別加算額）＝408,100円（月額34,008円）
老齢厚生年金
老齢基礎年金
65歳
振替加算
老齢基礎年金
15,732円（月額1,311円）※

※加給年金額、振替加算額は2024年度価格

### 振替加算のみが発生するケース

例　会社員の夫60歳（昭和39年3月生まれ）、専業主婦の妻62歳（昭和37年3月生まれ）の夫婦の場合。

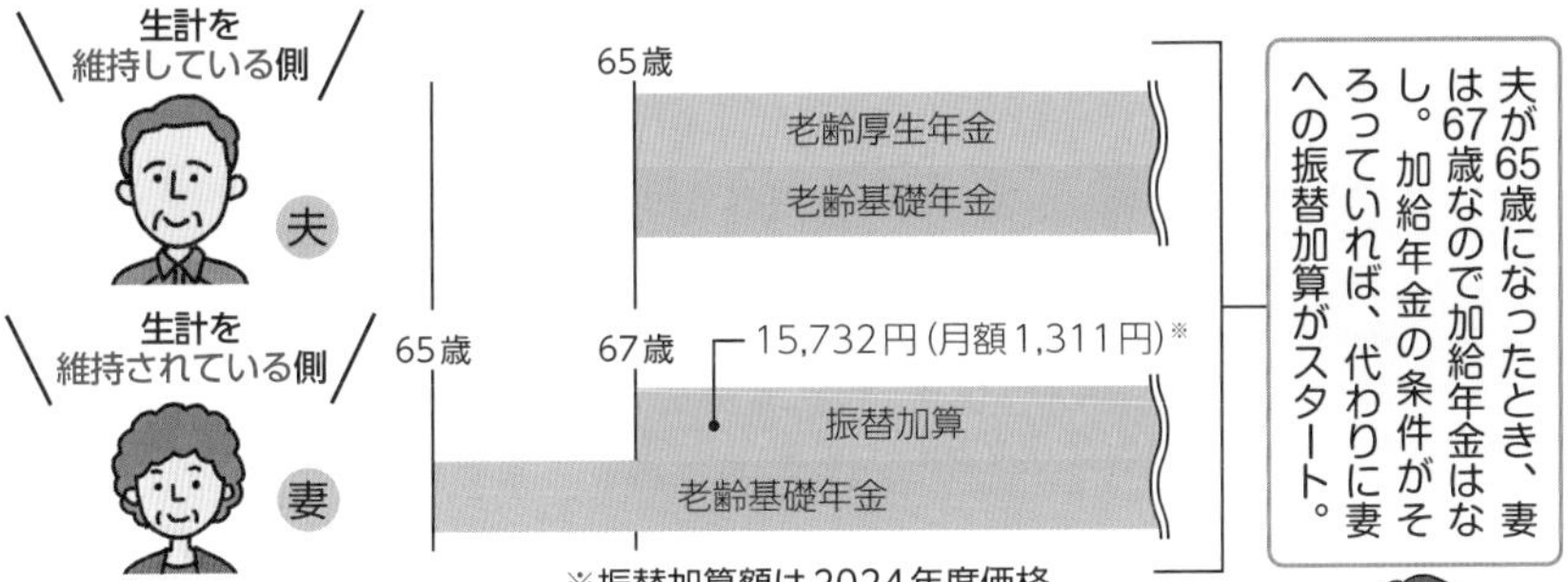
生計を維持している側
夫
生計を維持されている側
妻
65歳
老齢厚生年金
老齢基礎年金
65歳
67歳
15,732円(月額1,311円)※
振替加算
老齢基礎年金
夫が65歳になったとき、妻は67歳なので加給年金はなし。加給年金の条件がそろっていれば、代わりに妻への振替加算がスタート。

※振替加算額は2024年度価格

振替加算は、配偶者（この例では妻）自身が厚生年金20年未満の加入者であることを条件に上乗せされます。

**損しない！よくある勘違い**

### 加給年金・振替加算は単独で受け取れる？

加給年金は老齢厚生年金に加算される年金です。老齢厚生年金の受け取りを66歳以降に繰下《くりさ》げて、増額された年金を受け取る（→P96）場合、加給年金も受け取る時期はセットで繰下げとなります。しかし、繰下げたことによる加給年金への増額はありません。また、老齢厚生年金《ろうれいこうせいねんきん》を繰上《くりあ》げても、加給年金は65歳からの加算になります。つまり加給年金は単独では支給されないので、注意してください。

振替加算は、老齢基礎年金に加算される年金です。これも繰下げによる増額・繰上げによる減額はなく、繰上げなら65歳から、繰下げならそのときからの支給となります。また、単独で受け取れません。振替加算がある人が66歳以降に繰下げた場合は、振替加算がない時期が発生するので、振替加算を受け取れた場合に比べ受給額が減るので注意しましょう。

## 保険料納付記録を分け合う

# 離婚時の年金分割❶ 合意分割

コレだけおさえる！

**1** 離婚時に厚生年金保険と共済組合の加入記録を分けられる（2年以内に請求）

**2** 結婚していた期間すべてが分割の対象となる

**3** 保険料の納付が多いほうから少ないほうへ半々になるまで分割可能

### 結婚していた期間の加入記録は2人のもの

男女には雇用格差があり、離婚したときに夫婦の年金額に大きな開きが発生することが問題となっていました。会社員として同じ期間働いていたとしても、賃金に差があると納める保険料にも差が生じ、年金額にもその差は反映されます。共働きだけでなく、夫婦の片方が外で働き、もう一方が家の仕事をするという役割分担が成立している夫婦もいます。

そこで、**離婚したときには厚生年金保険《こうせいねんきんほけん》や共済組合《きょうさいくみあい》の加入記録《かにゅうきろく》を夫婦で分割できるしくみ**があります。**加入記録というのは、年金計算の基となる保険料納付記録《ほけんりょうのうふきろく》の「標準報酬《ひょうじゅんほうしゅう》」のこと**です。

分割の方法には、**合意分割《ごういぶんかつ》、そして3号分割（→P128）の2種類**があります。

**合意分割は、結婚していた期間中の加入記録を、多いほうから少ないほうへと分けられるしくみ**です。対象となるのは**2007年4月1日以後に離婚した夫婦**です。事実婚の場合も分割できますが、いくつかの条件がありますので年金事務所《ねんきんじむしょ》に相談してください。

### 話合いで分ける合意分割とは

**加入記録を分けてもらうほうの人の持ち分を按分割合《あんぶんわりあい》といいます。**

離婚により年金の加入記録を分割したいときは、まず日本年金機構《にっぽんねんきんきこう》に**2人の按分割合の範囲が記載されている「年金分割のための情報通知書」**を請求します。

**分割のルールは按分割合が全体の50％を超えないこと**と決められています。**つまり加入記録が半々になるまでの好きな割合で分けていい**ということです。

続いて話し合いをして、分割の請求をすることと、分割の割合の2点を決め、合意します。合意できれば、離婚後すぐに分割の請求手続きに入ることができます。合意できないときは、一方が家庭裁判所に申し出ることで割合を定めることができます。

こうして分割した加入記録に基づき、それぞれの年金額が計算されます。

## 合意分割のしくみ

### 離婚前の加入記録のイメージ

例 会社員の夫（第2号被保険者）とその妻（第3号被保険者）の場合。

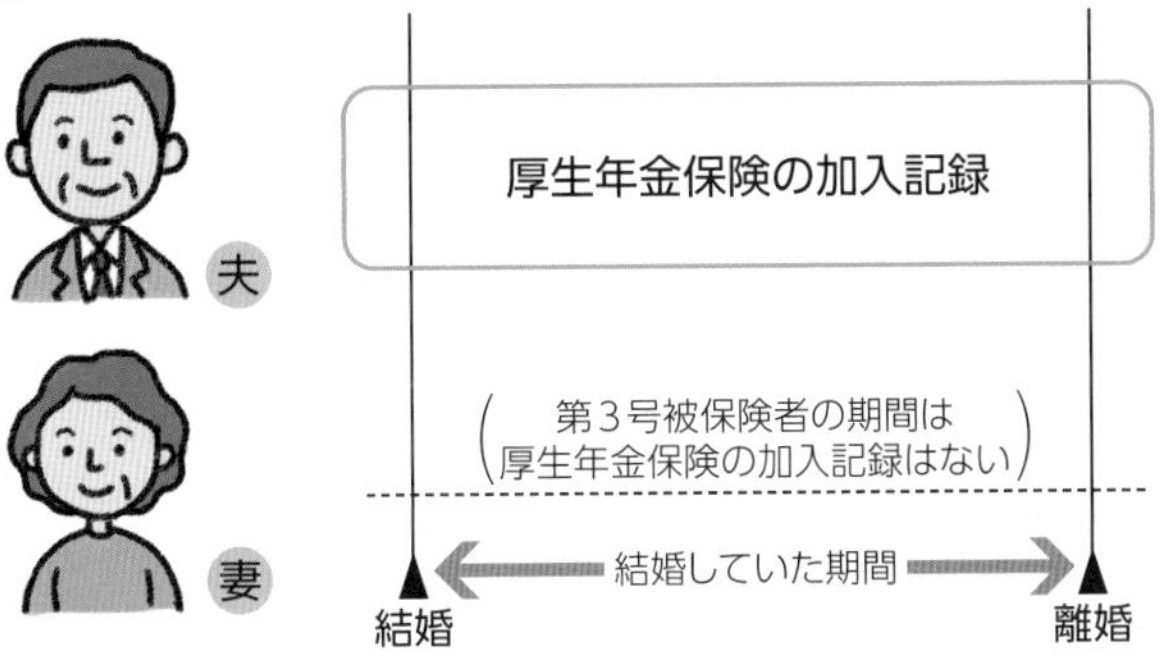

厚生年金保険の加入記録
夫
妻
（第３号被保険者の期間は厚生年金保険の加入記録はない）
結婚していた期間
結婚
離婚

離婚によって分割できるのは、厚生年金保険や共済組合の加入記録。国民年金の加入記録は分割できません。

### 離婚により分割された加入記録のイメージ

例 会社員の夫（第2号被保険者）とその妻（第3号被保険者）の場合。

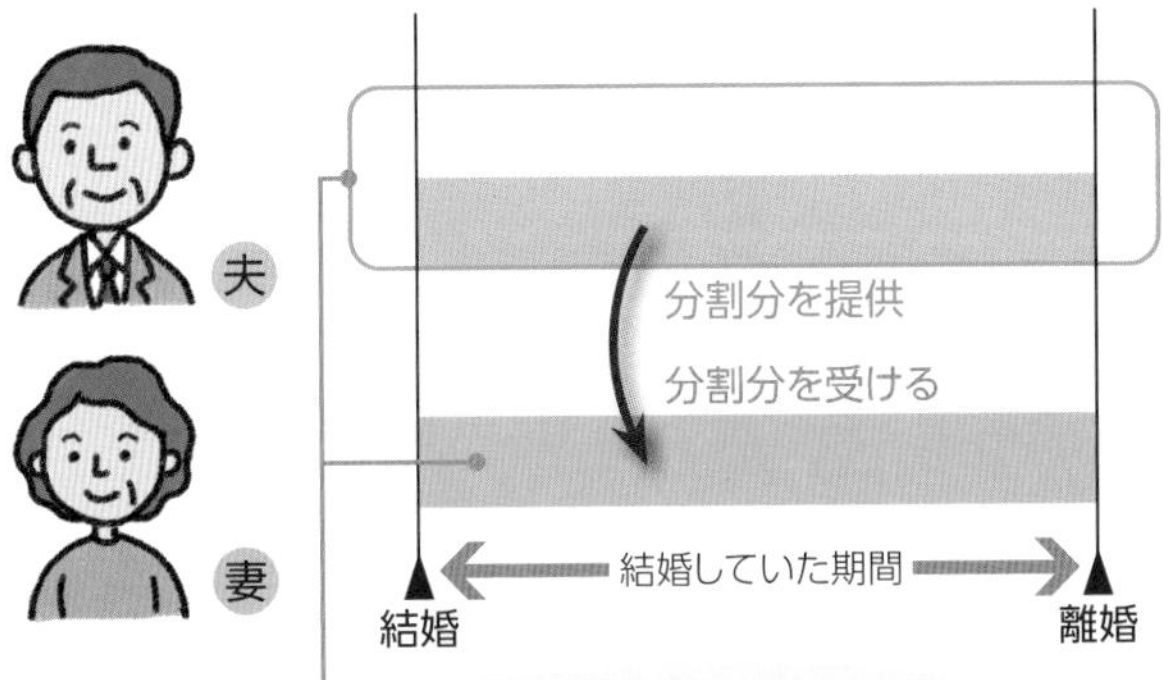

夫
妻
分割分を提供
分割分を受ける
結婚していた期間
結婚
離婚


離婚後の厚生年金保険の加入記録
（結婚～離婚までの期間の分）

**! 加入記録を分けてもらうほうの人の持ち分（按分割合）は50%まで**

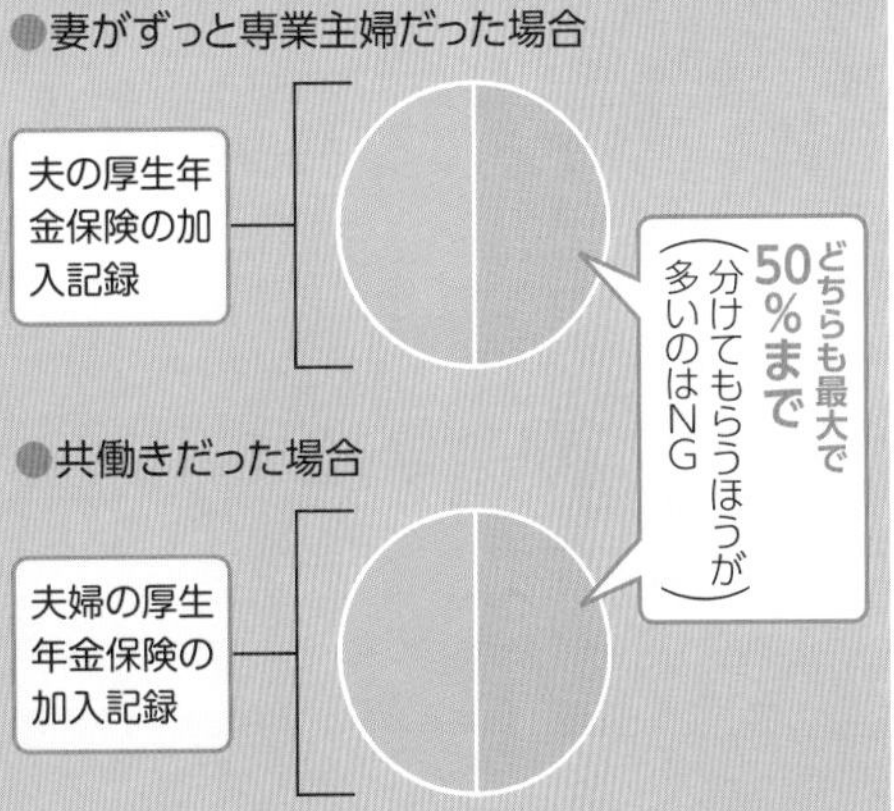

●妻がずっと専業主婦だった場合
夫の厚生年金保険の加入記録
●共働きだった場合
夫婦の厚生年金保険の加入記録
どちらも最大で50%まで
（分けてもらうほうが多いのはNG）


**どうする？ こんなとき**

### 2人の話し合いがまとまらない

加入記録の分割の期限は原則として2年以内となっています。いつから2年以内かというと、離婚をした日の翌日から2年です。この期間内に年金事務所に請求書を提出する必要があります。

でも話し合いがまとまらずに時間がかかることもあるかもしれません。そんなときは裁判手続きの申立てを行いましょう。申立てを行うことで、判決や和解が確定するまで請求期限が延長される特例があります。

**安心！ 先生からの一言**

### 年金を受け取っている最中でも前でも分割できる

年金を受け取る前に加入記録の分割をした場合は、年金を受け取れる年齢になってから、分割した分が年金に反映されます。したがって、年金を受け取る前の人はすぐにお金としてもらうことはできません。あくまで加入記録の分割だからです。

一方、すでに年金を受け取っているときに分割をすれば、翌月以降の年金に反映されます。年金を多く受け取っている人は翌月以降は少なく、年金を少なく受け取っている人は翌月以降は多くなるわけです。

## 第3号被保険者期間を半分ずつに

# 離婚時の年金分割❷

# 3号分割

コレだけおさえる！

**1**

国民年金の
第3号被保険者だった人が
2年以内に請求できる

**2**

婚姻期間の相手の
加入記録を2分の1分割して
受け取ることができる

**3**

2008年4月1日以後の
記録が対象となる

### 第3号被保険者が一方的に請求できる分割

会社員や公務員に扶養されている配偶者の**第3号被保険者《ひほけんしゃ》は、請求すれば相手の加入記録《かにゅうきろく》を2分の1分割してもらえる**制度があり、これを**3号分割**といいます。

この制度を利用して受け取れるのは、**2008年4月1日以後分**で第3号被保険者だった期間での結婚相手の加入記録です。また、2008年5月1日以後に離婚していることが条件となっています。

合意分割《ごういぶんかつ》（↓P126）はお互いの合意または裁判所の決定が必要ですが、**3号分割は話し合いのステップを踏まずに、すぐに年金事務所《ねんきんじむしょ》へ請求することができます。**ただし、加入記録を分割されるほうの人（たとえば妻が請求するなら夫）が、分割の対象となる期間の一部、または全部を基礎にして計算される**障害厚生年金《しょうがいこうせいねんきん》（↓P172）を受け取る権利がある場合は、分割の請求が認められません。**

なお、合意分割を請求したときに、3号分割の対象期間もあるときは、同時に3号分割も行われます。これにより、3号分割によって受け取れる期間も含めて合意分割が行われることになります。

### 分割後の記録はそれぞれの年金額に反映される

**合意分割や3号分割によって移行した加入記録は、一部の障害厚生年金を除き、すべての厚生年金額を計算するときに反映されます。**たとえば、請求した人が分割で受け取った期間以外に厚生年金保険の加入期間がなかったとしても、亡くなったときに対象となる遺《い》族厚生年金《ぞくこうせいねんきん》が支給されます。ただし、国《こく》民年金《みんねんきん》から支給される基礎年金や、特別支給の老齢厚生年金《ろうれいこうせいねんきん》のうち定額部分（↓P87）の額には反映されません。

厚生年金を受け取るためには老齢基礎《ろうれいきそ》年金《ねんきん》を受け取るための加入期間を満たしていることが必要です。分割により結婚していた期間の加入記録が増えたとしても、**もともと基礎年金を受け取る資格がない場合は、分割後の老齢厚生年金も受け取れない**ので注意してください。

## 3号分割のしくみ

例 会社員の夫（第2号被保険者）とその妻（第3号被保険者）の場合。

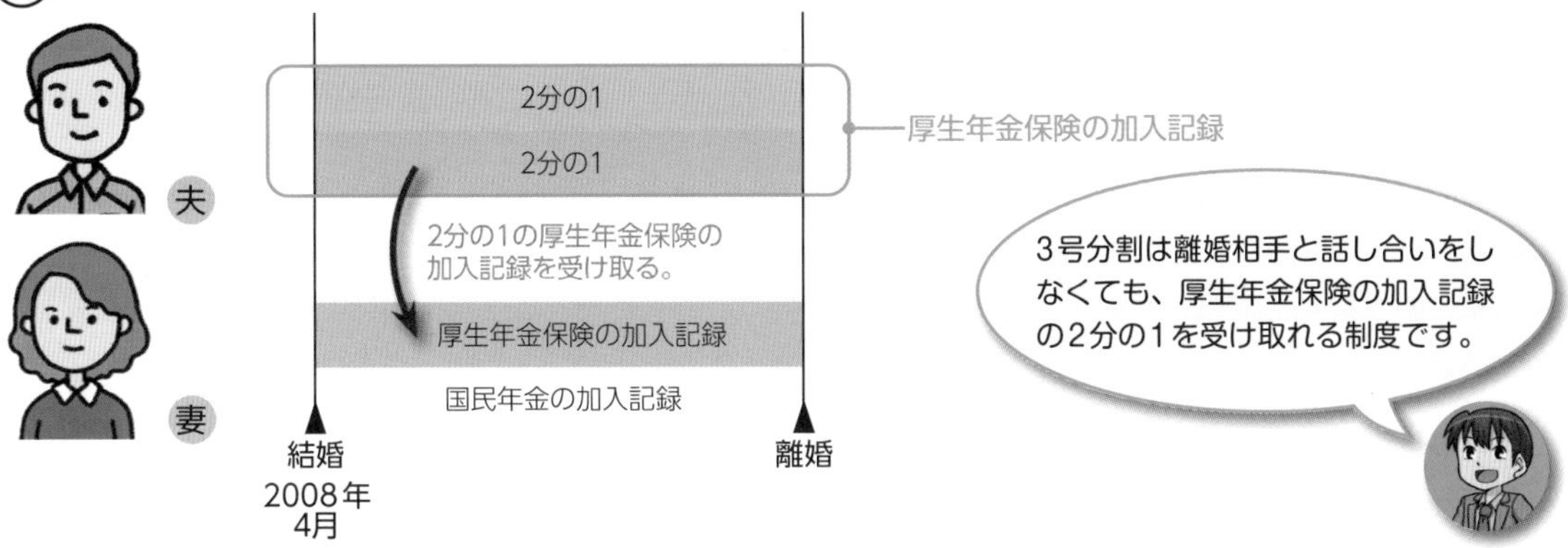
夫
妻
2分の1
2分の1
厚生年金保険の加入記録
2分の1の厚生年金保険の
加入記録を受け取る。
厚生年金保険の加入記録
国民年金の加入記録
結婚
2008年
4月
離婚
3号分割は離婚相手と話し合いをしなくても、厚生年金保険の加入記録の2分の1を受け取れる制度です。

## 合意分割に3号分割が含まれるケース

例 会社員の夫（第2号被保険者）とその妻（会社員で第2号被保険者だったが、退職して第3号被保険者に）の場合。

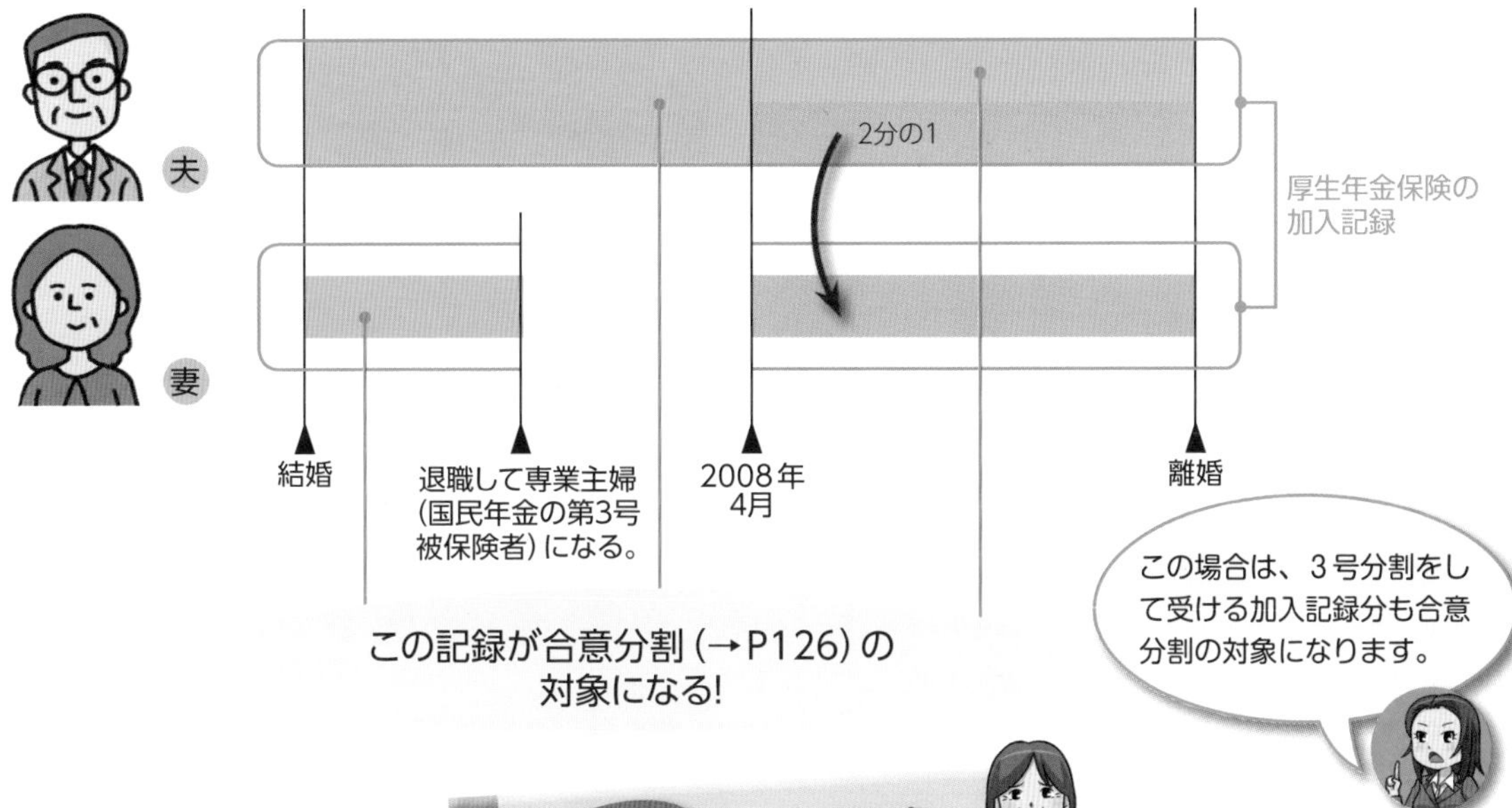
夫
妻
2分の1
厚生年金保険の
加入記録
結婚
退職して専業主婦
（国民年金の第3号
被保険者）になる。
2008年
4月
離婚
この記録が合意分割（→P126）の
対象になる！
この場合は、3号分割をして受ける加入記録分も合意分割の対象になります。

### 損しない！ よくある勘違い

#### 1回の手続きで分割を請求したことになる？

離婚時の加入記録の分割をするにあたり、2回、請求の手続きがあります。最初の請求は日本《にっぽん》年金《ねんきん》機《き》構《こう》への「年金分割のための情報通知書」の請求です。この請求を行った時点で、分割の請求をしたと思い込んでしまう人がいますが、これだけでは分割されません。これは簡単にいえば、年金をどれだけ受け取れるかの情報の確認です。

その後、離婚した日の翌日から2年の期限内に年金事務所に改めて分割の請求をし、日本年金機構から分割後の加入記録を示す通知を受け取ります。

合意の部分の有無はありますが、合意分割も3号分割も同じ流れで請求します。

年金請求書が届いたら必要書類をそろえて提出

# 老齢年金の手続きのしかた

コレだけおさえる!

**1** 受け取り始める年齢になる3か月前に年金請求書が送られてくる

**2** 年金請求書と一緒に提出する必要書類を用意する

**3** 被保険者の種類に応じて年金事務所または市区町村へ提出する

## 請求をしないと老齢年金は受け取れない

原則として、65歳になると**老齢《ろうれい》年金《ねんきん》（老齢基礎年金《ろうれいきそねんきん》や老齢厚生年金《ろうれいこうせいねんきん》）**を受け取ることができます。ただし、**請求の手続きをしないと受け取ることができません。これはすべての年金に共通します。**

**65歳になる3か月前に日本年金機構《にっぽんねんきんきこう》から年金請求書《ねんきんせいきゅうしょ》（→P185）が送られてくる**ので、必ず内容を確認しましょう。

**請求書類の提出は65歳になってから**です。必要事項を記入した年金請求書のほかに、戸籍謄本《こせきとうほん》などの生年月日を証明できる書類、生活を支えている配偶者がいる場合は世帯全員の住民票、年金を振り込んでもらう金融機関の通帳などを用意して、請求の手続きをします。基礎年金番号の代わりにマイナンバーを記入することにより、省略できる添付書類が増えています。請求の際には年金事務所などに確認するとよいでしょう。

請求書類は、**国民年金の第1号被保険《ひほけん》者《しゃ》期間のみの人は市区町村、それ以外の人は年金事務所へ提出**します。

**65歳になる前の特別支給の老齢厚生年金（→P86）を受け取れる人は支給開始年齢の3か月前に年金請求書が送られてくる**ので、65歳で請求する場合と同じように手続きをします。

## 年金証書は亡くなった後の手続きにも必要になる大切な書類

年金を請求すると、**約1か月後に年金《ねんきん》証書《しょうしょ》と年金決定通知書《ねんきんけっていつうちしょ》、届出・手続きの手引きが届きます。**

年金証書には**基礎年金番号《きそねんきんばんごう》**が記載されていて、たとえ老齢基礎年金と老齢厚生年金の受け取り開始時期が異なっても、同じ番号で管理されるしくみになっています。また、万一**受け取っていた人が亡くなった後の手続きにも必要になる**ので、大切に保管しておきましょう。

**年金証書が届けば、約1～2か月後に年金の受け取りが始まります。年6回、偶数月に指定した金融機関の口座へ2か月分が振り込まれる**ようになっています。

## 老齢年金を受け取るまでのおもな流れ

※年金請求の流れはP184～187で詳しく解説しています。

### STEP① 年金請求書が届く

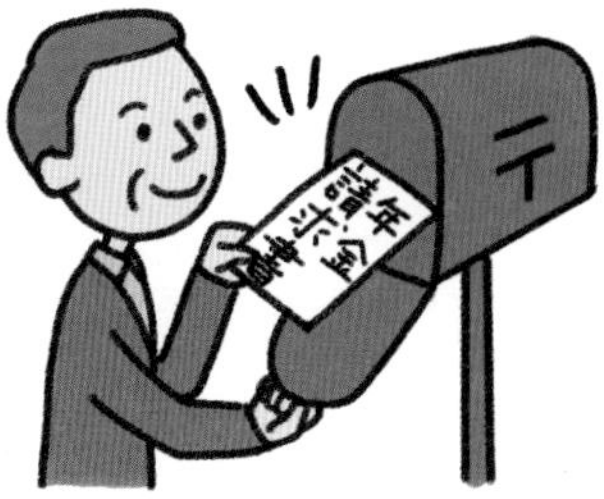


- 65歳になる3か月前に、日本年金機構から、年金請求書が送られてくる。
- 65歳の誕生日の前日に、請求が可能になる。
- 繰下げ受給の老齢年金を希望する場合は請求（繰下げ）するときに請求書を提出する。

↓

### STEP② 老齢年金の請求をする

- 必要事項を年金請求書に記入して提出する。

**必要な書類**

- 年金請求書
- 振込先の金融機関の通帳
- 年金手帳（基礎年金番号通知書）　など
- 生年月日について明らかにすることができるもの（戸籍抄本など）

※マイナンバーを記入することにより省略できる添付書類もあります（詳しくは年金事務所に）。

↓ 約1～2か月後

### STEP③ 年金証書・年金決定通知書・パンフレットが届く

- 内容を確認するだけでよい。

年金証書は、年金を受ける権利を証明する文書！大切に保管しましょう。

↓ 約1、2か月後

**年金の最初の振込**

↓ 2か月後以降

**年金の定期の振込**

- 2、4、6、8、10、12月に2か月分ずつ振り込まれる。

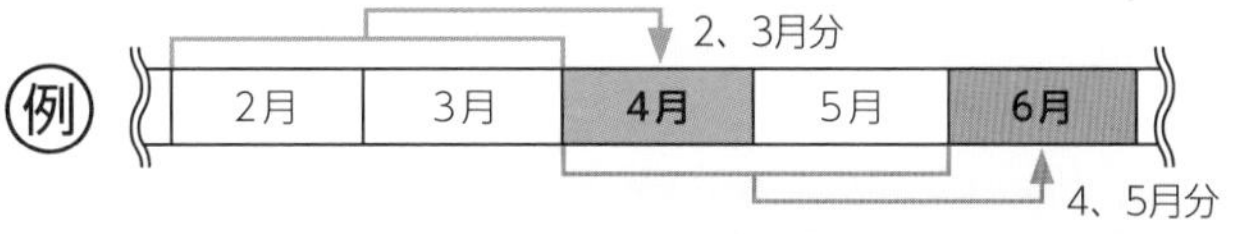


### 安心！先生からの一言

#### 年金請求書が届いたら請求する！

特別支給の老齢厚生年金を受け取れる人は65歳を待たず、**支給開始年齢の誕生日がきたら提出するのがベストです**。先延ばしにしても繰下げの効果はなく、年金額は増えません。過去の分がまとめて支払われ、その際には確定申告の修正が必要な場合もあります。

一度手続きをしておけば、65歳の時に届くハガキ（年金請求書）に署名することで、引き続き年金が受け取れます。

### どうする？こんなとき

#### 年金を繰下げ受給にしたいときは？

年金の受け取りを遅らせる、繰《くり》下《さ》げ受給の老齢年金を希望する人は65歳になったときに年金請求書を提出する必要はありません。

ただし、老齢基礎年金と老齢厚生年金のうち、片方を繰下げ、もう一方は65歳から受け取るという場合は、手続きが必要です。年金請求書のほかに繰下げに関する書類があるので、記入して提出しましょう。

その後、繰下げ受給の受け取りを希望するときには、年金事務所に繰下げ請求書を提出します。請求すると、翌月分から増額した年金も合わせて受け取ることができます。

受け取る年金はさまざまなお金が引かれる

# 年金から引かれる社会保険料や税金

コレだけおさえる！

**1** 65歳以上の人は年金から社会保険料が引かれる

**2** 老後の年金も所得のうちのひとつとされ、所得税がかかる

**3** ただし遺族年金と障害年金には所得税がかからない

## 年金から自動的に引かれる社会保険料がある

老齢年金《ろうれいねんきん》を受け取る年齢でも、多くの場合、納めなければならない社会保険料《しゃかいほけんりょう》があります。なかでも、**年に18万円以上の年金を受け取っている人の介護保険料《かいごほけんりょう》、国民健康保険料《こくみんけんこうほけんりょう》（税）、後期高齢者医療保険料《こうきこうれいしゃいりょうほけんりょう》の3つの社会保険料は、自動的に年金から引かれる**というしくみです。

介護保険料は65歳から、国民健康保険料は65歳から75歳になるまで引かれ、75歳からは後期高齢者医療保険料が引かれます。これらの保険料は、老齢年金だけでなく、遺族年金《いぞくねんきん》や障害年金《しょうがいねんきん》からも同様に引かれます。なお、**自動的に年金から社会保険料が引かれるようになるときには、市区町村からその知らせが届きます。**

## 税金も受け取る年金から引かれる

年金も、税金の課税対象である所得なので、**所得税**がかかります。**対象となるのは老齢年金で、遺族年金と障害年金（→PART3）には税金がかかりません。**

所得税も自動的に年金から引かれており、2037年12月31日までは2・1％の復興特別所得税《ふっこうとくべつしょとくぜい》もあわせて引かれます。

税計算のとき、老齢年金は**公的年金等**という区分に当てはまります。すると、所得税の計算のときには、実際に受け取る年金額から、一定の額を引いて所得税計算用の年金額が算出されます。このように、収入から一定の額を引く税計算のことを**控除**といいます。

**この控除のおかげで所得税がかからない人もいます。65歳未満で年金額が年108万円未満、65歳以上で年金額が年158万円未満の人です。**

たとえば「65歳からの年金は満額の老齢基礎年金のみ」という人の場合、年金収入は約81万円（2024年度額）なので、年金にかかる所得税はゼロになります。

なお、**年に18万円以上の年金を受け取っていて、65歳以上の人は、年金額から計算された住民税も、老齢年金から引かれています。**

# 受け取る年金から引かれる社会保険料と税金

## 年金から天引きされる社会保険料

**天引きの条件**

**介護保険料**
- 65歳以上で、年金額が年18万円以上の人。

**国民健康保険料（税）**
- 65歳〜74歳で、年金額が年18万円以上あり、介護保険料が天引きされている人。

**後期高齢者医療制度の保険料**
- 75歳以上の人で、年金額が年18万円以上の人。介護保険料が天引きされている人。
- 65歳〜74歳で、一定程度の障害の状態にある人。年金額が年18万円以上あり、介護保険料を納めている人。

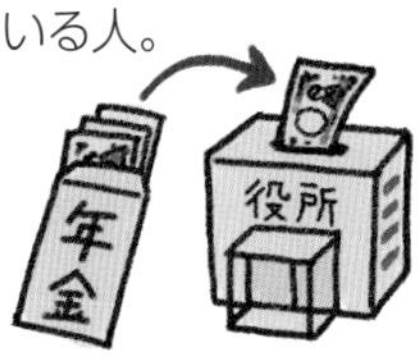

## 年金から天引きされる税金

**天引きの条件**

**住民税**
- 65歳以上で、遺族年金と障害年金を除いた年金額が年18万円以上あり、市区町村によって天引きされる対象（特別徴収）になっている人。

**所得税（+復興特別所得税）**
- 遺族年金と障害年金を除いた年金額が年158万円（65歳未満の人は108万円）を超える人。

### ！ 天引きされない場合

上記の条件に当てはまらない場合は、市区町村から納付について案内が届くので、金融機関の窓口で現金納付や、口座振替などの手続きを自分で行う。

自動的に受け取る年金から天引きされない人は、納め忘れに注意しましょう。

**損しない！ よくある勘違い**

### 公的年金等に含まれる老齢年金はいろいろある

老後に受け取る年金の代表格は老齢基礎年金《ろうれいきそねんきん》と老《ろう》齢厚生年金《れいこうせいねんきん》ですが、ほかにも企業年金《きぎょうねんきん》や国民年金基《こくみんねんきんき》金《きん》、企業型や個人型の確定拠出年金《かくていきょしゅつねんきん》などを受け取っている場合はすべてを合計した額が「公的年金等」の年金収入となります。ただし、個人年金（→P66）などの年金商品からの給付は公的年金等には含みませんから、その分についての控除は別です。

なお、年末が近づくと各年金制度から1年間に受け取った年金額とあらかじめ引かれた所得税（源泉《げんせん》徴収額《ちょうしゅうがく》）が表示された源泉徴収票が送られてきます。確定申告《かくていしんこく》（→P134）する場合は合算を忘れて、後から修正の申告をする手間をつくらないように気をつけましょう。

納め過ぎている税金がないか確認してみよう

# 年金にも確定申告が必要？

コレだけおさえる！

1
「扶養親族等申告書」と「確定申告」が損しないカギ

2
条件を満たす人は年金の確定申告をしなくてもいい

3
税金の還付を受けるなら確定申告をすること

## 年金から源泉徴収される税金を少なくするには

老齢年金《ろうれいねんきん》には所得税《しょとくぜい》がかかります。**年金額が年158万円（65歳未満の人は108万円）を超える人は課税の対象**になり、**源泉徴収**《げんせんちょうしゅう》といって、受け取る時点ですでに年金から所得税が引かれています。

このように、年金が課税の対象となる人には、毎年11月上旬までに日本年金機構《にっぽんねんきんきこう》から、**「公的年金等の受給者の扶養親族等申告書」**が送られます。この申告書にもとづいて、次の年に年金から引かれる税金（源泉徴収税額）が決まるため、必要事項を記入して必ず提出しましょう。**申告書の提出がないと、収入から一定額を引く税計算（所得控除《しょとくこうじょ》）がされず、税金の額が多くなってしまうこともあります。**

## 納め過ぎた税金を取り戻すには確定申告が必要

年金以外にも収入がある人や厚生年金《こうせいねんきん》基金《ききん》など2か所以上から年金を受け取っている人などは、所得税の過不足を精算するため、**確定申告**《かくていしんこく》が必要です。対象者には毎年1月に日本年金機構《にっぽんねんきんきこう》から**「源泉《げんせん》徴収票《ちょうしゅうひょう》」**が送られてきます。税務署などで手続きする際に、持参しましょう。

ただし、次の条件が2つとも当てはまる人は、確定申告をしなくてもいいことになっています。

**①その年に受け取っている公的年金等の合計が、400万円以下**

**②その年の公的年金等以外の所得が、20万円以下**

また、確定申告をする義務のない人でも、ふるさと納税のワンストップ特例を受けていない人、家を住宅ローンなどで取得した人、医療費がたくさんかかった人、災害にあった人などは各種控除を利用できる可能性があります。**税金を納め過ぎないようにするには、利用できる控除がないか確認してみる**とよいでしょう。確定申告を行うことで、納め過ぎた税金があれば、**還付金**《かんぷきん》として戻ってきます（還《かん》付申告《ぷしんこく》）。

## 年金に所得税が課税されても確定申告をしなくてもいい人

公的年金等の合計額が400万円以下 → はい → 公的年金等以外の所得金額が20万円以下 → はい → 確定申告は不要

公的年金等の合計額が400万円以下 → いいえ → 確定申告が必要

公的年金等以外の所得金額が20万円以下 → いいえ → 確定申告が必要

## 老齢年金にかかる所得税を納め過ぎないようにするには

年金額が年158万円（65歳未満の人は108万円）未満の人は、非課税なのでこれらの手続きは必要ありません。

### ポイント1 「公的年金等の受給者の扶養親族等申告書」を提出する

日本年金機構から申告書（ハガキ）が届くので、必要事項を記入して返送する。

➡ 各種所得控除などが認められ、源泉徴収される税金が少なくて済む！

### ポイント2 確定申告する

1年間（毎年1月1日から12月31日まで）のすべての所得金額と所得税・復興特別所得税の額を計算し、翌年2月16日～3月15日の間に税務署で必要書類を提出する。還付の申告だけなら、2月16日前でも提出が可能です。

➡ 生命保険料控除など各種所得控除で、納め過ぎた税金が戻る場合がある！

●確定申告することで適用されるおもな所得控除

- □**社会保険料控除**　納めた公的な社会保険料（→P133）の全額が控除される。
- □**生命保険料控除**　支払った民間の生命保険料や個人年金保険料、介護医療保険料を対象に一定額が控除される。
- □**地震保険料控除**　支払った旧長期損害保険料・地震保険料を対象に一定額が控除される。
- □**医療費控除**　本人や同一生計の親族について支払った医療費などを対象に一定額が控除される。
- □**雑損控除**　控除対象になる災害で財産を失った場合に一定額が控除される。
- □**住宅借入金等特別控除**　控除対象になるマイホームをローンで購入し、組んだ住宅ローンの残高の1%が税額から控除される。
- □**寄附金控除**　ふるさと納税など自治体に対して寄附を行った場合などに一定額が控除される。

控除に当てはまるものがあれば確定申告すると還付金が戻る可能性があります。自分で計算が難しい人は税務署に相談してみましょう。

受け取り中も手続きのうっかり忘れは損のもと！

# 年金を受け取っているときのさまざまな手続き

コレだけおさえる！

**1** 年金を受け取っている間にも届け出や手続きが必要なことがある

**2** 氏名や金融機関の変更、複数の年金を受け取れるときは届け出を

**3** 加給年金の対象となる配偶者や子どもに変化があれば届け出を

## 自身で行う公的年金に共通する届け出や手続きを押さえておく

年金を受け取っている間には必要に応じて、さまざまな届け出や手続きを行う場面があります。しかし、現在は※マイナンバーを活用して、住民の状況を確認できるため、省略できる届け出が増えてきました。毎年誕生月に生存を報告していた現況届《げんきょうとどけ》、引っ越しによる住所の変更、年金を受け取っている人の氏名の変更や死亡については、マイナンバーが登録されていれば届け出を省略できます。また、マイナンバーの利用により、省略できる添付書類が拡大しています。詳しくは手続きのときに年金事務所《ねんきんじむしょ》へ確認してください。

変更などがあったときに自身で行わなければならないものとして、**老齢《ろうれい》・遺《い》族《ぞく》・障害《しょうがい》の3つの年金に共通する届け出は、結婚や養子縁組などで氏名が変わったとき、年金の受け取り先金融機関を変えるとき、2つ以上の年金を受け取ることができるようになったときなど**があります。

また、大事な年金証書《ねんきんしょうしょ》などの書類を紛失したり、汚したりしてしまったときは、再交付の申請をする場面もあります。

届け出や手続きは、国民年金《こくみんねんきん》の第1号被保険者《ひほけんしゃ》期間のみの人は最寄りの市区町村の役所・役場で、そのほかの人は年金事務所で行います。

## 老齢年金に関する届け出や手続き

老齢年金に関して自身で行うおもなものとしては、たとえば、**66歳以降に繰下《くりさ》げ受給の老齢年金**（→P94）を受け取るために、年金の請求をせずに待っている人は、受け取りたい時期になったら、繰下げ請求書を提出します。

また、生活を支える配偶者や子どもがいる人で**加給年金《かきゅうねんきん》**（→P122）を受け取っている人は、**離婚や子どもの結婚など配偶者と子どもの状況に変化**があれば、届け出が必要です。

いずれも大事な手続きですから、忘れずに行いましょう。

※多くの書類にマイナンバーの記載が必要となります。マイナンバーカードを作成しておくことをおすすめします。

## 年金を受け取っている間に必要なおもな届け出

### 加給年金の対象となっている配偶者や子どもの状況が変化した

➡ 加算額・加給年金額対象者不該当届

例
- 配偶者と離婚した場合。
- 子どもが結婚した（生計を維持しなくなった）場合。
- 配偶者や子どもが亡くなった場合。

※配偶者が65歳になったときや、子どもが年齢の条件を満たさなくなったときの届け出は不要。

### 金融機関を変更した

➡ 年金受給権者受取機関変更届

例
- 年金を受け取る振込先を変更したい場合。

### 2つ以上の年金を受け取れるようになった

➡ 年金受給選択申出書

例
- 年金を受け取っている人が、新たに別の年金を受けられるようになった場合。
- 2つ以上の年金を組み合わせて受け取っている人の年金額が変更になった場合。

### 年金証書がなくなった

➡ 再交付申請書

例
- 年金証書を紛失してしまった場合。
- 年金証書を汚して、文字が見えなくなった場合。

**マイナンバーの登録により、以下の届け出は不要**
- **現況届**　誕生月がきたとき。
- **住所変更届**　住所が変わったとき。
- **氏名変更届**　氏名が変わったとき（遺族年金の場合を除く）。
- **死亡届**　年金を受け取っている人が亡くなったとき。

安心！先生からの一言

### 届け出や手続きを代理の人がするときは

年金に関する届け出や手続き、相談などは、原則として受け取っている本人がします。でも、病気や障害などの理由でどうしても行けない場合、本人の委《い》任状《にんじょう》があれば代理の人が行うこともできます。

委任状は、①作成した年月日、②本人の住所・生年月日・年金に関する情報（基礎《きそ》年金番号《ねんきんばんごう》や年金コードなど）、③代理人の氏名・住所・2人の関係、④委任する内容を明記して、本人が署名をした用紙であれば、特別な用紙を準備しなくてもかまいません。2017年1月からマイナンバーの取り扱いが始まりました。代理人の身元確認も必要なので、委任状のほかにマイナンバーカードなど、顔写真付きの確認書類を持参してください。

COLUMN

# ライフスタイルの変化に追いつけ！年金制度改正

日本の年金制度は昭和から平成、平成から令和と時代の移り変わりとともに、将来を見通しての改正が行われてきました。その内容は今を生きる私たちの時代に合うものでなければなりません。

共働き世代が片働き世代を追い越してから28年が経過しました。ライフスタイルが多様化する中で、働き方や会社の規模により社会保障制度に差が出ないようさまざまな改正が進められています。「年収の壁」が話題になりましたが、働く上で税金や社会保険料の壁はたくさんあり複雑です。現在の制度にあわせて就業調整をしても、今後も制度は変わっていくでしょう。国民年金の第3号被保険者の方もiDeCo（イデコ）に加入できますが、所得税がかからなければ、税制《ぜいせい》優遇《ゆうぐう》のメリットは生かせません。

年金をはじめとする社会保障制度は「負担（保険料を払う）」と「給付（お金やサービスを受ける）」がセットです。できるだけ長く働くこと（保険料納付期間を延ばす）、できるだけ収入を上げること（より高い保険料を支払う）で年金額を増やすことができるのです。

今すぐスマホで「**公的年金シミュレーター**」※を使って、自分の未来をシミュレーションしてみてください。年金がどれだけ増えるか一目瞭然です。公的年金の一番のメリットは生涯にわたり年金が支給されること（終身《しゅうしん》年金《ねんきん》）です。安心して老後を送るためには、今どうすることが必要なのかが見えてくることでしょう。

日本の経済や社会システムを維持していくために、「全世代型《ぜんせだいがた》社会《しゃかい》保障《ほしょう》」を進め少子化に歯止めをかける取り組みがスタートしています。フリーランスなどが加入する国民健康保険の産前産後の保険料が免除となり（2024年1月）、育児期間については国民年金保険料が免除となる予定です（2026年10月）。また、パートの方でも週10時間以上働けば雇用保険に加入できる予定です（2028年10月）。

2024年は5年に一度の財政検証が実施され、年金制度の見直しが議論されます。配偶者《はいぐうしゃ》加給《かきゅう》年金《ねんきん》の必要性や、遺族年金の男女での受給要件の格差、国民年金保険料の納付期間の延長など、年金保険料を払う人にも、年金を受給する人にも関係のある法改正となりそうです。

これからも令和の時代にふさわしい年金制度になるよう、しっかり注目していきたいですね。

※厚生労働省の年金額簡易試算ツール（→P182）。

PART

3

# 万一のときに受け取れる年金

## ～遺族年金・障害年金～

ただいま戻りました先生お弁当買ってきましたよ
ハジメくん! お父様がお見えになっているわ
え? 父が?
なにやら深刻そうなお顔をされてたわよ向こうの部屋でお待ちいただいているから行ってきなさい
ハ、ハイ!
万一のとき
年金はどうなるの?

おおハジメ…

すまんな忙しいところ押しかけて…

…この前母さんと二人で来たときに国枝先生が話してた遺族年金《いぞくねんきん》のことを詳しく教えてもらえないか?

それはいいけど…どうしたんだよ
な、なんだよいきなり…

…実はなぁ…人間ドックで引っかかってしまってな…

な、なにか悪い病気でも見つかったのか？
いや…まだ…再検査の結果待ちなんだが…それで悪い結果が出たら冷静じゃいられない気がして……
だから……最悪の場合を考えて今のうちに聞いておこうと思ってな……
なんだまだ結果が出たわけじゃないのか…まあでも、これまで大きな病気なんてしてこなかった父さんにとってはショックが大きいのかもしれないな…
……縁起でもないけどわかったよそれで父さんが安心するなら協力するよ
遺族年金のことだね？
そ、そうかすまんなぁ
遺族年金は公的年金に加入していた人が亡くなったときその遺族に給付される年金なんだ
国民年金から
遺族基礎年金
厚生年金保険から
遺族厚生年金
が給付される

俺が死んだら母さんは遺族《いぞく》基礎《きそ》年金《ねんきん》と遺族《いぞく》厚生《こうせい》年金《ねんきん》をダブルでもらえるってことなのか？
うちの場合は遺族基礎年金は対象外だから遺族厚生年金だけということになるね
対象外ってどうしてなんだ？
遺族基礎年金は子どものいる配偶者または子どもと限られているからなんだよ
え？子どもってハジメがいるじゃないか
この場合の子どもは高校卒業に当たる年齢までの子で俺みたいに成人していると子どもとはカウントされないんだよ
ナツメ高校
じゃあウチは遺族基礎年金はもらえないのか？
そうなんだ仮に父さんが自営業の第1号被保険者だった場合で年金をもらう前に死んだとしたら母さんは「寡婦年金《かふねんきん》」か「死亡一時金《しぼういちじきん》」を受け取ることができるよ
かふ…ねんきん？
寡婦年金は妻に支給される遺族給付のことで条件としては……
こんな感じ
・子がいないか、いても一定の年齢を超えている
・夫が国民年金の保険料を納めた期間（免除期間を含む）10年以上
（2017年8月施行）
・10年以上継続して婚姻関係がある

夫の死亡時点での老齢基礎年金の4分の3の額を最大で5年間(妻が60～64歳)受け取れるんだ
の年金
3/4
死亡一時金は保険料を36か月以上納めていた第1号被保険者が年金を受給しないで亡くなった場合に遺族に支払われるんだ
(詳しくは152ページへ)
じゃあ遺族厚生年金は？
遺族厚生年金は子どもがいなくてももらえるものだから母さんももちろん受け取れるよ
父さんは30年以上厚生年金保険に加入してきたし母さんは年齢的にも「中《ちゅう》高《こう》齢《れい》の加《か》算《さん》」の対象にもなるよ
中高齢の加算は40歳以上で条件を満たす子がいない妻が対象
この加算は母さんが死ぬまで受け取れるのか？
いや65歳までだよ母さんが65歳になって自分の老齢基礎年金を受け取るようになった時点でこの加算はなくなるんだ
老齢基礎年金
寡婦加算
60歳
62歳
63歳
64歳
65歳
66歳
67歳
68歳
そうなのか…まあ、それはそうだよな

それに万が一、障害者になったときでも障害の程度に合わせた障害年金《しょうがいねんきん》というものもあるから
そんなのもあったのか
そうさ！だからあまり深刻に考え過ぎないでよ それに僕だっているんだからさ
…そうだな… 今のお前なら安心して頼れそうだ
以前にあったときよりずいぶんと頼もしくなったじゃないか
まさに男子三日会わざれば刮目して見よ…だな
え？…そ、そう？
ドキンュ
ピリリリリュ
あ 母さんか
………うん…うん そうか…うん わかった…… …じゃあな
ピュ
…再検査の結果が出たのかい？
ごくりっ

はっはっはっ
いやぁ！ 再検査結果…別に問題ないってさ！
深刻に考えすぎてまわりに迷惑かけてないかって釘を刺されたよ
やれやれ……ま、そんなことだろうとは思ってたけど本当によかったよ
はぁ〜
どうやら解決したみたいね？
あ！ すみませんでした先生！お騒がせしまして
いやぁ息子にこんな安心させてもらえる日が来るとは思いませんでしたよ
これも先生のご指導のおかげですな
社労士《しゃろうし》は年金などで不安を抱えている人たちの助けにならなくちゃいけない仕事よ 今回ハジメくんはその役目を立派に果たしたわね
一人前になるまでそう遠くはないかもね
そ そうですか！
いやいや安心したら腹が減りましたな
あら ならお弁当がありますの ご一緒にどうです？
あ、それは僕の……
なら買ってきなさい！ ハイ！ かけあーし！
そりゃないですよぉ！

亡くなった後に支給される年金がある

# 遺族年金ってどんなもの？

コレだけおさえる！

1 公的年金に加入していた人が亡くなったときの年金

2 亡くなった人が生活を支えていた遺族が受け取る

3 遺族基礎年金と遺族厚生年金のほかにも一時金などがある

## 保険料をきちんと納めていた人の遺族が受け取れる

公的年金に加入中に亡くなった、また加入していた人で条件を満たした人が亡くなったというときに、**遺族に対して支払われるのが遺族給付《いぞくきゅうふ》**です。**継続的に受け取る年金と一括で受け取る一時金《いちじきん》**があり、まとめて遺族給付と呼んでいます（以下、遺族年金《いぞくねんきん》）。ここでいう**遺族とは、原則として亡くなった人の収入で生活していた家族のこと**です。

大前提として、**亡くなった人が公的年金に加入し、きちんと保険料を納めていたことが必要**です。

免除などの手続き（↓P42）をしないまま、保険料を納めていない期間が一定以上あると、残された家族は遺族年金を受け取ることができないので注意してください。

## 加入制度と家族構成により遺族年金の種類が決まる

公的年金には大きく2つの遺族年金があります。**遺族基礎年金《いぞくきそねんきん》**と、**遺族厚生年《いぞくこうせいねん》金《きん》**です。どちらを受け取るか、両方とも受け取れるかは、加入していた制度と家族構成や家族の年齢などによって決まります。

国民年金《こくみんねんきん》の**第1号被保険者《ひほけんしゃ》として保険料を納めていた期間のみの人が亡くなったとき、残された人が子（→左ページ）のいる配偶者か子のみの場合には遺族基礎年金を受け取ることができます。**そのほかに寡婦年金《かふねんきん》、または死亡一時金《しぼういちじきん》があります。

**厚生年金保険《こうせいねんきんほけん》に加入していた期間があると遺族厚生年金**があります。こちらは**子がいない場合でも条件を満たせば受け取ることができます。**遺族厚生年金を受け取れる人が、遺族基礎年金の条件も満たしている場合は**両方とも受け取ることができます。**

老齢年金は一生受け取り続けることができますが、**遺族年金は、条件に当てはまらなくなる（たとえば子どもが一定の年齢に達するなど）と、受け取れなくなる**という特徴があります。

## 遺族年金の種類と対象となる人

| | 遺族が受け取れる主な年金・一時金の種類 | 受け取る遺族 |
|---|---|---|
| 第1号被保険者（自営業の人など）が亡くなった場合 | 遺族基礎年金 | 子どもがいる配偶者、子ども |
| | 寡婦年金 | 妻 |
| | 死亡一時金 | 配偶者、子ども、父母、孫、祖父母、兄弟姉妹 |
| 第2号被保険者（会社員や公務員）が亡くなった場合 | 遺族基礎年金＋遺族厚生年金※ | 子どもがいる配偶者、子ども |
| | 遺族厚生年金※ | 配偶者、子ども、父母、孫、祖父母 |
| 第3号被保険者（会社員や公務員に扶養されている配偶者）が亡くなった場合 | 条件により、上記の年金・一時金が受け取れる場合がある。（「損しない!よくある勘違い」参照） | |

※妻の場合は、年齢によっては中高齢の加算（→P158）を受け取れる場合もあります。

生計を維持している人が亡くなった遺族が受け取れるのが遺族年金です。

### 確認しておきたい「子」

公的年金制度には子どもに関連する条件などが出てきます。法律では「子」とされています。子とは、18歳到達年度の末日までの間にある子、つまり高校卒業にあたる年齢までの子どものことです。また、障害等級1、2級の子どもの場合は20歳未満とされています。孫についても同じです。

### 損しない! よくある勘違い

**専業主婦（主夫）でも死亡一時金や遺族年金が受け取れる場合**

配偶者の収入で生活している専業主婦（主夫）でも独身時代などに国民年金保険料を3年以上納めていれば死亡一時金があります。

また、会社員であった夫（第2号被保険者）が病気などで退職し、一時的にでも会社員の妻（第2号被保険者）の扶養に入った状況下で夫（第3号被保険者に変更済）が死亡した場合などは遺族厚生年金、遺族基礎年金が受け取れる場合があります。

子どもがいるかどうかがポイント

# 遺族基礎年金を受け取れるのはどんなとき？

コレだけおさえる！

**1** 国民年金に加入していた人に支給されるのは遺族基礎年金

**2** 子どものいる配偶者または子どもが受け取れる

**3** 亡くなった人にも保険料納付などの条件がある

## 子のいる家族へ支払われる遺族基礎年金

**国民年金《こくみんねんきん》に加入中などの人が亡くなったときに支給されるのが、遺族基礎年金《いぞくきそねんきん》**です。

**受け取ることができるのは、子のいる配偶者、または亡くなったことで親がいなくなってしまった子**です。どちらも生計を維持されていた（→P123）ことが条件となります。

配偶者にあたるのは、戸籍上の配偶者のほかに、**事実上の結婚をしていた場合も認められます。**現在は遺族が夫でも妻でも受け取ることができますが、2014年3月までは妻のみが受け取りの対象となっていました。

**条件を満たす子がいない場合、遺族基礎年金はありません。**ただし国民年金の第1号被保険者《ひほけんしゃ》として保険料を納めていたのに、老齢基礎年金《ろうれいきそねんきん》を受け取らずに亡くなった場合、**寡婦年金《かふねんきん》や死亡一時金《しぼういちじきん》（→P152）を受け取れる可能性は残されています。**

## 亡くなった人が満たしていなければならない条件がある

遺族が遺族基礎年金《いぞくきそねんきん》を受け取るためには、**亡くなった人が、その時点で国民年金または厚生年金保険《こうせいねんきんほけん》に加入中である、または保険料納付済み期間と保険料免除期間を合わせて25年以上ある人で老齢基礎年金を受け取っている・受け取れる加入期間を満たしている人であること**が必要です。

加入の終わった60歳以上65歳未満の期間の人であれば、日本国内に住んでいることも条件です。

亡くなった人が国民年金に加入中だった場合と60歳以上65歳未満だった場合には、**加入していた全期間のうち、3分の2以上が保険料を納めていた期間**（保険料を免除された期間も含む）であることも必要です。

この期間には、会社員などで厚生年金保険料を納めていた期間や、第3号被保険者として届け出をしていた期間も含めることができます。

## 遺族基礎年金を受け取れる遺族

子のいる配偶者※

※2014年3月までは子どものいる妻（夫は対象外）。

または

子

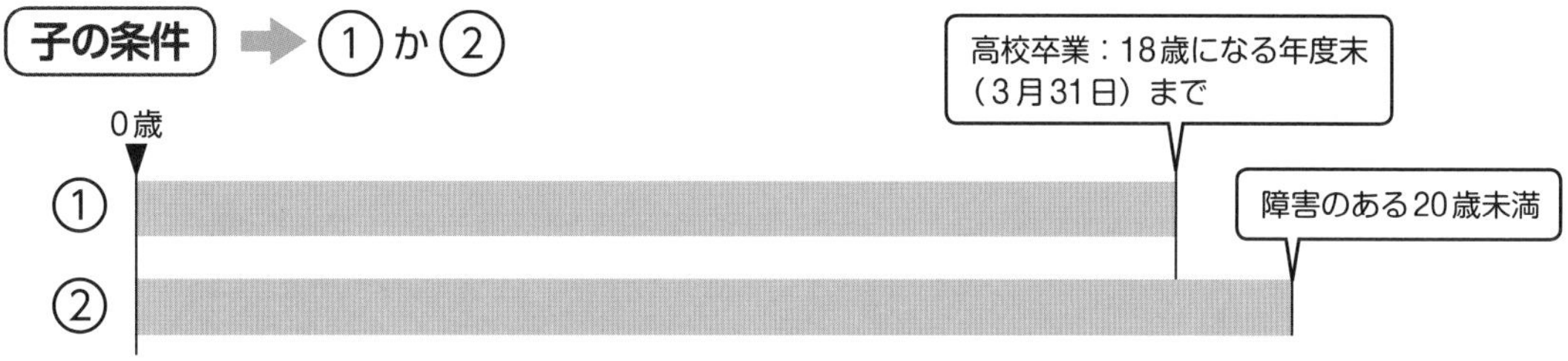
子の条件
①か②
0歳
①
②
高校卒業：18歳になる年度末（3月31日）まで
障害のある20歳未満

## 亡くなった人の保険料納付期間の条件

### 通常の保険料納付の期間の条件

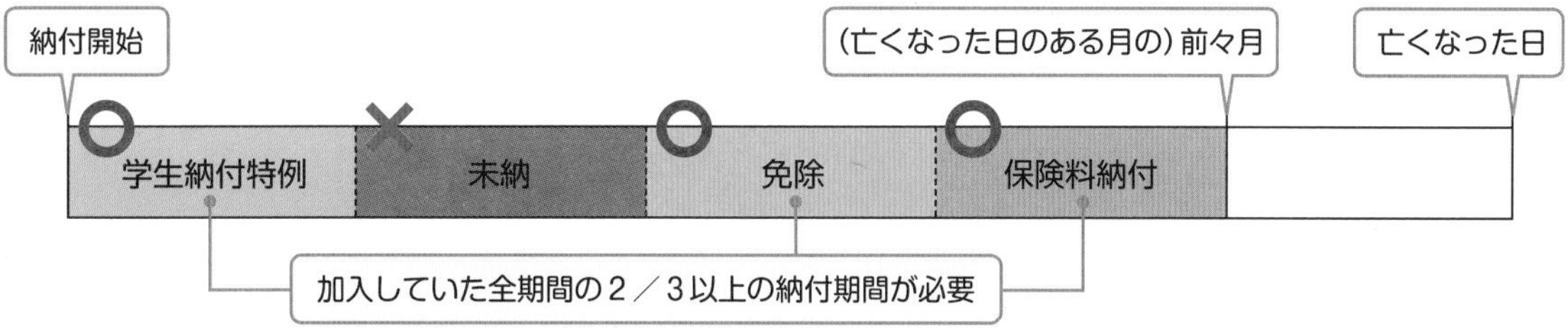
納付開始
（亡くなった日のある月の）前々月
亡くなった日
学生納付特例
未納
免除
保険料納付
加入していた全期間の2／3以上の納付期間が必要

### 特例の保険料納付期間の条件

**●65歳未満の人が亡くなった場合**

2026年3月31日までに死亡した場合。

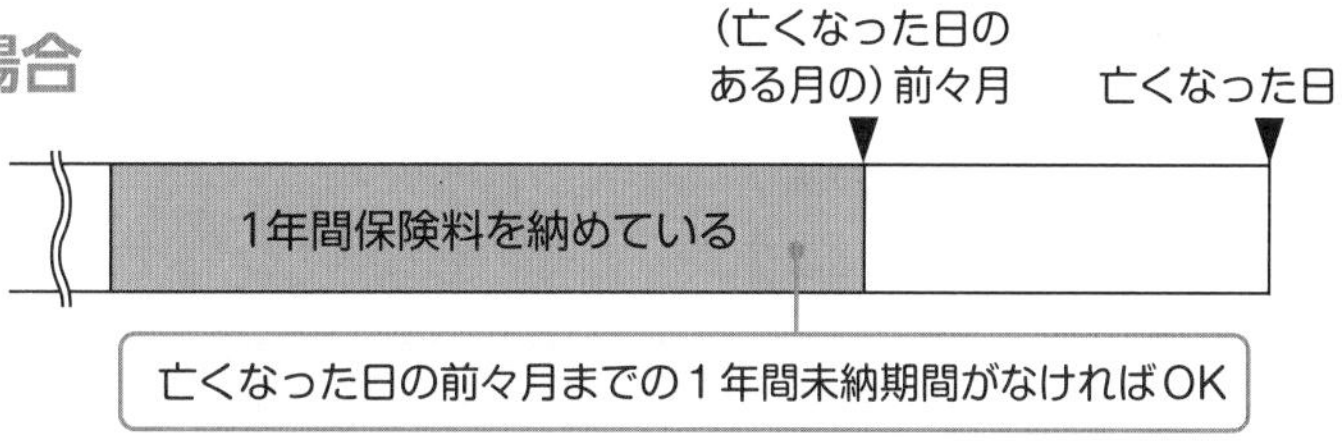
（亡くなった日のある月の）前々月
亡くなった日
1年間保険料を納めている
亡くなった日の前々月までの1年間未納期間がなければOK

どうする？
こんなとき

### 妻子のほかに内縁の妻と子もいた！

あまりあってほしくないケースかもしれませんが、戸籍上の妻のほかに内縁の妻がいて、どちらにも小さな子どもがいる場合、遺族基礎年金はどうなるのでしょうか。こういった場合は、亡くなった人がどちらの生計を維持（→P123）していたかで判断されます。

重婚的内縁関係の場合、夫婦としての共同生活が行われていない期間を長期間（おおむね10年以上）としていますが、多くのケースでは本妻と内縁の妻がおのおのに主張があるため、実態調査などを踏まえたうえで総合的に判断されることになります。残念ながら双方に支払われることはありません。

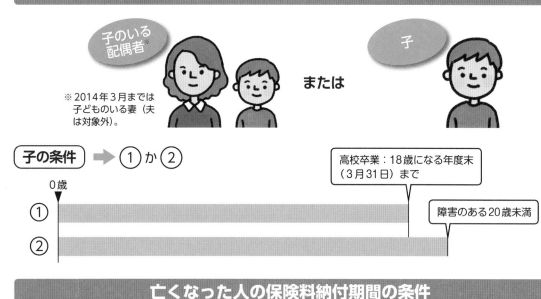

子どもの数だけ加算がある

# 遺族基礎年金はいくらくらいになるの？

コレだけおさえる！

**1** 配偶者には約81万円で子どもの数に応じて加算がある

**2** 子どもだけの場合1人だと約81万円で2人以上には加算がある

**3** 子どもが条件を満たさなくなると年金を受け取れなくなる

## 遺族基礎年金の基本額は約79万円

遺族基礎年金《いぞくきそねんきん》として支給される額はどの程度でしょうか。

**子が1人いる配偶者が受け取る場合、**配偶者分の基本額が約81万円、これに子1人分の加算約23万円を加えると合計約105万円となり、**月に9万円弱くらい**を受け取ることができる目算を立てることができます（2024年度の額）。**子が2人になると**加算額が2人分の約47万円で合計約128万円となり、**月にして約11万円**です。**子3人目以降**は1人につき約7万8000円、**月にして6500円**が加算されていきます。

子が減った（高校を卒業して当てはまらなくなったなど）ときには減額となります。減員のあった日の翌月から年金額は変更（改定）されます。

子だけが受け取る場合、子が1人なら約81万円、2人だと年額約23万円の加算があり、合計約105万円です。3人目以降は1人につき年額約7万8000円ずつ加算されていく計算になります。

2019年10月から、所得が一定以下の年金受給者に、年金に上乗せして「遺《い》族年金生活者支援給付金《ぞくねんきんせいかつしゃしえんきゅうふきん》」が支給されます。

## 遺族基礎年金が受け取れなくなるケース

遺族基礎年金は受け取る権利がなくなる（失権《しっけん》）ことがあります。

配偶者が遺族基礎年金を受け取れなくなるのは、**配偶者本人が亡くなったときや別の人と結婚したとき、あるいは養子に入ったときなど**です。

子が遺族基礎年金を受け取れなくなるのは、**決められた年齢を超えたときや亡くなったとき、結婚したときなど生計を同じくしなくなったとき、別の人の養子となったときなど**です。

遺族基礎年金は、子がいることが前提の年金です。**子（複数人いるときはすべての子）が条件から外れたときには、子の分だけでなく、配偶者の年金も含めて、受け取る権利がなくなり**ます。

# 遺族基礎年金の額（2024年度）

【注意】2024年度の年金額は2.7%の引き上げとなります。ここでは昭和31年4月2日以後生まれの人の年金額を掲載しています。

## 配偶者と子が受け取る場合

| | 配偶者の基本額 | 子の加算額 | 合計 |
|---|---|---|---|
| ●配偶者と子1人<br> | 816,000円 | 234,800円 | 1,050,800円<br>（月額87,566円） |
| ●配偶者と子2人<br> | 816,000円 | 469,600円 | 1,285,600円<br>（月額107,133円） |
| ●配偶者と子3人<br> | 816,000円 | 547,900円<br>（3人目の子に支給される78,300円が加算されている） | 1,363,900円<br>（月額113,658円） |

※4人目以降の子がいる場合、1人につき78,300円の加算があります。

## 子のみが受け取る場合

| | 子の基本額 | 2人目からの加算額 | 合計 |
|---|---|---|---|
| ●子1人<br> | 816,000円 | — | 816,000円<br>（月額68,000円） |
| ●子2人<br> | 816,000円 | 234,800円 | 1,050,800円<br>（月額87,566円）<br>（1人当たり月額43,783円） |
| ●子3人<br> | 816,000円 | 313,100円<br>（3人目の子に支給される78,300円が加算されている） | 1,129,100円<br>（月額94,091円）<br>（1人当たり月額31,363円） |

※4人目以降の子がいる場合、合計額に対し1人につき78,300円の加算があります。

安心！ 先生からの一言

### 子の遺族基礎年金は親の離婚・再婚に左右されない

もしも、親が離婚した後にどちらかが亡くなり、元配偶者と子が残されるような状況であっても、養育費用などを定期的に払っていたなど遺族基礎年金を受け取る条件に当てはまれば、子に受け取る権利はあります。また、残された配偶者と子がいて、配偶者が再婚した場合、配偶者の遺族基礎年金を受け取る権利はなくなります（失権）が、子については失権することはありません。しかし、生計を同じくするその子の父または母が同居していると、全額支給停止になります。

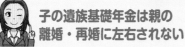

納めた国民年金保険料に対する遺族給付

# 寡婦年金と死亡一時金

コレだけおさえる!

**1** 国民年金の第１号被保険者として保険料を納めた人が受け取れる

**2** 10年以上婚姻関係のあった妻には寡婦年金

**3** 保険料を納めた月数に応じて受け取れる死亡一時金

## 5年間限定で妻に支給される寡婦年金

国民年金《こくみんねんきん》から支給される遺族基礎年金《いぞくきそねんきん》の受給条件は、子のいる配偶者、または子に限られています。子がいても一定の年齢を超えると受け取ることができません（↓P１４７）。**そうした遺族基礎年金を受け取れない場合でも支給されることがある給付に寡婦年金《かふねんきん》、死亡一時金《しぼういちじきん》があります。**

**寡婦年金**は、第1号被保険者《ひほけんしゃ》として保険料を納めた期間（免除《めんじょ》などの期間も含む）の合計が原則10年以上ある夫が、老齢基礎年金《ろうれいきそねんきん》を受け取らずに亡くなった場合に、妻に限定して受け取れるものです。妻は亡くなった夫と10年以上の継続した婚姻関係があることが条件で、事実婚であっても対象になります。

**寡婦年金を受け取れる期間は、妻が60歳から65歳になるまでの5年間**です。支給される年金額は、夫が受けられたであろう老齢基礎年金の額の4分の3です。

## 保険料を納めた月数によって額が決まる死亡一時金

**死亡一時金**は、第1号被保険者として保険料を納めた期間が3年（36か月）以上ある人が、老齢基礎年金または障害基礎年金《しょうがいきそねんきん》のどちらも受けずに亡くなったときに、亡くなった人と生計を共にしていた人が受け取れます。

**受け取れる遺族は、亡くなった人の①配偶者、②子、③父母、④孫、⑤祖父母、⑥兄弟姉妹**のうち、いずれかの人です。このうち①～⑥の順で優先順位が最も高い順位の人（同順位の人がいれば等分する）が受け取れます。**いくら受け取れるかは、亡くなった人が保険料を納めた月数によって決められています。**また、3年以上付加保険料《ふかほけんりょう》（↓P63）を納めていた場合は８５００円が加算されます。

もし**寡婦年金と死亡一時金の両方の条件を満たしていても、両方を受け取ることはできません。**そのため、どちらかを選択します。また、いずれも遺族基礎年金を一緒に受け取れることもありません。

## 寡婦年金の金額

＼妻が60歳から5年間受け取れる／

夫が受けられたであろう老齢基礎年金（→P78）の額（第1号被保険者期間のみで計算） × $\frac{3}{4}$ ＝ 寡婦年金の年額

老齢基礎年金を夫がすでに受け取っていたり、妻自身が繰上げ受給していたら寡婦年金は受けられないので注意してください。

## 死亡一時金の金額

| 亡くなった人が第1号被保険者として保険料を納めた月数 | 死亡一時金の額 |
|---|---|
| 36か月以上180か月未満 | 120,000円 |
| 180か月以上240か月未満 | 145,000円 |
| 240か月以上300か月未満 | 170,000円 |
| 300か月以上360か月未満 | 220,000円 |
| 360か月以上420か月未満 | 270,000円 |
| 420か月以上 | 320,000円 |

もし亡くなった人が3年以上付加保険料も納めていたら、これに8,500円が加算されます。

どうする？ こんなとき

### 一部免除制度により納めた保険料も死亡一時金の対象に

保険料の納付の免除制度は4段階あり、全額免除以外の場合は一部の保険料を納めることになります。この免除された残りの保険料を納めた期間も、死亡一時金を受け取るための期間に入れることができます。

ただし、免除された割合だけ、死亡一時金に反映される月数が減ります。全額納付した場合の1か月分が、4分の3納付した人は4分の3か月、半額納付した人は2分の1か月、4分の1納付した人は4分の1か月となります。

厚生年金加入者の遺族を支える給付

# 遺族厚生年金を受け取れるのはどんなとき？

コレだけおさえる！

**1** 厚生年金保険に加入している・していた人が亡くなったときの年金

**2** 亡くなった人に生活を支えてもらっていた遺族が受け取れる

**3** 子どもがいる場合は遺族基礎年金もあわせて受け取ることができる

## 遺族厚生年金の受給条件と納付条件

遺族厚生年金《いぞくこうせいねんきん》を受け取るためには、次のいずれかの条件が必要です。

**①亡くなった人が、その時点で厚生年金《こうせいねんきん》保険《ほけん》に加入中であるとき。**

**②厚生年金保険加入期間中に初診日※がある病気やケガが原因で、初診日から5年以内に亡くなったとき。**

①②の場合、遺族基礎年金と同じく加入していた全期間の**3分の2以上が保険料を納めていた期間**（保険料を免除された期間も含む）であることが必要です。また、直近1年間についての条件を満たせばよい、期間限定の特例もあります。

**③1、2級の障害厚生年金《しょうがいこうせいねんきん》（↓P172）を受け取っているとき。**

**④老齢厚生年金《ろうれいこうせいねんきん》を受け取っている人が死亡したとき、または受給要件（↓P86）を満たしている人が死亡したとき。**

④の場合は、保険料納付済期間と保険料免除期間と合算対象期間（↓P76）を合わせて**25年以上**あることが必要です。

## 受け取れる遺族の種類には優先順位がある

**厚生年金保険に加入していた人が亡くなったとき、**生計を維持されていた（↓P123）遺族に支給されるのが**遺族厚生年金**です。国民年金《こくみんねんきん》から支給される遺《い》族基礎年金《ぞくきそねんきん》（↓P148）と大きく異なるのは、**子（↓P147）がいなくても受け取ることができる**という点です。

**遺族基礎年金と遺族厚生年金を受け取れる条件をどちらも満たしている人には、両方の遺族年金が支給されます。**

**受け取れる人には優先順位があり、最も高いのは、亡くなった人の配偶者または子**です。続いて父母、孫、祖父母の順になり、最も高い順位の人（同順位の人がいれば等分）が受け取れます。

**受け取れる人の年齢も決まっています。**妻の場合は何歳でもいいのですが、夫の場合は55歳以上です。父母と祖父母も55歳以上となっています。

受け取り始める年齢も、夫、父母、祖父母は60歳からと決まっています。

※初診日とは、障害の原因となった病気やけがで、初めて医師等 の診療を受けた日をいいます（同一傷病で転医があった場合でも、初めて医師等の診療を受けた日が初診日となります）。

## 遺族厚生年金を受け取れる遺族の決まり

| 優先順位 | 亡くなった人との関係 | 年齢の制限 | 受け取り開始年齢 | 受け取れる遺族年金の種類 |
|---|---|---|---|---|
| 1 | 子のいる配偶者<br> | 夫 55歳以上<br>妻 制限なし | 夫 60歳<br>（自身が遺族基礎年金を受け取れる場合は60歳になる前でも可）<br>妻 決まりなし | 遺族基礎年金<br>＋<br>遺族厚生年金 |
| 2 | 子<br> | 18歳になる年度末または1、2級の障害がある場合は20歳未満 | 決まりなし<br>（死亡時の翌月分から） | |
| 3 | 子のいない妻<br> | 制限なし | 決まりはないが、妻が30歳未満の場合は5年間で打ち切られる<br>(→P156) | 遺族厚生年金<br>＋<br>中高齢の加算額<br>(条件によっては付加。→P158) |
| 4 | 子のいない夫<br> | 55歳以上 | 60歳 | 遺族厚生年金 |
| 5 | 父母<br> | 55歳以上 | 60歳 | |
| 6 | 孫<br> | 18歳になる年度末または1、2級の障害がある場合は20歳未満 | 決まりなし<br>（死亡時の翌月分から） | |
| 7 | 祖父母<br> | 55歳以上 | 60歳 | |

保険料を納めた期間と額で決まる

# 遺族厚生年金はいくらくらいになるの？

コレだけおさえる！

**1** 遺族厚生年金の額は老齢厚生年金の４分の３

**2** 受け取る条件が短期に該当するときは加入月数に調整が入る

**3** 若い妻への年金の支給は５年で権利がなくなる

## 保険料を納めた期間と額によって計算される

厚生年金保険《こうせいねんきんほけん》に加入していた人が亡くなったときに遺族が受け取る**遺族厚生年《いぞくこうせいねん》金《きん》**も、老齢厚生年金《ろうれいこうせいねんきん》（↓Ｐ88）と同様に、保険料を納めた期間や額に応じて年金の額が決まる**報酬比例《ほうしゅうひれい》**の年金です。**受け取る額は老齢厚生年金額の4分の3**です。

具体的には、老齢厚生年金の計算をして、４分の３をかけた年金額を計算します。老齢厚生年金本来の額と従前額を計算して比較し、高いほうを選択する点も同じです。

ただし、遺族厚生年金は、計算に使う加入月数に調整が入る場合があります。

実際に加入していた月数で計算する年金を、**長期の遺族厚生年金**といいます。**老齢厚生年金を受け取れる人が亡くなった場合は長期**です。そのほかの場合（在職中だった場合など）は、**短期の遺族厚生年金**といい、加入月数が３００月未満であっても３００月に引き上げて計算します。

## 遺族厚生年金を受け取れなくなるとき

遺族厚生年金は、原則として受け取っている遺族が亡くなるまで支給されますが、打ち切りになる場合もあります。年金を受け取っている人の結婚や養子となったときなどがそれにあたります。子や孫が決められた年齢を超える、別の人の養子になるなども同様です。

また、遺族厚生年金を**30歳未満の妻が受け取る場合には5年で終了することがあります**。ひとつは**夫の死亡時に子どもがいない場合**で、死亡した翌月から5年間で終了します。もうひとつは、**夫の死亡時に子どもがいる場合、遺族基礎年金と遺族厚生年金を受け取りますが、妻が30歳になる前に子どもも死亡した場合**は「子のいない妻」となる（遺族基礎年金はここで終了）ので、遺族厚生年金はそこから5年間で受け取りが終了します。妻が30歳を迎えるときに子どもが高校を卒業していなければ、再婚などをしない限り遺族厚生年金は受け取れます。

## 遺族厚生年金の計算式

**（老齢厚生年金の）本来の額**

A　平均標準報酬月額 × 7.125/1000 ※1 × 2003年3月までの加入月数 ※2

＋

B　平均標準報酬額 × 5.481/1000 ※1 × 2003年4月以後の加入月数 ※2

× 3/4

**（老齢厚生年金の）従前額**

（A　平均標準報酬月額 × 7.5/1000 ※1 × 2003年3月までの加入月数 ※2

＋

B　平均標準報酬額 × 5.769/1000 ※1 × 2003年4月以後の加入月数 ※2）

× 1.041 ※3

× 3/4

※従前額保障とは、1994年の水準で標準報酬を再評価し、年金額を計算したもの

どちらか高いほうが支給される!

平均標準報酬月額…2003年3月までの加入期間の標準報酬月額（→P58）をすべて足して2003年3月までの加入月数で割った額

平均標準報酬額……2003年4月以後の標準報酬月額と標準賞与額をすべて足して、2003年4月以後の加入月数で割った額

※1：昭和21年4月1日以前に生まれた人は、生年月日に応じた給付乗率が決められています（長期の遺族厚生年金）。
※2：被保険者期間が、300月（25年）未満の場合は、300月とみなして計算します（短期の遺族厚生年金）。
※3：昭和13年4月1日以前に生まれた人は、1.043で計算します。

## 若い妻が遺族厚生年金を受け取れなくなるとき

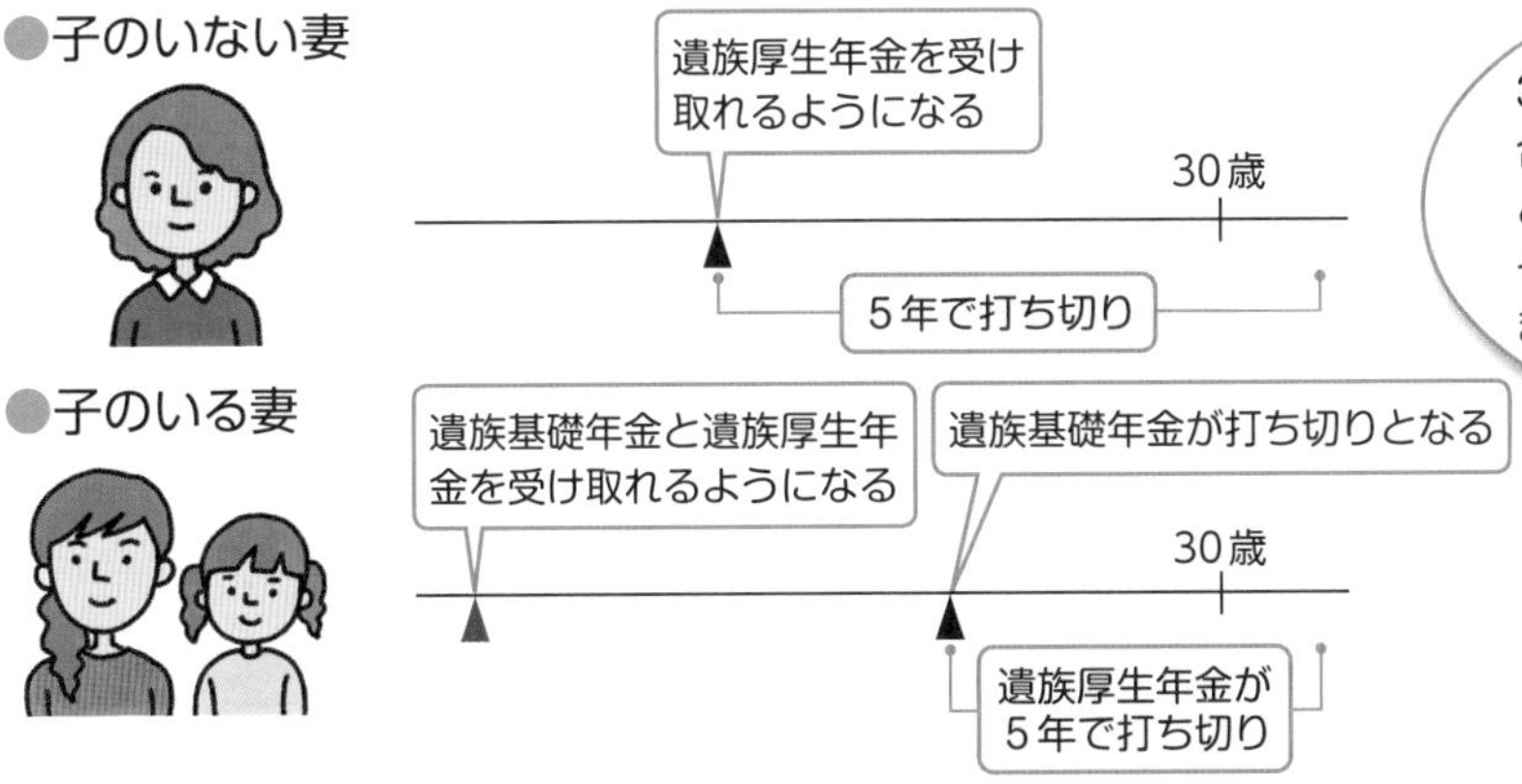
●子のいない妻
遺族厚生年金を受け取れるようになる
30歳
5年で打ち切り
●子のいる妻
遺族基礎年金と遺族厚生年金を受け取れるようになる
遺族基礎年金が打ち切りとなる
30歳
遺族厚生年金が5年で打ち切り

30歳未満の妻が受け取れる場合は、左図の条件に当てはまると5年間と定められていますが、そのほかの人には原則亡くなるまで支給があります。

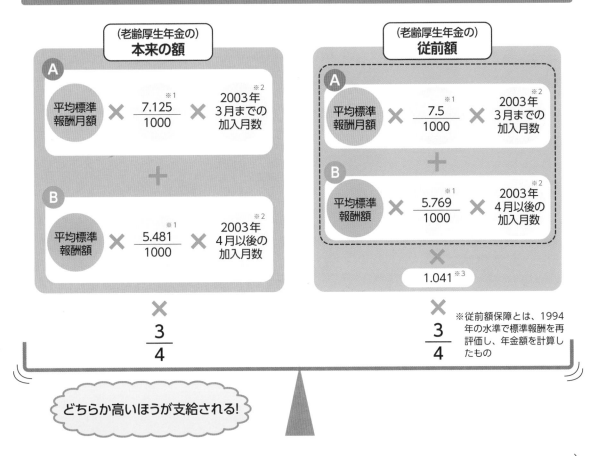

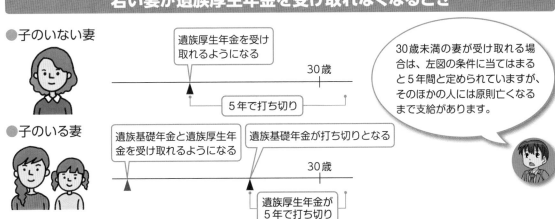

40歳以上の妻には加算されるものもある

# 中高齢の加算と経過的寡婦加算

コレだけおさえる！

**1** 40歳以上で子どものいない妻には中高齢の加算がある

**2** 中高齢の加算は65歳になるまで支給される

**3** 65歳になると生年月日に応じた経過的寡婦加算に切り替わる

## 遺族基礎年金がない、またはなくなる時期に中高齢の妻への加算

国民年金《こくみんねんきん》から支給される遺族基礎年金《いぞくきそねんきん》は条件を満たす子（↓Ｐ１４７）がいないと受け取れません。そこで、遺族厚生《いぞくこうせい》年金《ねんきん》には、夫が亡くなったときに40歳以上で、条件を満たす子がいない妻が受け取れる加算があります。これを**中高齢の加算《かさん》**といいます。**妻が40歳から65歳になるまでの間、年額約61万円（月額約5万円）が支給されます。**

亡くなった夫が、短期の遺族厚生年金に該当するか、長期の遺族厚生年金に該当する場合なら（↓Ｐ１５６）、厚生年金《こうせいねんきん》保険《ほけん》の加入期間が20年以上あることが条件です。

また、妻が40歳になったときには、まだ条件を満たす子がいて、遺族基礎年金を受け取っていたが、その後、子が決められた年齢を超えたために、遺族基礎年金がなくなった場合には、そのときから中高齢の加算を受け取ることができます。

## 65歳以上の妻には経過的寡婦加算

中高齢の加算を受け取っている妻が**65歳**になると、妻本人の老齢基礎年金を受け取れるようになります。**その時点で中高齢の加算はなくなります。**

しかし、妻の老齢基礎年金額《ろうれいきそねんきんがく》が中高齢の加算(約61万円)より低い場合、65歳になったとき、急に年金の総額が減ってしまうことになります。一般的に老齢基礎年金の額が低いのは、国民年金の第３号被保険者《ひほけんしゃ》の制度がなかった１９８６年３月以前に、会社員や公務員に扶養される妻で、国民年金に任意加入《にんいかにゅう》していなかった人です。

そこで妻の年金額が低くなってしまわないように、特別な加算が行われています。これを**経過的寡婦加算《けいかてきかふかさん》**といいます。

経過的寡婦加算の額は、受け取る妻の生年月日によって決まります。月額約５万円から月額約１７００円で、昭和31年４月２日以降に生まれた人にはありません。

## 中高齢の加算と経過的寡婦加算

●子のいない妻

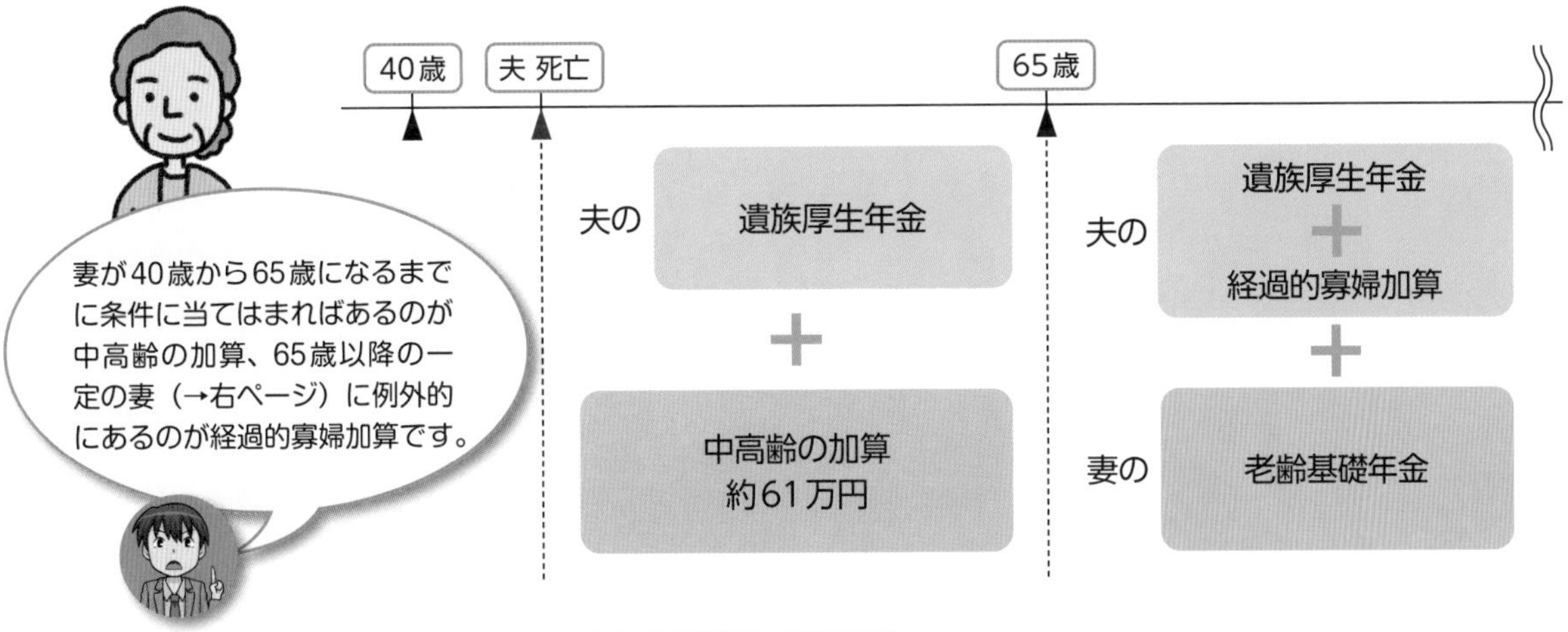

40歳
夫 死亡
65歳
夫の
遺族厚生年金
＋
中高齢の加算
約61万円
夫の
遺族厚生年金
＋
経過的寡婦加算
＋
妻の
老齢基礎年金
妻が40歳から65歳になるまでに条件に当てはまればあるのが中高齢の加算、65歳以降の一定の妻（→右ページ）に例外的にあるのが経過的寡婦加算です。


### 夫が亡くなったときには子ども（1人）がいた場合

●子のいる妻

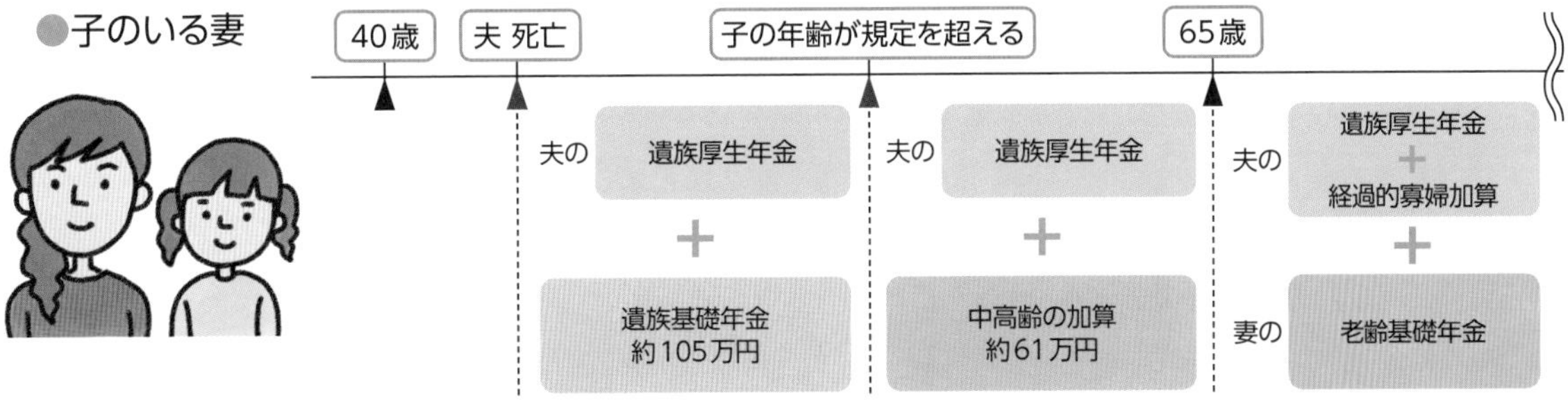

40歳
夫 死亡
子の年齢が規定を超える
65歳
夫の
遺族厚生年金
＋
遺族基礎年金
約105万円
夫の
遺族厚生年金
＋
中高齢の加算
約61万円
夫の
遺族厚生年金
＋
経過的寡婦加算
＋
妻の
老齢基礎年金


### 夫が亡くなったときに妻が65歳以上になっている場合

●子のいない妻

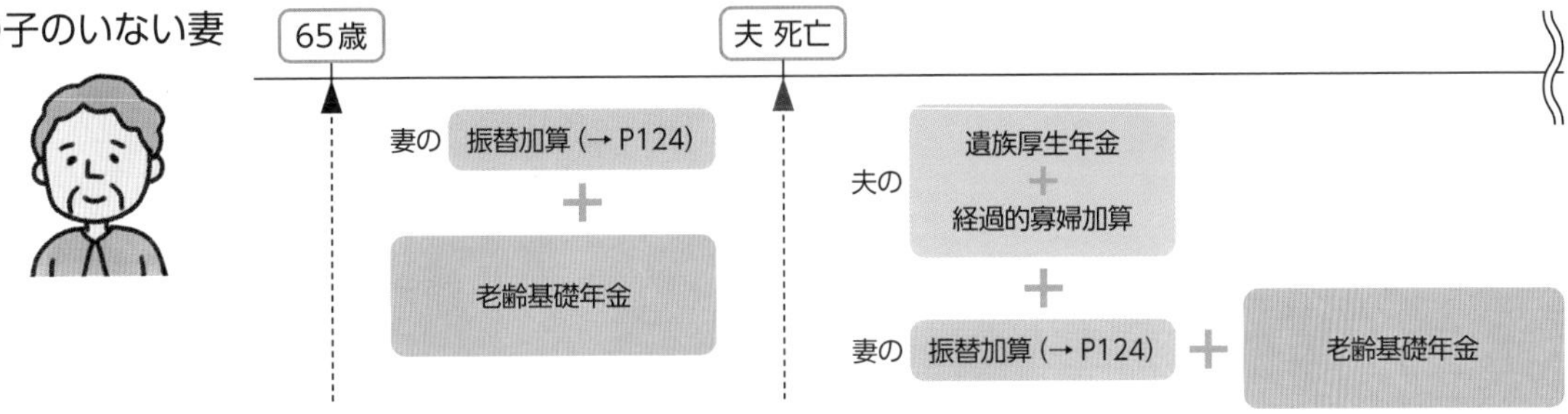

65歳
夫 死亡
妻の
振替加算（→ P124）
＋
老齢基礎年金
夫の
遺族厚生年金
＋
経過的寡婦加算
＋
妻の
振替加算（→ P124）
＋
老齢基礎年金

どうする？
こんなとき


### 子どものいない夫婦の場合

子どものいない妻が40歳になる前に夫を亡くすと遺族厚生年金に中高齢の加算はつきません。年間約61万円の加算は遺族厚生年金の額より大きい場合もあり、意外と大きな加算金です。

公的年金がさほど手厚いとはいえませんので、生命保険などを手厚くすることも検討しましょう。また、妻が40歳を迎え、夫が厚生年金保険に20年以上加入していれば、中高齢の加算を見込んで生命保険の保障額を1,500万円程度（61万円×25年）減額するように保険料を見直してみるのもよいかもしれません。

最も有利な組み合わせを受け取るために

# 自分の年金を受け取るようになったときの遺族年金

コレだけおさえる！

**1** 老齢厚生年金と遺族厚生年金を組み合わせて受け取れる

**2** 年金を組み合わせて最も高額になるように調整される

**3** 組み合わせる場合はそれぞれの年金の請求を行う必要がある

## 年金は1人につき1年金の受け取りが基本

**公的年金は1人《ひとり》1年金《いちねんきん》**という原則があります。

たとえば、老齢年金《ろうれいねんきん》と障害年金《しょうがいねんきん》のどちらも受け取ることができる状況でも、両方は支給されず、どちらか一方を本人が選ぶことになります。ただし、老齢年金なら、老齢基礎年金《ろうれいきそねんきん》と老齢厚生年金《ろうれいこうせいねんきん》のように支給の理由が同じであれば、同時に受け取ることができます。

## 2つの年金を組み合わせられる特別なケース

1人1年金の原則には例外があります。そのひとつが65歳から**老齢基礎年金にプラスして老齢厚生年金と遺族厚生年金《いぞくこうせいねんきん》を組み合わせて受け取る**かたちです。

自分が納めた保険料が反映されているのが老齢厚生年金です。亡くなった人が納めた保険料が反映されているのが遺族厚生年金です。この2つを受け取れるとき、遺族厚生年金を選択すると自分が納めた厚生年金保険料が掛け捨てになってしまいます。そこで、**65歳になるとまずは自分の老齢厚生年金を全額受け取り、遺族厚生年金の額のほうが高い場合は、差額分が支給されるというしくみ**があります。この場合、遺族厚生年金額のうち、老齢厚生年金に相当する額は支給停止となっており、差額分が支給されます。

このように組み合わせて年金を受け取る場合は、**それぞれに年金の請求を行う必要があります。自動的に組み合わせて支給されるわけではありません。**

## 障害基礎年金と遺族厚生年金も組み合わせ可能

1人1年金の例外には、もうひとつの組み合わせがあります。**65歳になると、障害基礎年金《しょうがいきそねんきん》（→P168）と遺族厚生年金、もしくは障害基礎年金と老齢厚生年金は、セットで受け取れる**という例外のかたちです。

両方とも受け取る権利がある人は、より高額な組み合わせに変更することができます。

## 年金は1人1年金が基本

1年金
老齢厚生年金
老齢基礎年金
1年金
遺族厚生年金
遺族基礎年金
1年金
障害厚生年金
障害基礎年金
例外のかたちを除いて、老齢・遺族・障害年金は3つのうち、1人につき1年金までが基本です。

## 老齢厚生年金と遺族厚生年金の組み合わせ（例外のかたち）の例

### 遺族厚生年金のほうが高額な支給になる場合

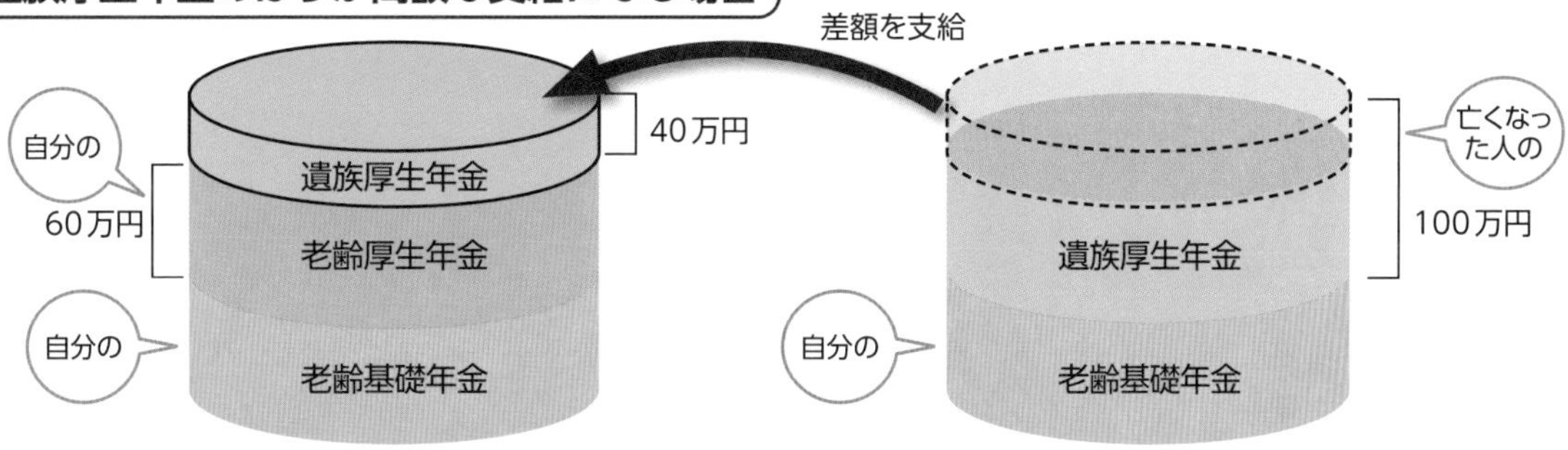
差額を支給
自分の
60万円
遺族厚生年金
40万円
老齢厚生年金
自分の
老齢基礎年金
亡くなった人の
100万円
遺族厚生年金
自分の
老齢基礎年金

### 自分の老齢厚生年金のほうが高額な支給になる場合

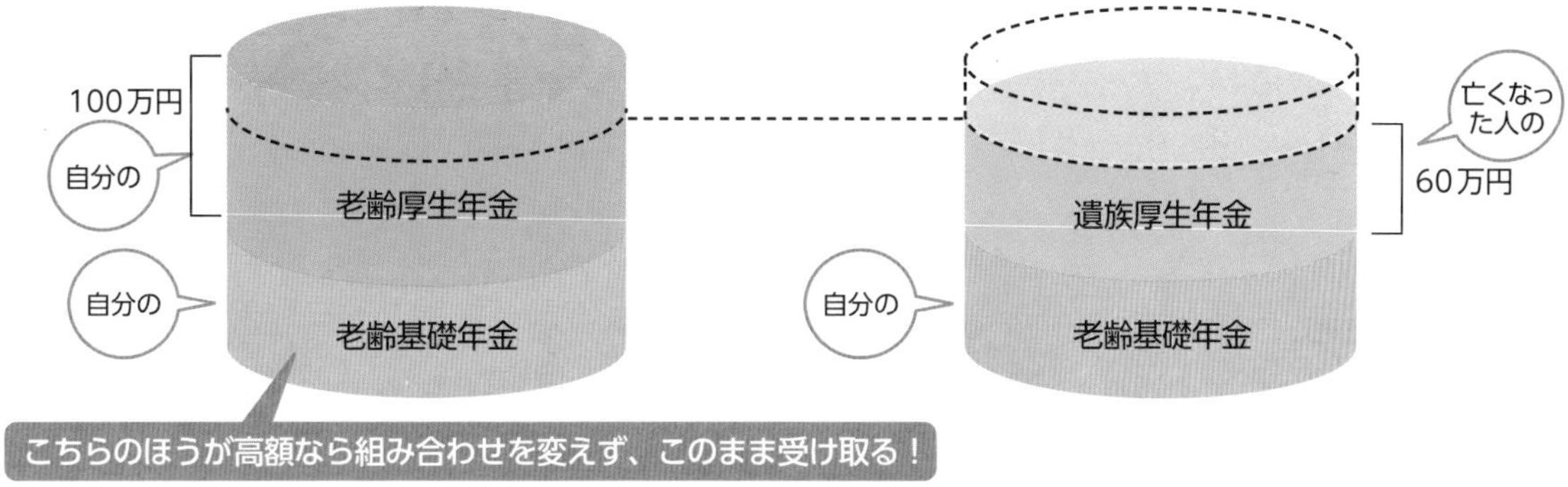
100万円
自分の
老齢厚生年金
自分の
老齢基礎年金
亡くなった人の
60万円
遺族厚生年金
自分の
老齢基礎年金
こちらのほうが高額なら組み合わせを変えず、このまま受け取る！

どうする？
**こんなとき**

### 老齢基礎年金を繰上げて受け取る場合の遺族厚生年金

老齢基礎年金と遺族厚生年金を組み合わせて受け取れるのは、65歳になってからです。そのため、65歳前に老齢基礎年金を繰上げて受け取っているときに、配偶者などが死亡し遺族厚生年金を受け取る権利ができたときは、どちらか一方を受け取り、残りの年金は65歳まで受け取ることはできません。多くの場合、遺族厚生年金が高く、遺族厚生年金を選択すると、繰上げした老齢基礎年金の受け取りを65歳まで待つことになります。65歳以降の老齢基礎年金は減額されたままの金額です。老齢年金を繰上げて受給するときには、このようなことも考えて、受給の時期を決めることが大切です。

### 亡くなった直後に請求する

# 受け取りを忘れがちな亡くなった人の未支給年金

コレだけおさえる！

**1** 年金を受け取っている人が亡くなると必ず未支給年金が発生する

**2** 死亡の届け出と同時に未支給年金を請求する手続きをする

**3** 本人が自分の年金を請求しないで亡くなった場合もまとめて受け取れる

## 亡くなった後の最後の年金は請求が必要

**公的年金を受け取っていた人が亡くなったとき**は、死亡届を提出することで支給が止まります（マイナンバーが収録されていれば役所に死亡届を出すと日本《にっぽん》年金機構《ねんきんきこう》への手続きは省略できる）。このときに同時にしておきたい手続きが**未支《みし》給年金《きゅうねんきん》の請求**です。未支給年金というのは多くの場合、亡くなる直前の期間分で、まだ受け取っていない年金のことです。

年金は後払いのしくみのため、亡くなった後に最後の期間分の支払いがあるのですが、そのとき本人は亡くなっているので受け取ることができません。**年金の支払いのしくみの特性から、未支給年金は必ず発生します。**

この未支給年金は請求しないと受け取ることができません。請求できるのは亡くなった人と生計を同じくしていた配偶者（内縁の配偶者を含む）、子、父母、孫、祖父母、兄弟姉妹またはこれらの者以外の3親等内の親族となっています（子や孫、兄弟姉妹の配偶者も含まれる）。遺族《いぞく》年金《ねんきん》と違って年齢制限はありません。

**生計を同じくしていたというのは、同居していただけでなく、隣に住んでいた、施設で暮らす故人の面倒をみていたなどのケースも含まれます。**

## 繰下げ待機中の死亡による未支給年金

老齢年金を繰り下げて受給しようと思い、待機している途中で本人が死亡してしまったときの年金はどうなるのでしょう。70歳前に死亡のケースは、**65歳で請求したとみなして、死亡日の月までの期間に応じた老齢年金が遺族に未支給年金（一時金）として支払われます。**２０２３年4月以降は、70歳を過ぎて死亡した場合、**特例的なみなし繰下げ増額制度**（→P3）を利用し、死亡前にさかのぼり請求をしておけば、遺族は増額された5年分の老齢年金を未支給年金（一時金）として受け取ることができます。しかし、5年より前の分は時効により受け取ることはできません。

## 未支給年金が発生するしくみ

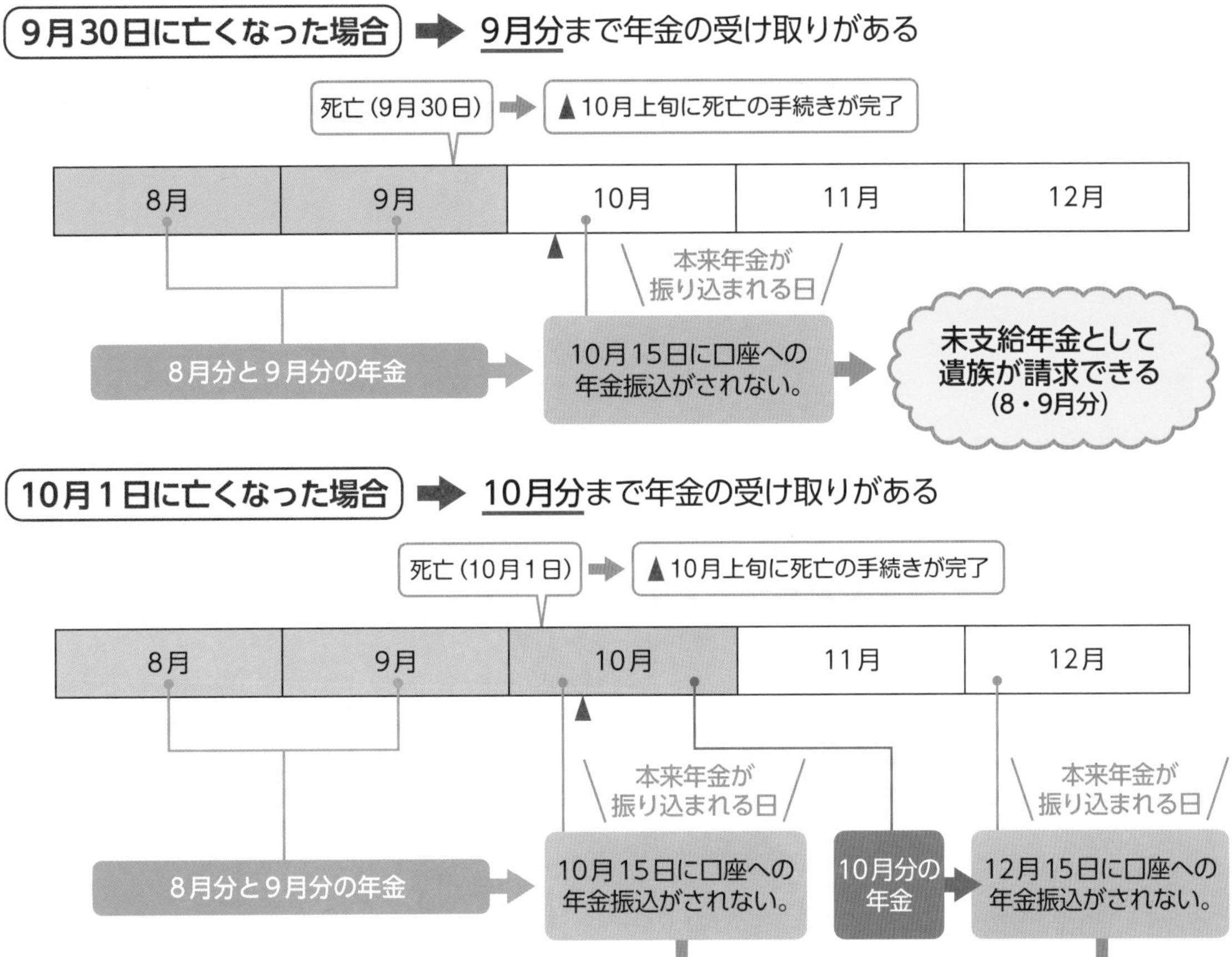

9月30日に亡くなった場合
9月分まで年金の受け取りがある
死亡（9月30日）
▲10月上旬に死亡の手続きが完了
8月
9月
10月
11月
12月
本来年金が振り込まれる日
8月分と9月分の年金
10月15日に口座への年金振込がされない。
未支給年金として遺族が請求できる（8・9月分）
10月1日に亡くなった場合
10月分まで年金の受け取りがある
死亡（10月1日）
▲10月上旬に死亡の手続きが完了
8月
9月
10月
11月
12月
本来年金が振り込まれる日
本来年金が振り込まれる日
8月分と9月分の年金
10月15日に口座への年金振込がされない。
10月分の年金
12月15日に口座への年金振込がされない。

未支給年金として遺族が請求できる（8・9・10月分）

年金は月単位で支給されるので、1日でも月をまたげばその月の支給も発生します。振込は2か月分ごとになりますが、もし届出の遅れによりひと月でも多い分があれば返納します。

**安心！先生からの一言**

### 死亡届は原則としてすみやかに

年金を受け取っている人が亡くなったとき、日本年金機構への死亡届は原則省略できますが、できるだけ早めの届け出をおすすめします。家族が亡くなった直後で、大変な時期かもしれませんが、うっかり手続きを忘れていると、あとで余計な手続きが発生してしまいます。

公的年金は、マイナンバーで死亡の確認ができるまで支給されます。受け取りすぎた分は一括で国に返納しなければならなくなってしまうのです。

金融機関への死亡届ができていれば、口座がストップし、日本年金機構からの払い込みができません。そのため、金融機関への届け出を先にしておくと、過払い分の返納を防ぎやすくなります。

添付書類をそろえて提出

# 遺族給付の手続きのしかた

コレだけおさえる!

**1** 遺族年金のあるなしにかかわらず亡くなった事実を届け出る

**2** 遺族基礎年金のみなら市区町村へ、そのほかは年金事務所へ

**3** 遺族給付の請求書のほか、必要な書類がいろいろとある

## まずは死亡の届け出をして必要事項を確認

公的年金に加入中や加入していた人、受け取っている人が亡くなったときは、遺族給付《いぞくきゅうふ》があってもなくても、まずは死亡届などで亡くなった事実を届け出る必要があります。

亡くなった人が**国民年金《こくみんねんきん》に加入中だった場合は市区町村の担当窓口へ、厚生年《こうせいねん》金保険《きんほけん》に加入中だった場合は勤務先へ**問い合わせ、資格喪失の届け出をします。

**亡くなった人が年金を受け取っていた場合は、年金事務所《ねんきんじむしょ》へ死亡の届け出**をします。このときに同時に未支給年金《みしきゅうねんきん》（↓P162）の請求もできます。

遺族基礎年金《いぞくきそねんきん》や遺族厚生年金《いぞくこうせいねんきん》を受け取る権利があり、必要な書類をそろえることができる場合は、すみやかに請求しましょう。どんな給付が受けられ、何の書類が必要なのかわからない場合は、近くの年金事務所に相談に行きましょう。

相談するときには、相談者の身分証明書のほか、亡くなった人の年金手帳と死亡診断書、請求する人と亡くなった人との関係が証明できる書類(戸籍謄本など)、年金の受け取りをしていたなら年金証書《ねんきんしょうしょ》などの書類を持って行くとスムーズです。これらは未支給年金の請求のときにも使います。

受け取れる遺族給付の種類や請求に必要な書類などがわかったら、準備をして請求の手続きをします。請求せずに受け取れることはないので注意しましょう。

## 遺族給付の請求先と必要な書類

**遺族給付の請求先は、遺族基礎年金、死亡一時金《しぼういちじきん》、寡婦年金《かふねんきん》は原則として市区町村の年金担当窓口**です。

**そのほかの給付はすべて年金事務所や街角の年金相談センターで受け付けています。**公務員だった人などで、共済組合《きょうさいくみあい》への加入期間がある人も、遺族厚生年金の請求は一度で行うことができます。

請求に必要な書類は、問い合わせると一覧表をもらうことができますので、もれのないようにそろえましょう。

# 遺族給付を受け取るまでの流れ

## STEP 1 死亡の届け出をする

- 公的年金に加入していた人や受け取ることができる人が亡くなったら、死亡を届け出る。

**必要な書類**

- 亡くなったことを証明する死亡診断書など
- 亡くなった人の年金証書（年金を受け取っている人の場合）や年金手帳

- 年金を受け取っていた人が亡くなったら、未支給年金の請求をする（→P 162）。

**必要な書類**

- 亡くなった人の年金証書や年金手帳
- 受け取る人との関係が確認できる戸籍謄本など※
- 請求者の振込先の金融機関の通帳※※※
- 亡くなった人と生計を同じくしていたことを証明する書類（世帯員全員の住民票など）※※ など

## STEP 2 遺族給付の請求をする

- 遺族基礎年金（→P 148）や遺族厚生年金（→P 154）を受け取る権利があれば同時に請求する。

**必要な書類**

- 年金請求書
- 戸籍謄本※
- 年金手帳（基礎年金番号通知書）
- 世帯全体の住民票※※
- 亡くなった人の住民票（住民票の除票）※※
- 請求者の収入が確認できる書類※※
- 請求者の振込先の金融機関の通帳※※※
- 死亡診断書

など

※または法定相続情報一覧図の写し　※※マイナンバーを記入することで添付の省略可能。
※※※公金口座を利用する場合は口座の証明は不要（→P4）。

約２か月後

## STEP 3 年金証書・年金決定通知書が届く

- 遺族給付の内容を確認するだけでよい。

約50日後

## 遺族給付の最初の振込／死亡一時金、未支給年金は一括振込

死亡一時金、未支給年金は一括で、それ以外は老齢年金と同じく定期的に支給があります。

### 遺族給付の定期の振込

- 一時金以外は定期（2、4、6、8、10、12月に2か月分ずつ）に振り込まれる。

### ！ それぞれの届け出先

- 国民年金のみに加入中だった人 → 市区町村の役所・役場へ
- 厚生年金保険に加入中だった人 → 勤務先へ
- 年金を受け取っていた人 → 年金事務所へ

どうする？
こんなとき

### 遺族年金の手続きで死亡者の年金記録が見つかるとき

年金を受給していた親の手続きで年金事務所に行くと、氏名（旧姓を含む）の検索から亡くなった親の過去の加入履歴が見つかることがあります。過去にあった「年金記録問題」で宙に浮いた年金記録です。ご本人が亡くなっても過去の職歴から会社名や会社所在地がわかれば、死亡後でも年金を再計算し差額分を家族が未支給年金として受け取れます。また、遺族厚生年金を受け取れる場合、その額も増額します。数十年分さかのぼるケースもあり、数十万円になるケースもあります。あきらめずに記憶をたどりましょう。

障害のある人に支給される

# 障害年金ってどんなもの？

コレだけおさえる！

**1** 公的年金に加入中に障害を負った人のための年金

**2** 定められた障害等級に応じて年金や一時金が受け取れる

**3** 初診日と障害認定日が年金の種類や受け取り時期を決める

## 公的年金加入中に障害の状態になったときの年金

**公的年金に加入中に発生した病気やケガで障害の状態になったときに受け取れるのが障害給付《しょうがいきゅうふ》**です。遺族給付《いぞくきゅうふ》と同様に、継続的に受け取る年金と、一時金《いちじきん》があり、まとめて障害給付と呼んでいます（以下、障害年金《しょうがいねんきん》）。

障害の状態は、程度によって級を分ける**障害等級表《しょうがいとうきゅうひょう》**によって定められています。ただし、**対象となる傷病は幅広い**ため、当てはまるかどうかは、年金事務所《ねんきんじむしょ》や市区町村の年金担当窓口、障害年金専門の社会保険労務士《しゃかいほけんろうむし》などの専門家に相談するとよいでしょう。

**障害等級は、1級から3級と、3級より軽度な障害手当金《しょうがいてあてきん》の4種類**があります。障害等級の1級から3級には等級に応じた年金が、障害手当金は一時金が支給されます。

国民年金《こくみんねんきん》の第1号被保険者《ひほけんしゃ》、第3号被保険者が、障害等級の1級、2級に該当する場合は、障害基礎年金《しょうがいきそねんきん》が受け取れます。また、初診日に会社員や公務員だった人が、障害等級の1級、2級に該当する場合は、障害基礎年金に加えて障害厚《しょうがいこう》生年金《せいねんきん》が受け取れます。

障害厚生年金3級と障害手当金は、厚生年金保険独自の障害給付です。

## 初診日と障害認定日がポイントになる

障害年金には、2つのキーワードがあります。ひとつは**初診日**です。これは**障害の原因となった病気やケガで、初めて医師にかかった日**のことです。後々医師に証明書をもらう必要がある大事な日でもあります。

**初診日に国民年金に加入していれば障害基礎年金として請求し、厚生年金保険に加入していれば障害厚生年金や障害手当金の対象になります。**

もうひとつは**障害認定日《しょうがいにんていび》**です。障害の程度を定める日のことで、**初診日から1年6か月経った日か、その間に治った日**をさします。**障害認定日以降に障害年金を請求することができます。**

## 障害年金の種類と対象となる人

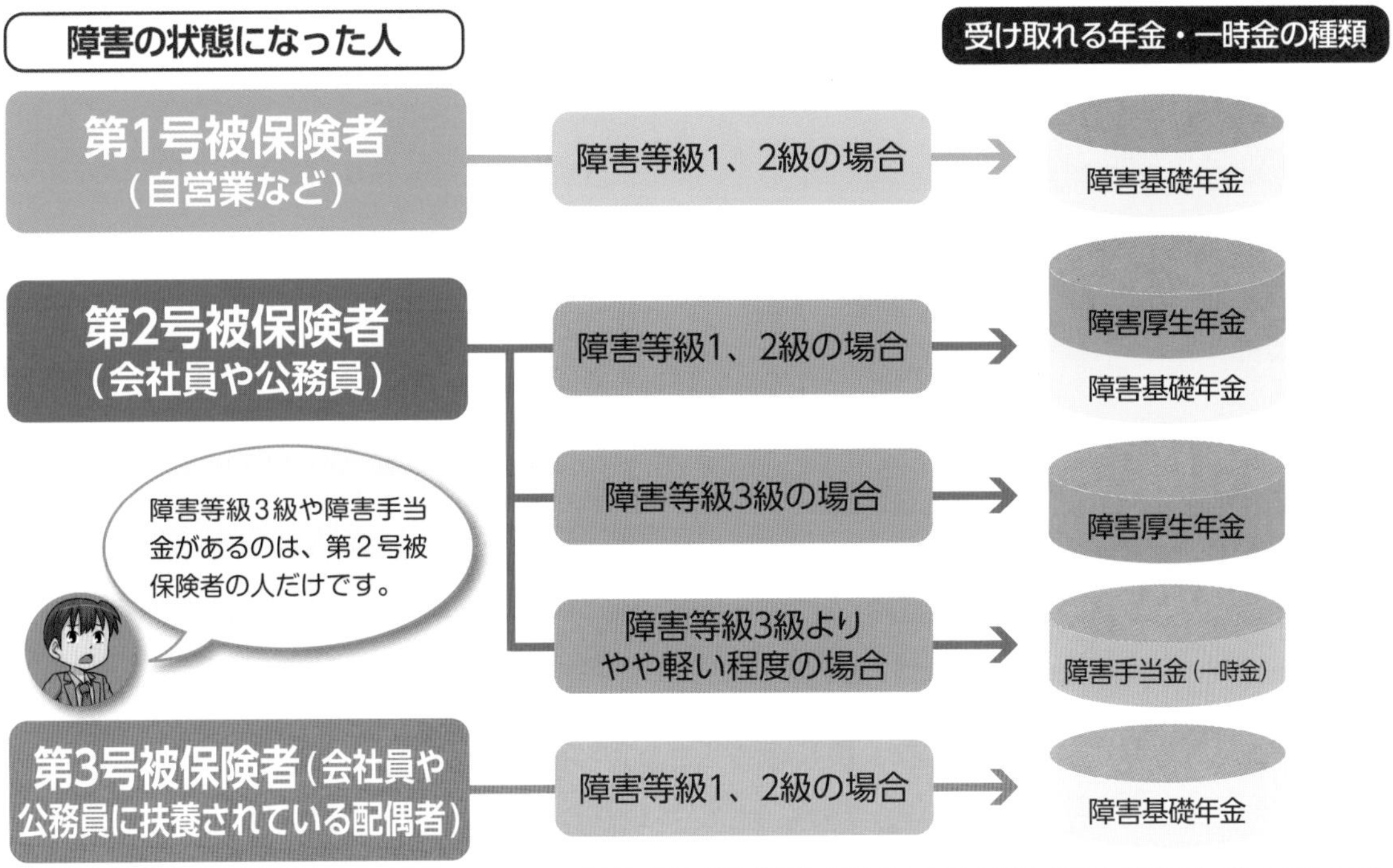

障害の状態になった人
受け取れる年金・一時金の種類
第1号被保険者（自営業など）
障害等級1、2級の場合
障害基礎年金
第2号被保険者（会社員や公務員）
障害等級1、2級の場合
障害厚生年金
障害基礎年金
障害等級3級の場合
障害厚生年金
障害等級3級より やや軽い程度の場合
障害手当金（一時金）
障害等級３級や障害手当金があるのは、第２号被保険者の人だけです。
第3号被保険者（会社員や公務員に扶養されている配偶者）
障害等級1、2級の場合
障害基礎年金


### 障害給付でポイントになる初診日と障害認定日

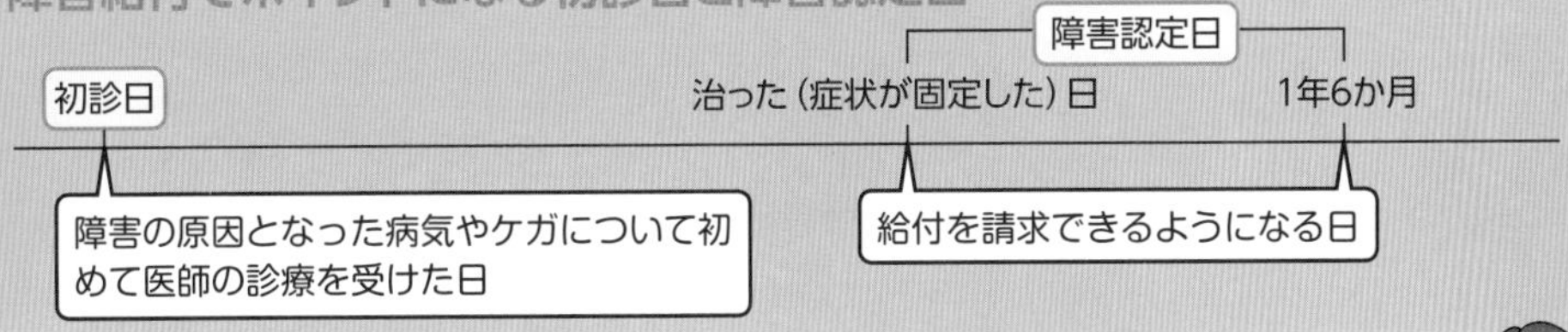

初診日
治った（症状が固定した）日
障害認定日
1年6か月
障害の原因となった病気やケガについて初めて医師の診療を受けた日
給付を請求できるようになる日


どうする？ こんなとき

### 初診日を証明する書類がないとき

障害年金を請求するときに、医師の診断書が必要となります。診断書を作成した医療機関と初診のときの医療機関が異なる場合は、初診日を明らかにする書類が必要となります。

2015年10月から、この初診日を確認する方法が広くなっています。

医師の作成する初診日を証明する書類が取れないときは、第三者が証明する書類などを提出することで、初診日として認められるかを審査してもらえるようになりました。

損しない！ よくある勘違い

### 障害認定日の「治った日」は一般的な「治る」ではない

障害の程度が確定する障害認定日。規定にある初診日から1年6か月が経過というのはわかりやすいのですが、「治った日」とはどういうことでしょうか。障害認定日の「治った日」とは病気やケガが回復したという意味ではありません。障害認定日の１年半を待たなくても、症状が固定してよくなる見込みがないと判断される場合で、次のような例です。

手足を切断したときは切断した日、心臓ペースメーカーを装着したときは装着した日、人工透析を開始してから3か月経過した日、人工肛門を造設したときから6か月経過した日などが、初診日より１年半以前ならその日が障害認定日となります。ほかの事例もありますので年金事務所で相談するとよいでしょう。

障害の等級と保険料の納付が決め手

# 障害基礎年金を受け取れるのはこんな人

コレだけおさえる!

**1**
初診日に国民年金に加入していること

**2**
障害認定日に1級、2級の障害に該当していること

**3**
保険料をきちんと納付していたことが受け取る条件

## 障害等級と子どもの数で金額が決まる

**障害基礎年金《しょうがいきそねんきん》は、国民年金《こくみんねんきん》に加入中に初診日《しょしんび》（↓P166）のある病気やケガで、1級または2級の障害の状態になったときに受け取れます。**

加入を終えた後でも、60歳以上65歳未満で日本国内に住んでいる場合は、障害基礎年金の対象となります。ただし、老《ろう》齢基礎年金《れいきそねんきん》をすでに受け取っている場合や65歳を過ぎてから初診日のある障害に対しては支給されません。

年金額は障害等級《しょうがいとうきゅう》によって決まり、**1級は102万円で月に8万5000円、2級は約81万円で月に6万8000円**を受け取ることができます（2024年度の額）。

**子がいるときは人数に応じた加算があります**。子とは、高校卒業にあたる年齢までの子、または障害等級1、2級の障害状態にある20歳未満の子のことです。

以前は、障害基礎年金を受け取れるようになった時点で生計を維持されていた（↓P123）子にのみの加算でしたが、2011年4月からは、**障害基礎年金を受け取れるようになった後に生まれた場合**にも申し出ると加算がつきます。

2019年10月から、所得が一定以下の年金受給者に、年金に上乗せして「障害《しょうがい》年金生活者支援給付金《ねんきんせいかつしゃしえんきゅうふきん》」が支給されます。

## 満たしていなければならない保険料の条件

障害基礎年金を受け取るには、加入から初診日のある月の前々月までのうち、**3分の2以上が保険料を納めていた期間（保険料を免除された期間も含む）**であることが必要です。この期間には会社員や公務員として厚生年金保険料を納めていた期間や第3号被保険者《ひほけんしゃ》として届け出をしていた期間も含めることができます。また、直近1年間についての条件を満たせばよい期間限定の特例もあります。

病気やケガをした後で国民年金保険料をさかのぼって納めても、その期間は納付済み期間としては認められないので注意しましょう。

## 障害基礎年金はいくら？

【注意】2024年度の年金額は2.7%の引き上げとなります。ここでは昭和31年4月2日以後生まれの人の年金額を掲載しています。

| | | |
|---|---|---|
| 障害基礎年金（2024年度） | ●障害等級1級の場合<br>年額 1,020,000円（月額85,000円） | ●障害等級2級の場合<br>年額 816,000円（月額68,000円） |

＋

| | |
|---|---|
| 子がいる場合の加算（2024年度） | ●子2人目までの加算額：1人につき、234,800円（月額19,566円）<br>●子3人目以降の加算額：1人につき、78,300円（月額6,525円） |

↓

**障害基礎年金の支給額**

障害基礎年金は定額で、子がいる場合は人数に応じて加算額があります。


## 障害基礎年金の対象になる人の保険料納付期間の条件

### 通常の保険料納付の期間の条件

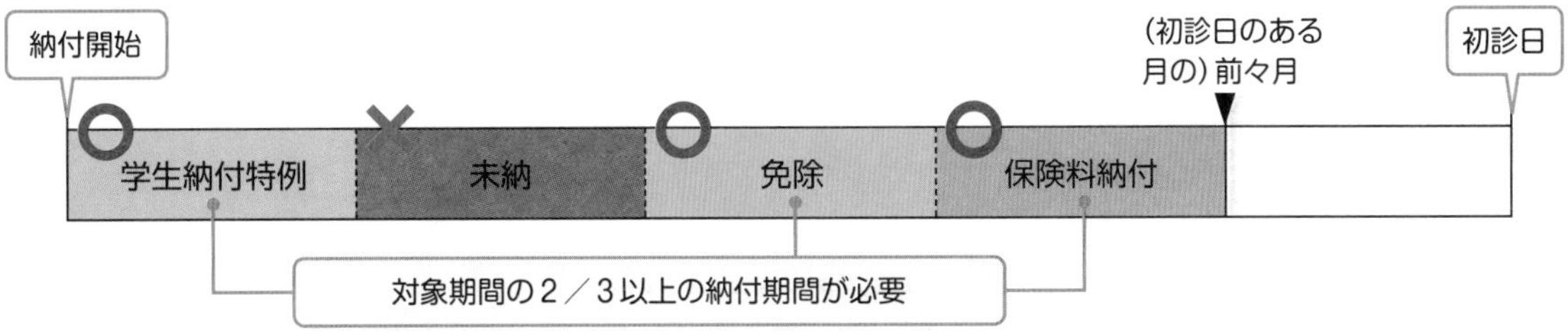

納付開始
（初診日のある月の）前々月
初診日
学生納付特例
未納
免除
保険料納付
対象期間の２／３以上の納付期間が必要


### 特例の保険料納付期間の条件

●65歳未満の人の場合

2026年3月31日までに初診日があること。

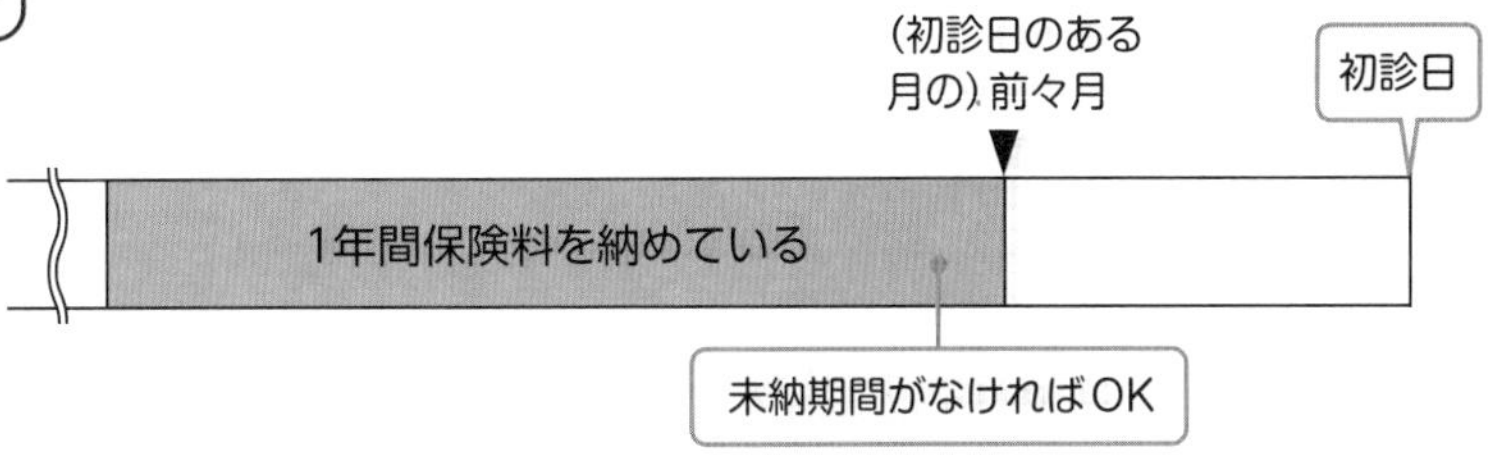

（初診日のある月の）前々月
初診日
1年間保険料を納めている
未納期間がなければOK


安心！ 先生からの一言

### 若い世代に最も関係の深い障害年金

公的年金の大きな特徴のひとつが、障害のある人への保障です。個人年金の場合は基本的には障害の保障はありません。

年金というと老後に受け取るものというイメージが強く、そんな遠い将来のことまで考えられないという若い世代は、保険料を納めることに抵抗を感じることもあるようです。でも障害年金を受け取っている20歳代の人は約25万人、30歳代の人は約42万人います。障害年金は、公的年金のなかでも若者に身近で関係の深い年金だといえます。

保険料をきちんと納めておくことで、障害年金を請求する権利が得られます。

障害年金の福祉的な支給

# 国民年金に加入する前の障害にも支給がある

コレだけおさえる！

**1** 20歳になる前に初診日がある障害にも20歳から障害給付がある

**2** ただし一定の収入がある場合は全額または半額が支給停止に

**3** 任意加入しなかった期間に初診日がある人には特別な給付がある

## 20歳になる前の病気やケガでの障害も保障

障害基礎年金《しょうがいきそねんきん》は、原則として国民年金《こくみんねんきん》に加入中に初診日のある病気やケガで障害の状態になったときに受け取れる年金です。しかし、**20歳になる前に初診日のある病気やケガで1級、2級の障害になっている人にも、福祉的な支給として障害基礎年金があります**。受け取り開始は**原則20歳になったとき**です。

この障害基礎年金を受け取ることができる人に一定以上の年間所得（↓左ページ）がある場合は、その金額に応じて年金の全額か、半額が支給停止となります。

なお、障害年金の1級または2級を受け取っている人は申請すると保険料の納付が免除となります。

## 任意加入しなかった人への特別障害給付金

もうひとつの福祉措置として、**特別障《とくべつしょう》害給付金《がいきゅうふきん》**という制度があります。これは国民年金への加入が任意だったために、任意加入《にんいかにゅう》していなかった期間に初診日のある病気やケガで1級、2級の障害の状態となっても、**障害基礎年金や障害厚生《しょうがいこうせい》年金《ねんきん》を受け取れない場合の特別給付**です。

対象となるのは、**1991年3月以前に任意加入の対象だった学生と1986年3月以前に任意加入の対象だった会社員や公務員に扶養されている配偶者で65歳に達する日の前日までにその障害状態に該当された人に限られます**。

受け取れる給付金額は、1級が月に約５万５０００円、2級が月に約４万４０００円です。こちらも受け取れる人に一定以上の年間所得がある場合は全額か、半額が支給停止となります。

また、給付金の額よりも多い額の老齢《ろうれい》年金《ねんきん》や遺族年金《いぞくねんきん》を受け取っている場合、特別障害給付金は支給されません。反対に老齢年金や遺族年金の額が低い場合は、その受給額分を差し引いた特別障害給付金を受け取ることができます。

特別障害給付金は、請求に必要な書類があるので、詳しくは提出先の住所地の市区町村役場に確認しましょう。

## 20歳になる前に初診日がある人の障害基礎年金の受け取りの流れ

### 障害認定日が20歳前になる場合

初診日 → 障害認定日 → 20歳 → 20歳の誕生日の前日が含まれる月の翌月から

障害基礎年金を受け取れる（請求が必要）

### 障害認定日が20歳になった後の場合

初診日 → 20歳 → 障害認定日 → 障害認定日の前日が含まれる月の翌月から

障害基礎年金を受け取れる（請求が必要）

20歳になる前に初診日がある人は条件や受け取りの流れが変わりますが、障害基礎年金の額自体は同じです。

## 特別障害給付金はいくら？

**受け取れる人**

1. 任意加入が可能だった期間に任意加入しておらず、給付対象の初診日がある。
2. 1991年3月以前の学生と1986年3月以前の会社員や公務員に扶養されている配偶者で、65歳までに1級または2級の障害の状態になっていること。
3. 障害基礎年金や障害厚生年金を受け取れる人は対象外。

**障害等級1級相当の場合**（2024年度）　年額 664,200円（月額 55,350円）

**障害等級2級相当の場合**（2024年度）　年額 531,360円（月額 44,280円）

### ！ 上記2つの給付には受け取る人に所得制限※がある

● 20歳になる前に初診日がある人の障害基礎年金、特別障害給付金を受け取る場合

| 扶養家族 | 所得制限額 | |
|---|---|---|
| 0人 | 3,704,000円 | 4,721,000円 |
| 1人 | 4,084,000円 | 5,101,000円 |
| 2人 | 4,464,000円 | 5,481,000円 |
| 3人 | 4,844,000円 | 5,861,000円 |
| | 上記の金額を超える所得額 ➡2分の1支給停止 | 上記の金額を超える所得額 ➡全額支給停止 |

※扶養家族4人目以降は1人につき38万円加算した金額が所得制限額になります。
※扶養家族が老人控除対象配偶者または老人扶養親族のときは1人につき48万円、特定扶養親族等のときは1人につき63万円加算されます。

20歳になる前の病気やケガによる障害でも、20歳になると障害基礎年金を受け取ることができます。でも、本人が保険料を納付していないことから、所得に制限があります。

2人世帯の場合を例にとると、所得額が4,084,000円を超える場合は年金額の半分が支給停止となり、5,101,000円を超えると全額が支給停止となります。

この金額は扶養している家族の人数や年齢などにより増減します。また、所得とは所得控除が引かれた金額で、年収ではありません。

※所得制限額は2021年10月から変更されました。

障害厚生年金には配偶者への加算がある

# 会社員や公務員の障害年金はいくら？①

コレだけおさえる！

1. 初診日には厚生年金保険に加入していること
2. 障害認定日に１級～３級の障害に該当していること
3. 保険料をきちんと納付していること

## 障害基礎年金に上乗せする障害厚生年金

厚生年金保険《こうせいねんきんほけん》に加入中に初診日（↓Ｐ１６６）のある病気やケガで１級、２級の障害となったときは、**障害基礎年金《しょうがいきそねんきん》と障害厚生年金《しょうがいこうせいねんきん》の両方を受け取ることができます。**

１級、２級よりも障害等級《しょうがいとうきゅう》の軽い**３級障害厚生年金**や、一時金の**障害手当金《しょうがいてあてきん》**もあります（↓Ｐ１７４）。

障害厚生年金や障害手当金を受け取るためには、障害基礎年金の保険料納付の条件（↓Ｐ１６８）を満たしていることが必要です。加入から初診日のある月の前々月までのうち3分の2以上が保険料を納めていた期間（免除《めんじょ》された期間も含む）であることです。

障害厚生年金は、老齢厚生年金《ろうれいこうせいねんきん》（↓Ｐ88）と同様に、**保険料を納めた期間や額に応じて年金の額が決まる報酬比例《ほうしゅうひれい》の年金です。**本来の額と従前額《じゅうぜんがく》を計算して比較し、高いほうを受け取ります（選択はできません）。**2級が老齢厚生年金と同じ計算式で、1級はその1・25倍**となっています。

## 1級・2級には加給年金がある

障害基礎年金と障害厚生年金を受け取ることができる障害等級１・２級の人に、生計を維持されている（↓Ｐ１２３）配偶者がいる場合は、年間約23万円、月にして約2万円の加給年金《かきゅうねんきん》が支給されます。

以前は、障害厚生年金を受け取ることができるようになった時点で、生計を維持されている配偶者がいた場合のみ、加給年金が支給されました。２０１１年４月から、**年金を受け取れるようになった後に結婚などにより生計を維持することになった配偶者も対象**となっています。

加給年金を受け取れる年齢は老齢厚生年金の加給年金（↓Ｐ１２２）と同じで**65歳になるまで**です。**配偶者が老齢厚生年金（20年以上の加入期間）や障害年金を受け取っている場合、加給年金は支給停止**となります。

## 障害厚生年金はいくら?

1級障害厚生年金 ＝ 2級障害厚生年金の額 × 1.25

または

2級障害厚生年金 ＝ 「本来の額」か「従前額」どちらか高いほうの支給額

**本来の額**

平均標準報酬月額 × 7.125/1000 × 2003年3月までの加入月数※1

＋

平均標準報酬額 × 5.481/1000 × 2003年4月以後の加入月数※1

**従前額**

（平均標準報酬月額 × 7.5/1000 × 2003年3月までの加入月数※1

＋

平均標準報酬額 × 5.769/1000 × 2003年4月以後の加入月数※1）

× 1.041※2

※1：被保険者期間が300月（25年）未満の場合は、300月とみなして計算します。
※2：昭和13年4月1日以前に生まれた人は、1.043で計算します。

平均標準報酬月額…加入期間の標準報酬月額をすべて足して加入月数で割った額

平均標準報酬額……ボーナス（賞与）も含めて、加入期間の標準報酬月額をすべて足して加入月数で割った額

＋

配偶者がいる場合の加算（加給年金）　年額 234,800円（月額19,566円）

↓

障害厚生年金の支給額

安心! 先生からの一言

### 2011年4月の改正で加算がつく人が増えた

障害厚生年金を受け取る人には配偶者の加算、障害基礎年金を受け取る人には子（→P168）の加算があります。この加算のルールは2011年4月から変更になっています。

以前は障害年金を受け取れるようになった時点で生計を維持していなければ、加算がつかなかったのですが、結婚や出産により後から生計を維持するようになった場合も加算が認められることになっています。

2011年3月までは、後から生計を維持するようになったために加算がつかなかった人も、これから受け取る給付については加算の対象となるので、まだ申請をしていない人は年金《ねんきん》事務所《じむしょ》に相談してみましょう。

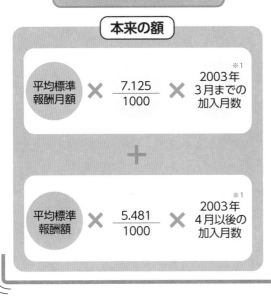

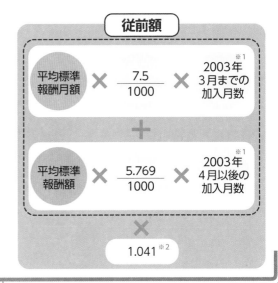

1・2級より程度の軽い人への給付

# 会社員や公務員の障害年金はいくら？❷

コレだけおさえる！

**❶** 障害等級３級とそれより軽い障害の人への障害給付がある

**❷** 障害厚生年金３級と障害手当金には障害基礎年金はない

**❸** 年金額が低いことを考慮して最低保障額がある

## 障害等級3級には最低保障額がある

厚生年金保険《こうせいねんきんほけん》に加入中に、初診日（→Ｐ１６６）のある病気やケガで、**3級の障害となったときには、障害厚生年金《しょうがいこうせいねんきん》を受け取ることができます。**

3級の年金額の計算方法は2級と同じですが、その額が61万２０００円に満たない場合は、61万２０００円が支給される**最低額の保障があります。**また、２級と異なるのは障害基礎年金《しょうがいきそねんきん》と配偶者の加給年金《かきゅうねんきん》がないことです。

3級の受給要件も1級、２級の場合と同じです（→Ｐ１７２）。請求書類などの提出先は近くの年金事務所《ねんきんじむしょ》または共《きょう》済組合《さいくみあい》です。

## 3級よりも軽い障害の一時金 障害手当金

病気やケガが厚生年金保険に加入中の初診日から5年以内に治り（→Ｐ１６７）、**障害等級3級よりもやや程度の軽い障害が残ったときに障害手当金《しょうがいてあてきん》という一時金《いちじきん》が支給**されます。

支給額は、障害厚生年金２級の計算方法で算出された額（→Ｐ１７３）の2倍となりますが、その額が１２２万４０００円に満たない場合は、１２２万４０００円が支給される最低保障があります。

3級より軽い障害としては、視力の低下や視野の狭窄《きょうさく》、片耳の聴力低下、上肢《じょうし》や下肢《かし》の指の欠損《けっそん》などがあります。

障害手当金の受給要件は、厚生年金保険の被保険者《ひほけんしゃ》である間に、障害の原因となった病気やケガの初診日《しょしんび》があること、障害の状態が、初診日から5年以内に治っていること、障害等級表《しょうがいとうきゅうひょう》に定める障害の状態であること、保険料の納付要件を満たしていること（→Ｐ１７２）となっています。

**なお、受給要件を満たしても、国民年金《こくみんねんきん》や厚生年金からの給付、労働者災害補償保険《ろうどうしゃさいがいほしょうほけん》の障害補償給付《しょうがいほしょうきゅうふ》を受けている場合などは支給されません。**

請求は障害年金として請求します。請求書類などの提出先は、近くの年金事務所または共済組合です。

【注意】2024年度の年金額は2.7％の引き上げとなります。ここでは昭和31年4月2日以後生まれの人の年金額を掲載しています。

## 障害厚生年金を受け取れる人の障害基礎年金と障害厚生年金まとめ

【注意】2024年度の年金額は2.7%の引き上げとなります。ここでは昭和31年4月2日以後生まれの人の年金額を掲載しています。

| | 障害等級1級 | 障害等級2級 | 障害等級3級 | 3級よりもやや軽い程度 |
|---|---|---|---|---|
| 厚生年金保険 | 障害厚生年金<br>2級の年金額×1.25 | 障害厚生年金<br>報酬比例（→P173）で計算 | 障害厚生年金<br>2級の年金額 | 障害手当金（一時金）<br>2級の年金額×2.0 |
| | ●配偶者がいるとき<br>加給年金　年額234,800円（月額19,566円） | | 最低保障額<br>年額612,000円<br>（月額51,000円） | 最低保障額<br>一括1,224,000円 |
| | ＋ | ＋ | | |
| 国民年金 | 障害基礎年金<br>1,020,000円<br>（月額85,000円） | 障害基礎年金<br>816,000円<br>（月額68,000円） | | |
| | ●子がいるとき<br>1・2人目　各年額234,800円（月額19,566円）<br>3人目以降　各年額78,300円（月額6,525円） | | | |

※なお、65歳以上で厚生年金に加入中の人が病気やケガで障害厚生年金を受け取ることができる場合、1級と2級に該当しても障害基礎年金は加算されません。

### ！ 障害厚生年金1級、2級の人が65歳になると受け取れる例外のかたち

例外①

老齢厚生年金
＋
障害基礎年金

例外②

遺族厚生年金
＋
障害基礎年金

### 飲酒運転をして障害を負ってしまった

障害給付を請求するときに、障害となった原因によっては特別な書類を用意しなくてはならない場合があります。

そのうちのひとつが第三者行為です。第三者行為とは、交通事故にあった、けんかに巻き込まれた、他人の飼い犬にかまれたなどの事故や事件のことです。被害者であれば障害給付の対象となり得ますが、故意に起こした事故や事件の場合は、障害を負っても障害給付は支給されません。たとえば飲酒運転で交通事故を起こした場合は給付が受け取れません。

ほかにも、医師の診察を拒んだ、療養の指示にしたがわなかったといった場合も、障害給付の対象から外れたり、等級が下がったりすることがあります。

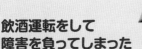

障害給付に起こり得るさまざまな変化

# ほかにも受給できるおもなケース

コレだけおさえる！

**1** 障害の程度が重く／軽くなったときは年金額が変更になる

**2** 障害が重くなったことで後から障害年金の対象となることもある

**3** 複数の障害があるときは合わせて認定される

## 障害の程度が変わったときは給付も変更

障害年金《しょうがいねんきん》を受け取っている間に、障害の程度が重くなったり軽くなったりして**障害等級《しょうがいとうきゅう》が変わった場合は、年金額が変更となります。**これを**年金額の改定**といいます。改定は、障害年金を受け取っている人が定期的に提出することになる診断書で審査されます。**障害が軽くなり、障害等級に当てはまらなくなれば、障害年金は支給停止**となります。

ただし、その後、また障害等級に当てはまるようになると、**請求すれば再び受け取れるようになっています。**このような改定の請求は、**3級の障害厚生年金を受け取っている人は65歳になるまで**と制限があります。ただし、**過去に一度でも障害等級2級以上になったことのある人は、65歳を過ぎても改定の請求をすることができます。**

障害認定日《しょうがいにんていび》（↓Ｐ１６６）基準では当てはまらなくても、後から障害年金を受け取れるようになる人もいます。初診日から1年6か月が経過した障害認定日には障害等級に当てはまらなかった人が、その後**65歳になるまでの間に障害が悪化して障害等級の3級以上となったとき**は、請求することで障害厚生年金が受け取れるようになります。これを**事後重症《じごじゅうしょう》**といいます。

## 障害の状態が複数あるときの障害等級

障害等級1級、2級の障害年金を受け取っている人が、別の病気やケガにより1級、2級の障害年金を受け取れるようになっても、**障害年金は2倍にはなりません。**両方の障害を合わせて**新たな障害等級を認定し、ひとつの障害年金を受け取る**ことになります。これを**併合《へいごう》**といいます。

2つの障害があるものの、それぞれ単独では障害等級には該当しないことがあります。この場合は、**2つあわせて1級または2級に該当すれば、障害年金を受け取ることができます。**これを**基準障害《きじゅんしょうがい》**といいます。

## 障害の程度の変化と年金額の改定のおもなパターン

**事後重症** ➡ 障害認定日では当てはまらなくても、その後悪化し障害等級に当てはまった場合

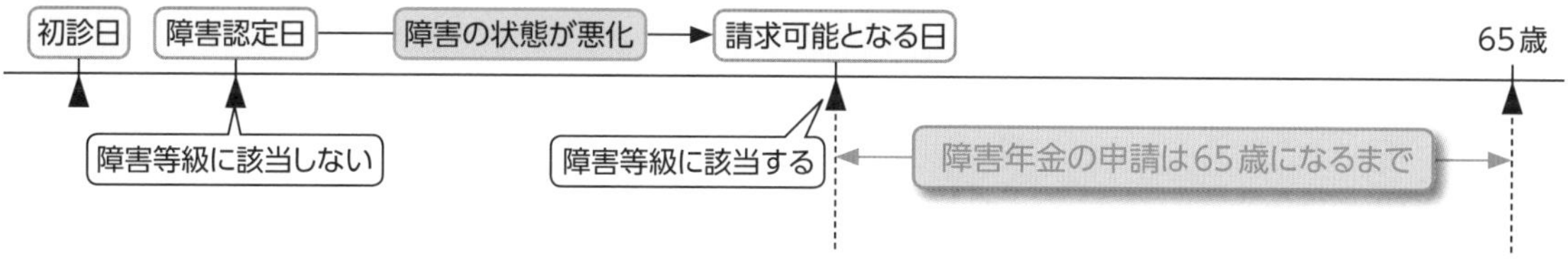

初診日
障害認定日
障害の状態が悪化
請求可能となる日
65歳
障害等級に該当しない
障害等級に該当する
障害年金の申請は65歳になるまで


**併　合** ➡ 障害等級1・2級の人が別の病気やケガの状態をあわせて別の等級になる場合

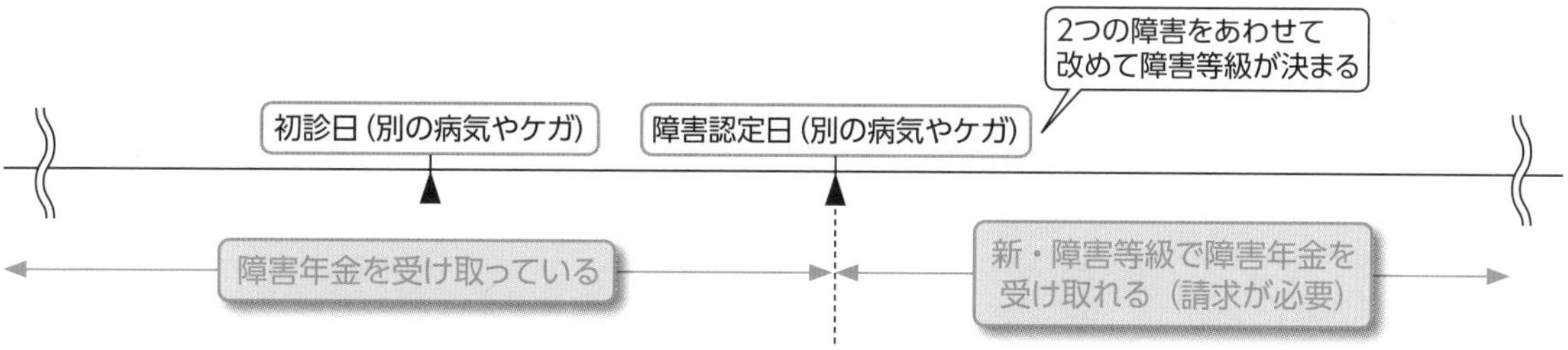

2つの障害をあわせて
改めて障害等級が決まる
初診日（別の病気やケガ）
障害認定日（別の病気やケガ）
障害年金を受け取っている
新・障害等級で障害年金を
受け取れる（請求が必要）


**基準障害** ➡ 障害等級に当てはまらない人が複数の病気やケガの状態をあわせると当てはまる場合

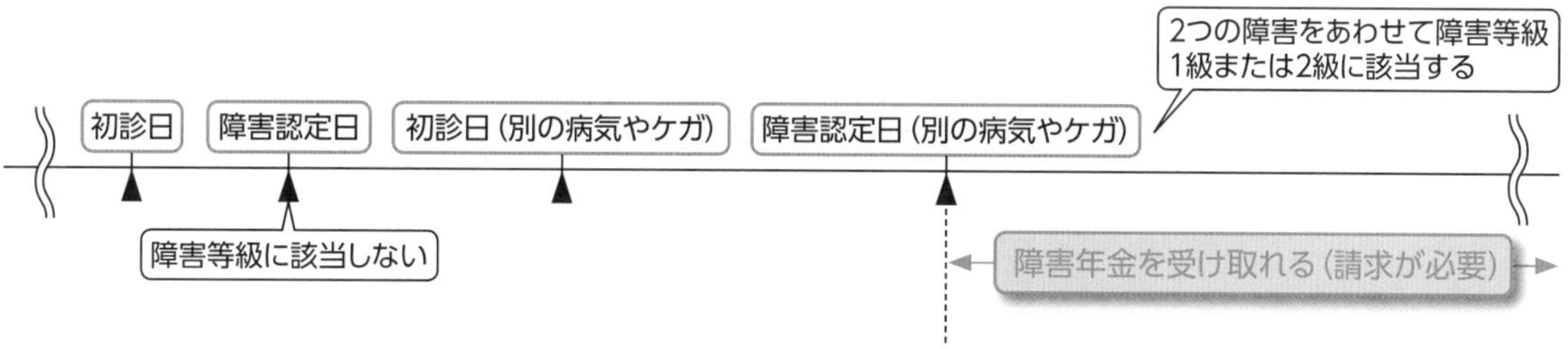

2つの障害をあわせて障害等級
1級または2級に該当する
初診日
障害認定日
初診日（別の病気やケガ）
障害認定日（別の病気やケガ）
障害等級に該当しない
障害年金を受け取れる（請求が必要）

安心！ 先生からの一言

### 障害の状態が急に重くなったときはすぐに請求できる

障害給付を受け取っていて、障害の状態がさらに重くなったときは障害等級を上げるための請求をします。このようなときの請求は、以前は障害年金を受け取れるようになった日か年金額の改定の日から1年が経たないと行えませんでした。しかし2014年4月からは、障害の程度が明らかに重くなっていることが確認できる場合は、傷病により1年を待たなくても請求できるケースがあります。年《ねん》金《きん》事《じ》務《む》所《しょ》に相談しましょう。

どうする？ こんなとき

### 仕事中の病気やケガで、障害の状態になってしまった

仕事中や通勤中の病気やケガで障害の状態になった場合は、労《ろう》災《さい》保《ほ》険《けん》（労《ろう》働《どう》者《しゃ》災《さい》害《がい》補《ほ》償《しょう》保《ほ》険《けん》）の障害給付も受け取れることがあります。

労災保険の給付にはいくつかの種類があり、年金を受け取れる場合は、厚生年金保険の障害給付は全額支給、労災保険の障害年金は一部が減額となります。ただし、労災の特別支給金は福祉的な目的で支給されるため、満額受け取れます。労災請求の手続きは労《ろう》働《どう》基《き》準《じゅん》監《かん》督《とく》署《しょ》で行います。なお、提出書類には勤務先の署名が必要になります。

障害を証明する書類が必要

# 障害給付の手続きのしかた

コレだけおさえる！

**1** 障害基礎年金のみなら市区町村へ、そのほかは年金事務所が対応

**2** 障害給付の請求書のほか医師の診断書などの書類が必要

**3** 決定内容に不服がある場合は申し立てて再審査してもらえる

## まずは年金事務所などで相談して

障害給付《しょうがいきゅうふ》を受け取るには請求が必要です。**請求のための書類の提出先は、年金事務所と街角の年金相談センターであれば、共済組合《きょうさいくみあい》をのぞく障害給付に対応してもらえます。**20歳になる前に初診日がある人（→P170）や国民年金《こくみんねんきん》に加入中に初診日がある人は障害基礎年金《しょうがいきそねんきん》のみの受給となるので、住んでいる市区町村の年金担当窓口でも受け付けています。

障害給付の内容の決定は請求した後になります。しかし、加入状況の確認や受けられる給付の種類を事前に知って請求する必要がありますので、**まずは年金事務所や街角の年金相談センター、市区町村の担当窓口へ相談に行きましょう。そこで必要な書類も確認できます。**

## 障害給付の請求に必要な書類

障害給付の請求にはまず**年金請求書《ねんきんせいきゅうしょ》**が必要です。

請求書のほかに必ず必要になるものは、**①年金手帳、②生年月日を証明するための戸籍抄本等、③障害の状況を証明するための医師の診断書、④病歴・就労状況等申立書**です。医師の診断書は障害の内容に応じて8種類あります。申立書は病状や日常生活の状況や就労についてなどを記入するものです。どちらも様式が決まっていて、**年金請求書や用紙は年金事務所のほか、日本年金機構《にっぽんねんきんきこう》のホームページから出力することができます。**

このほかにも、生計を維持している配偶者や子がいれば、それを証明する書類（住民票など）、年金を受け取っているときは年金証書なども必要となります。

請求手続きをすると、**約3か月後に支給されるかどうかの通知が届きます。**通知される障害等級《しょうがいとうきゅう》は、請求側が思っていたのとは異なることもあります。そんなときは、**審査請求**といって**3か月以内であれば不服の申し立てができます。**請求先は、年金事務所か、全国8か所にある地方厚生局《ちほうこうせいきょく》の**社会保険審査官《しゃかいほけんしんさかん》**です。

# 障害給付を受け取るまでの流れ

## STEP ❶ 初診日を確認する

- 障害の原因となった病気やケガで医師の診療を受けた日を確認する。

## STEP ❷ 障害認定日の障害の状態を確認する

- 初診日から1年6か月経った日または期間内の治った日から請求できるようになる。
- 障害給付の請求の相談に行き（年金事務所や街角の年金相談センター、市区町村の担当窓口）、保険料の納付要件を調べてもらう。また、必要な書類について確認する。

## STEP ❸ 障害給付の請求をする

- 年金請求書に必要事項を記入して提出する。

マイナンバーを記入することにより省略できる添付書類もあります。

**どの請求にも必要な書類**

- 年金請求書
- 年金手帳（基礎年金番号通知書）
- 戸籍抄本等
- マイナンバー
- 医師の診断書
- 振込先の金融機関の通帳※
- 申立書 など

※公金口座を利用する場合は口座の証明は不要です（→P5）。

約3か月後

## STEP ❹ 年金証書・年金決定通知書・届出・手続きの手引きが届く

- 障害等級の通知内容を確認する。
- 不服の申し立てをする場合は通知が届いた日から3か月以内に審査請求の手続きを行う。

約1、2か月後

## 障害年金の最初の振込（一時金の場合は一括振込）

約2か月後以降

### 障害年金の定期の振込

- 一時金以外は定期（2、4、6、8、10、12月に2か月分ずつ）に振り込まれる。

### ！ それぞれの届け出先

- 国民年金のみに加入中だった人 ➡ 市区町村の役所・役場へ
- 厚生年金保険に加入中だった人
  ➡ 年金事務所または所属していた共済組合へ
- 年金を受け取っていた人 ➡ 年金事務所へ
- 審査請求する場合
  ➡ 年金事務所か、地方厚生局の社会保険審査官へ

### どの年金でも行える審査請求

年金の決定に不服があるときの審査請求は障害年金だけでなく、老齢年金《ろうれいねんきん》や遺族年金《いぞくねんきん》についても同様に行うことができます。

審査請求の進め方は、年金事務所や街角の年金相談センターで教えてもらうことができます。難しいと感じる場合は、社会保険労務士《しゃかいほけんろうむし》に相談する方法もあります。

審査請求をした後の決定に対して、さらに不服があるときは、2か月以内に再審査請求をすることができます。この場合の請求先は厚生労働省のなかに設置されている社会保険審査会です。

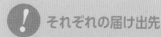

# 全員に届く ねんきん定期便は、ココを見て！

年金制度に加入するすべての人にあてて、日本年金機構から毎年誕生月に「ねんきん定期便」が送られてきます。ハガキのかたちをしていますが、はがして開くことができますので、必ず中面を確認してください。

※ねんきんネット（→P182）を利用して電子版「ねんきん定期便」（PDFファイル）を受け取る方法もあります。

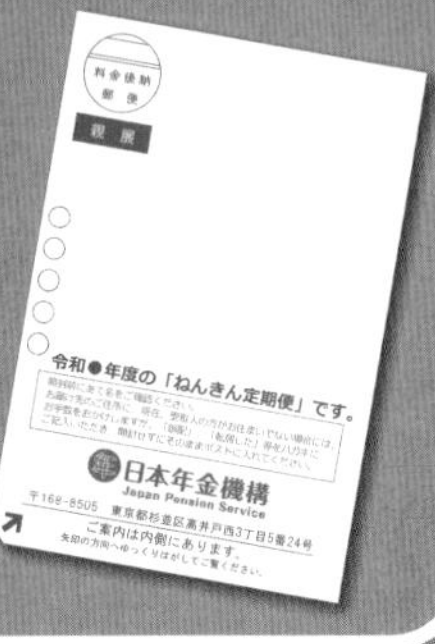


## ねんきん定期便（ハガキタイプ）は3種類

### ●50歳未満の人

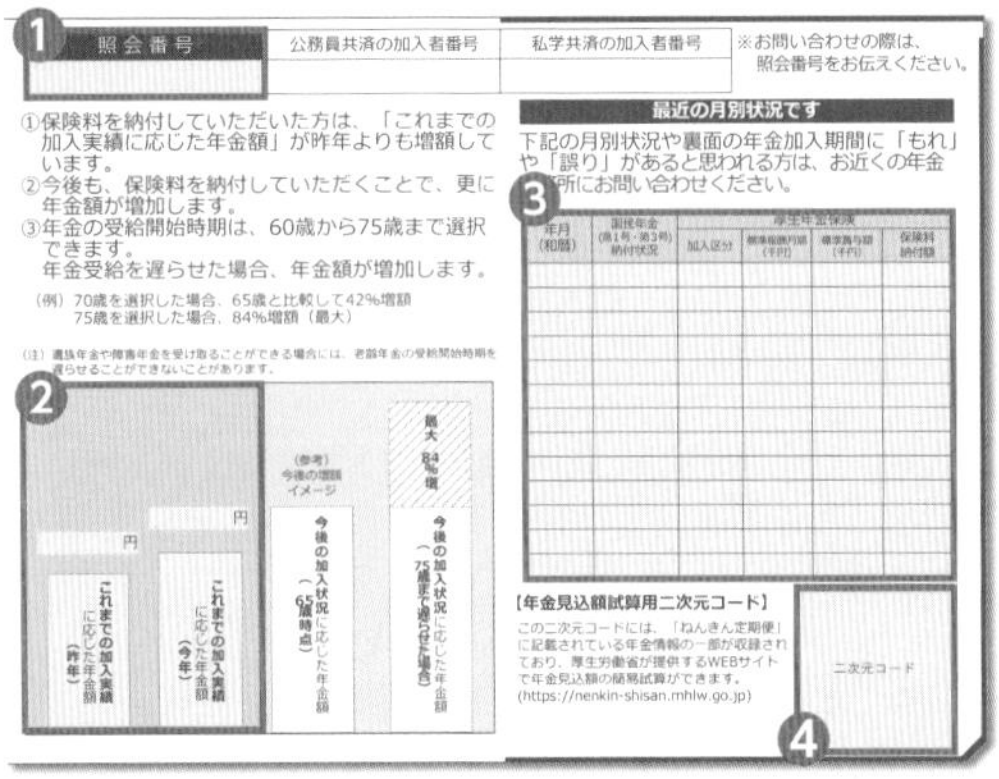


❶電話で年金相談をするときに聞かれる番号

❷加入した期間に応じた年金額。保険料を納め続けていれば、昨年より今年のほうが、年金額が増えていることがわかる

❸最近1年間の月別の保険料納付状況。実際と異なる月がないか、確認を

❹コードから厚生労働省の「公的年金シミュレーター」（→P182）にアクセスし、年金見込額の簡易試算をすることができる

❺これまでに納めた保険料納付額の、制度ごとの累計と合計を見ることができる

❻これまでの年金加入期間を、制度や種別ごとに見ることができる

❼現時点での加入実績に応じた年金額

❽ねんきんネットに登録するときに使う17桁の番号（アクセスキーがなくても、ねんきんネットに登録することはできる）

❾読み取ると、年金加入記録を音声で聞くことができる

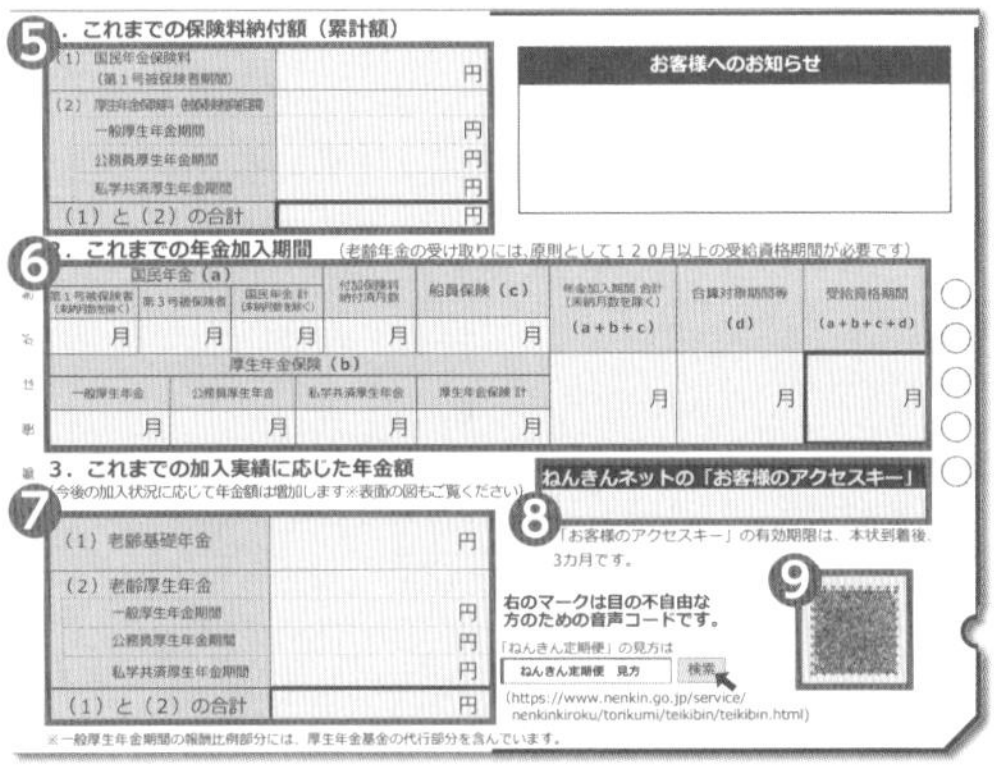


### ●50歳以上の人

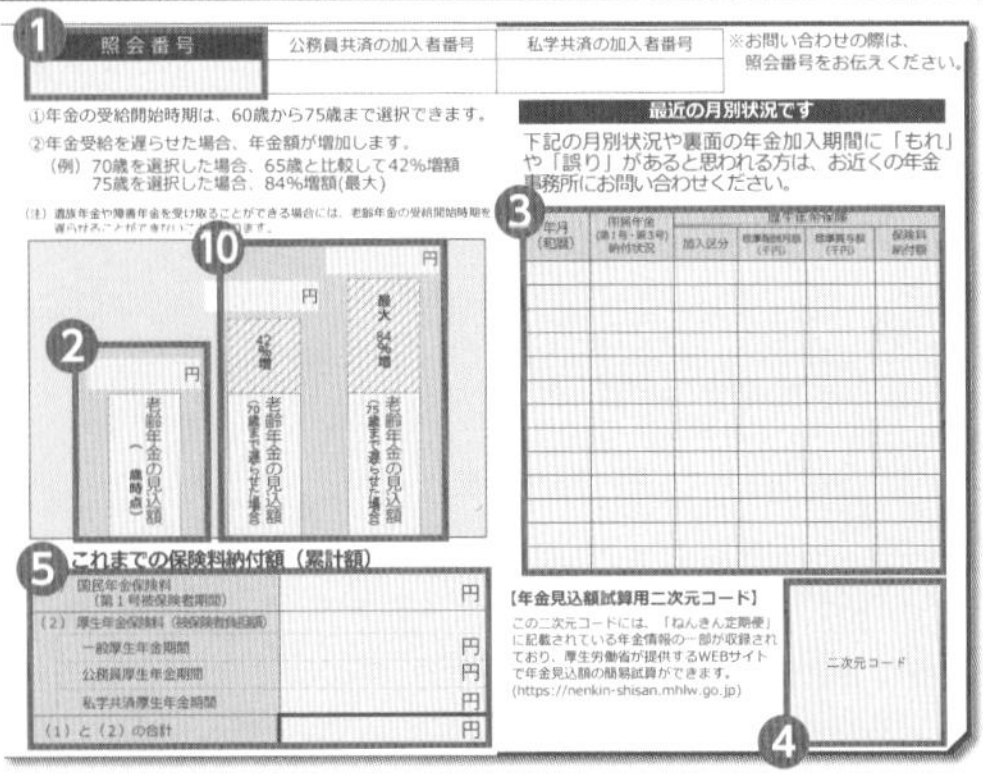


❶電話で年金相談をするときに聞かれる番号

❷60歳未満の人は、60歳まで継続して加入すると仮定した65歳からの年金見込額、60歳以上の人は加入実績に応じた65歳からの年金見込額

❸最近1年間の月別の保険料納付状況。実際と異なる月がないか、確認を

❹コードから厚生労働省の「公的年金シミュレーター」にアクセスし、年金見込額の簡易試算をすることができる

❺これまでに納めた保険料納付額の、制度ごとの累計と合計を見ることができる

❻これまでの年金加入期間を、制度や種別ごとに見ることができる

❼特別支給の老齢厚生年金を受け取ることができる人は65歳になる前と後で年金額が異なる

❽ねんきんネットに登録するときに使う17桁の番号（アクセスキーがなくても、ねんきんネットに登録することはできる）

❾読み取ると、年金加入記録を音声で聞くことができる

❿繰下げ受給で70歳、75歳まで遅らせた場合の年金見込額

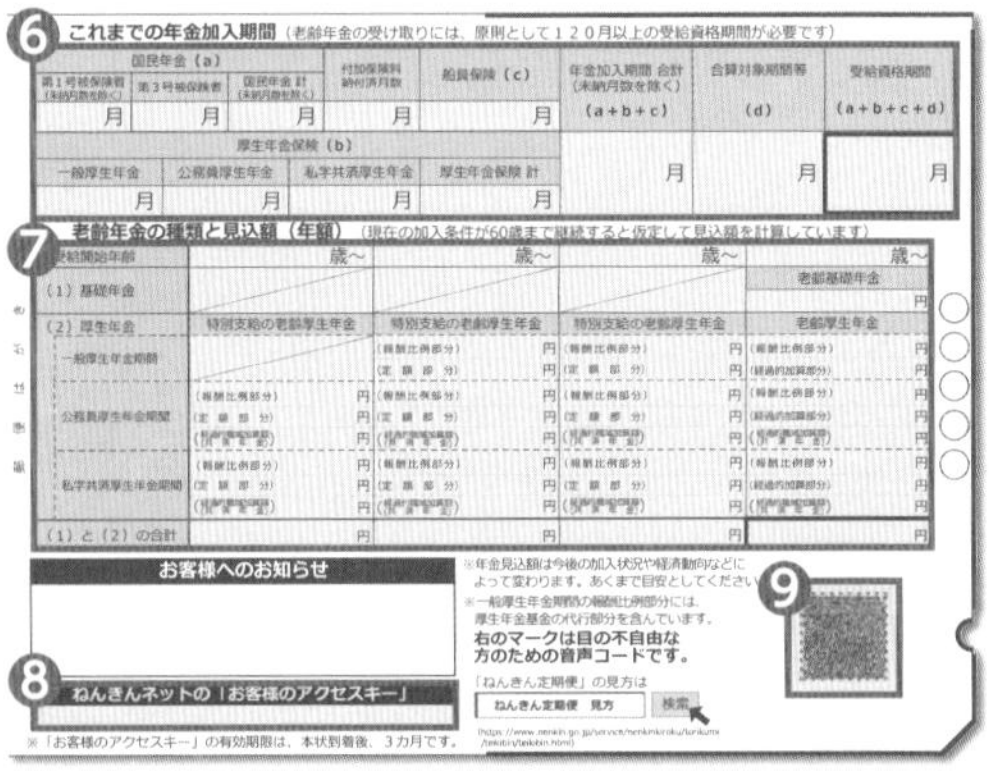

## ●年金保険料を納めながら老齢年金を受給している人

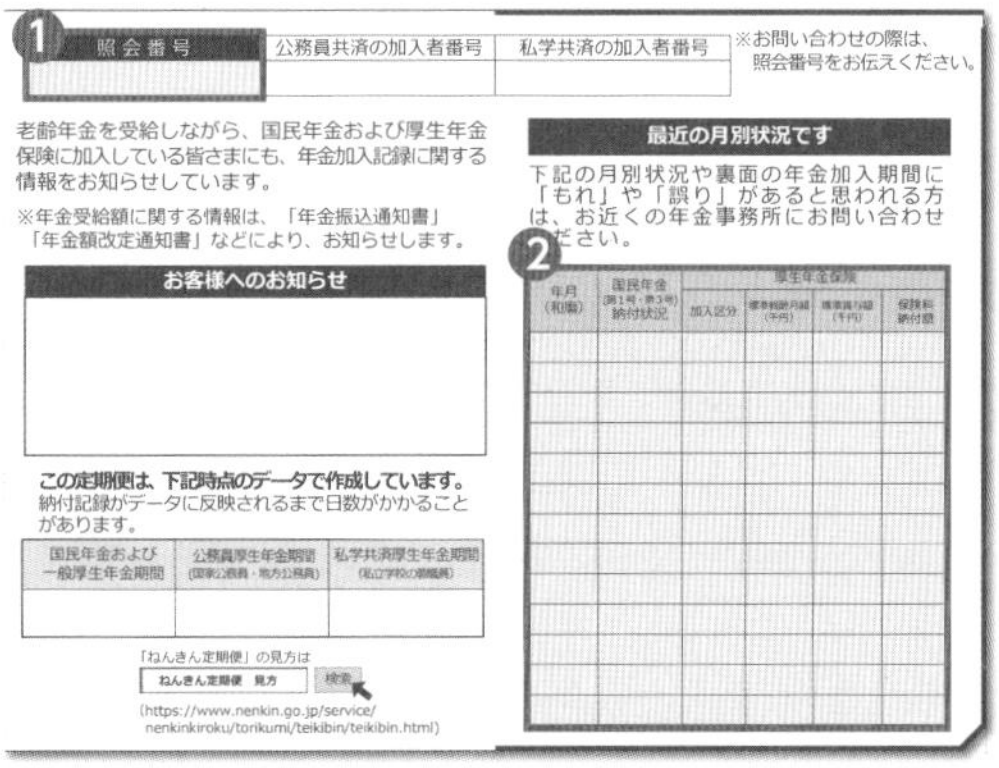


❶電話で年金相談をするときに聞かれる番号
❷最近１年間の月別の保険料納付状況。実際と異なる月がないか、確認を

❸これまでに納めた保険料納付額の、制度ごとの累計と合計を見ることができる
❹これまでの年金加入期間を、制度や種別ごとに見ることができる
❺ねんきんネットに登録するときに使う17桁の番号（アクセスキーがなくても、ねんきんネットに登録することはできる）
❻読み取ると、年金加入記録を音声で聞くことができる

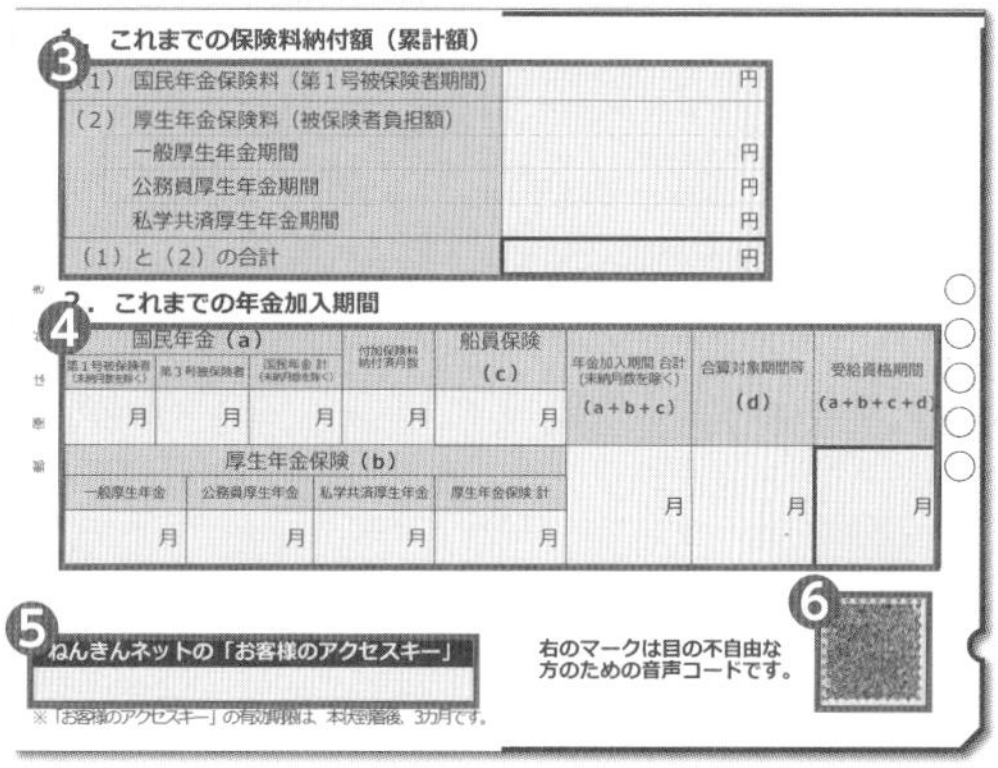


## 35歳・45歳・59歳の人には封書が届きます

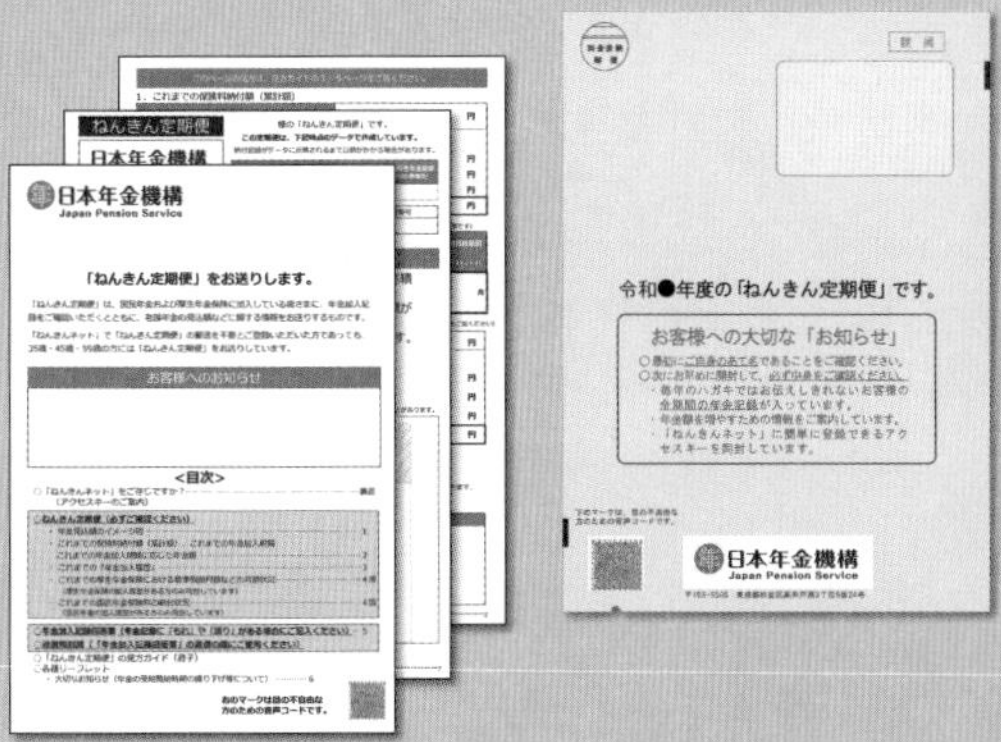


封書の中には「ねんきん定期便」「見方ガイド」各種リーフレットなどの大切なお知らせが入っています。

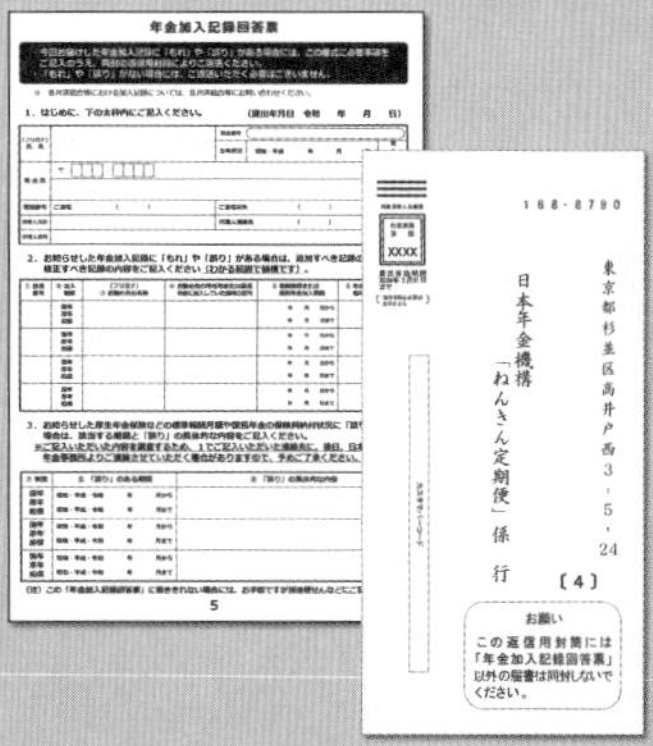


加入記録に「もれ」や「誤り」がある場合は、同封の返信用封筒に「年金加入記録回答票」を入れて郵送してください。

### ねんきん定期便ができたわけ

受け取る年金の額は、納付する月数や働いているときの給与（標準報酬月額）等で決まります。もしも、合計月数に漏れがあったり、誤った報酬額で年金が計算され、年金額が決定してしまうと大変です。

このようなことを防ぐために、毎年個人ごとに、納付の状況を確認してもらうためのツールとしてねんきん定期便ができました。老齢年金を受給するまでには、長期間にわたり保険料を納めます。封書のねんきん定期便には、20歳から、または働き始めたところからの、すべての記録が封入されています。自分の歴史を振り返りながら、また将来の年金額を参考に、老後のマネープランを計画するなど上手に利用してみましょう。

いつでも、どこでもアクセスできる!

# ねんきんネットの活用術

「ねんきんネット」はパソコンやスマホからインターネットを通じて自分の年金に関する情報を確認できるサービス。年金事務所などに行く手間を省くことができ、24時間利用できるので、とても便利です。

## ねんきんネットで年金を試算

ねんきんネットでは、自分が受け取る年金の見込額を試算することができます。「いくらくらいになるか」を知るだけでなく、この先の加入期間が自営業の場合と会社員の場合の試算など、老後のマネープランを考えるときの参考にすることができます。

### ●かんたん試算

現在の加入条件が60歳になるまで続くと仮定して老後の年金の見込額を計算します。画面のクリックだけで、すばやく見込額を試算できます。

### ●詳細な条件で試算

今後の働き方、受給開始年齢、未納分を今後納付した場合などの条件を設定して、詳細な条件で試算をすることができます。

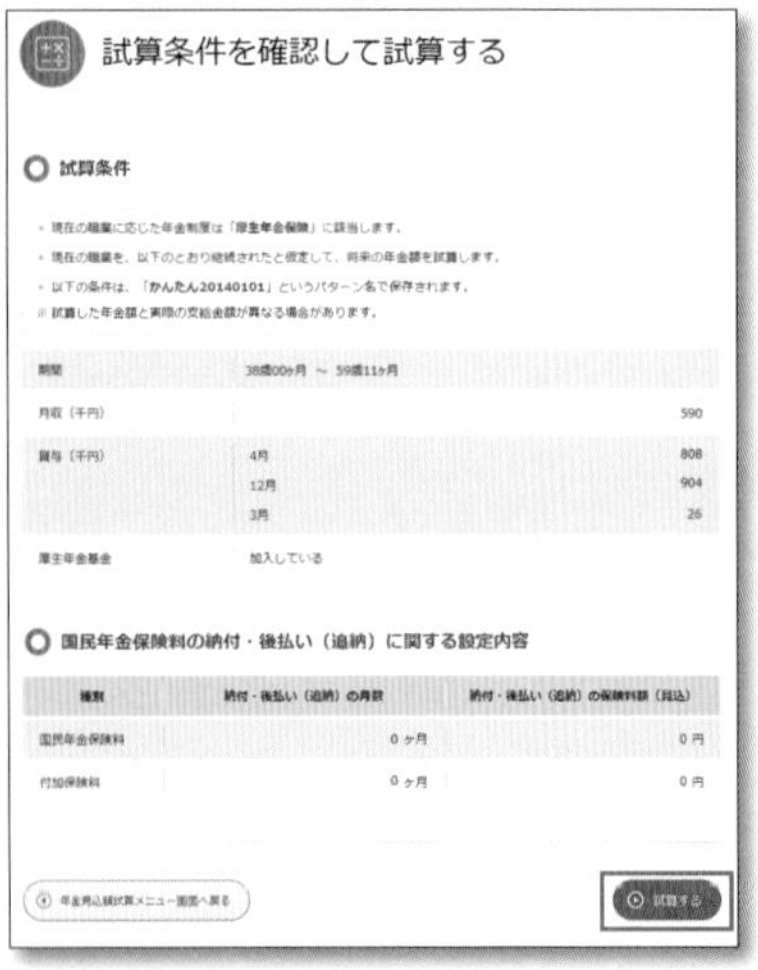
試算条件を確認して試算する

試算の結果は、後で確認したり、グラフや表で比較したりすることができます。

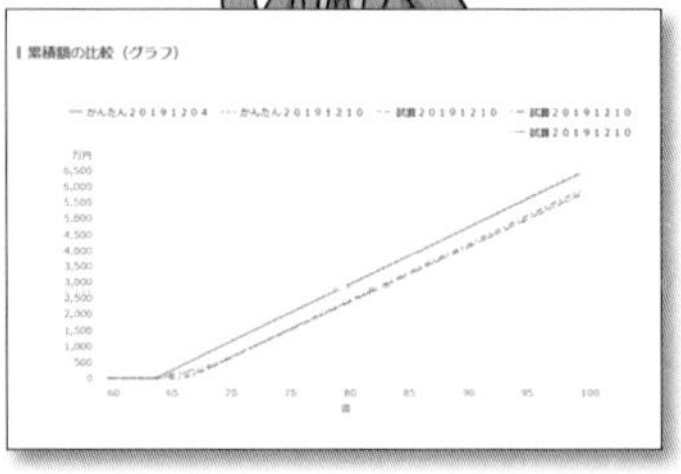
累積額の比較（グラフ）

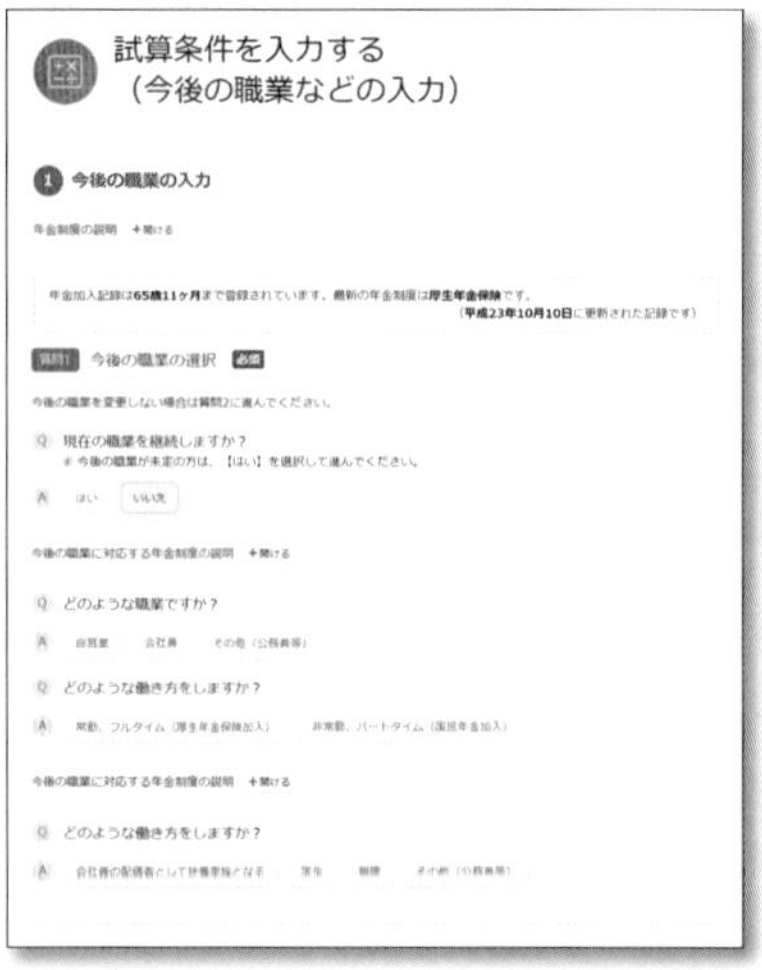
試算条件を入力する
（今後の職業などの入力）
今後の職業の入力

## もっとカンタン! 公的年金シミュレーター

厚生労働省の年金額簡易試算ツール「公的年金シミュレーター」でも、自分の将来の年金額を簡単に試算できます。生年月日を入力して「試算する」ボタンを押した後に、これまでの生活や働き方・暮らし方を入力することで、試算できます。

ねんきん定期便（→P180）に記載の二次元コードからアクセスすると、年金情報の一部が反映されるので、入力の手間が省けます。

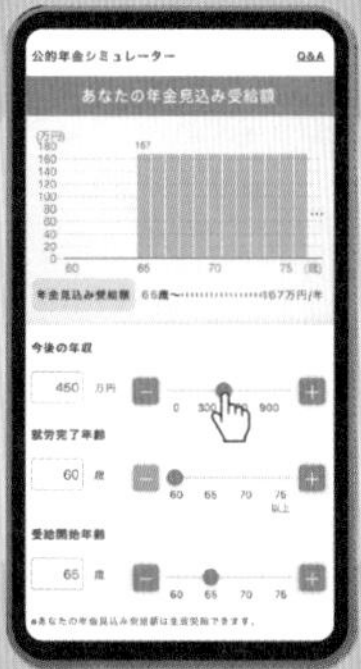
公的年金シミュレーター
あなたの年金見込み受給額

## もっと活用！　こんなシーンで　ねんきんネット

### ① 年金記録の確認

公的年金制度（国民年金・厚生年金保険など）の最新の加入履歴を制度・月別に確認できます。また、電子版「ねんきん定期便」を確認することもできます。

### ② 各種届出書の作成・印刷

日本年金機構へ提出する書類をねんきんネット上で作成することができます。基礎年金番号などの情報が自動で反映されるので、手で書き込む手間が省けて便利です。

**作成できるおもな届書**

| | |
|---|---|
| 国民年金保険料に関する届書 | 免除・猶予・特例の申請、口座振替やクレジットカード納付の申し込みなど |
| 年金の請求や受給に関する届書 | 年金請求書・年金証書や通知書類の再交付依頼など |
| 年金受給者が亡くなったときの届書 | 死亡届と未支給年金（→P162）の請求書など |

### ③ 年金の各種通知書の確認

年金振込通知書・年金額改定通知書・年金決定通知書・支給額変更通知書、公的年金等の源泉徴収票などを確認することができます。PDFのダウンロードも可能です。

## 連携させてさらに便利に！　マイナポータル+ねんきんネット

マイナンバーを登録して行政手続きや情報が確認できるサイト「マイナポータル」とねんきんネットを連携させると次のような活用ができます。

**通知書の電子データの受け取り可能。確定申告をもっと便利に！**

以下の通知書について「電子送付」の希望登録をすると、マイナポータルで電子データを受け取ることができます。

- 社会保険料（国民年金保険料）控除証明書
- 公的年金等の源泉徴収票

**学生納付特例の電子申請が可能**

学業、バイト、就活で忙しくてもスマホとマイナンバーカードで簡単に手続き。次年度の手続きもお知らせしてくれます。

**国民年金への切り替え手続きも電子申請で！**

会社を退職して、転職まで期間が空くときは、国民年金への切り替えを。再就職の準備で忙しいときも、スマホとマイナンバーカードで簡単に手続きができます。免除申請や納付猶予（→P42）の申請も可能です。申請結果の通知もメールで教えてくれます。

**ねんきんネットの登録方法**

●ねんきん定期便・ねんきんネット
専用番号ナビダイヤル
**0570-058-555**
または03-6700-1144

ねんきんネット

マイナポータル

## はじめて年金を受給するときにあわてないために

# 受給手続きの流れをイメトレ!

年金を受給できるようになったら、確実に受け取りたいところ。でも年金の請求には少々の手間と時間がかかります。大切な書類の見落としや記入もれなどがなく、スムーズに手続きができるように、受給の手続きの流れをご紹介します。

## 自分の受給開始年齢を確認

受け取る老齢年金の種類や生年月日によって、受給開始年齢が異なります。

### ●はじめて年金を受給するのが60～64歳の人（特別支給の老齢厚生年金を受給する人）

2024年度に受給開始となる人

**64歳**になる**男性**（昭和35年4月2日から昭和36年4月1日生まれ）

**特別支給の老齢厚生年金の対象となる人**

受給開始年齢は性別と生年月日によって60～64歳のいずれかとなります。詳しくはP87をご覧ください。

**男性** 昭和36年4月1日以前生まれ

**女性** 昭和41年4月1日以前生まれ

※繰上げ受給（→P90）を希望する人は、事前に老齢年金請求書は送られないので、自分で取り寄せて請求をします。

### ●はじめて年金を受給するのが65歳の人

2024年度に受給開始となる人

**65歳**になる人
（昭和34年4月2日から昭和35年4月1日生まれ）

**老齢基礎年金を受給する人**

**老齢厚生年金の加入期間が1年未満の人
（老齢基礎年金+老齢厚生年金）**

# 年金請求の流れ

年金をもらうためには、日本年金機構または共済組合から送られてくる年金請求書に必要事項を記入して、自分で手続きを行う必要があります。

## 受給開始年齢になる３か月前

老齢年金請求書（事前送付用）と手続きの案内が自宅に送られてくる。

## 年金請求の準備を始めましょう！

年金請求書は約20枚つづりになっていて、印字されているところと記入が必要なところ（黄色）があります。記入するときの注意事項もセットになっていますので、よく読みながら記入を進めてください。

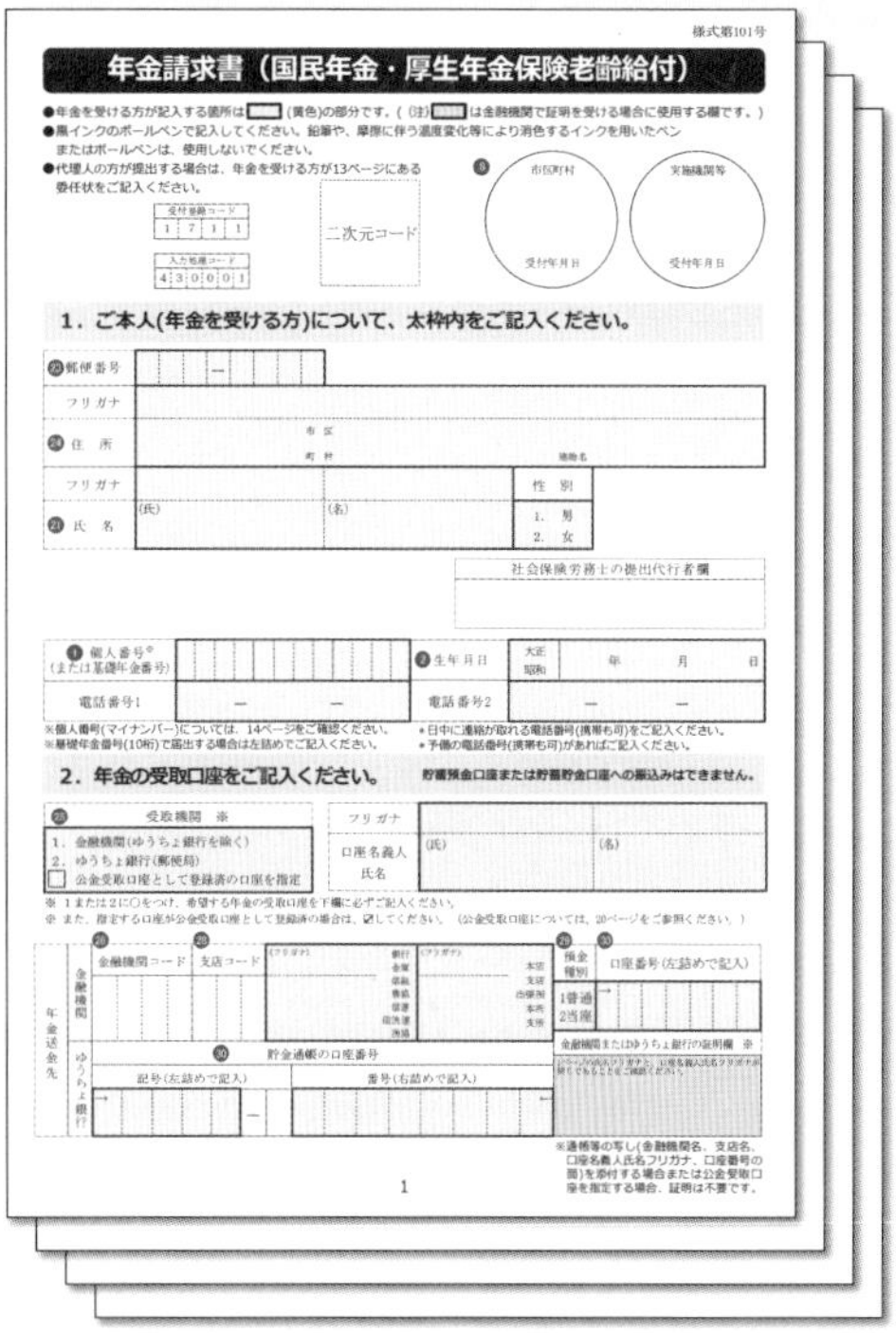

様式第101号

年金請求書（国民年金・厚生年金保険老齢給付）

●年金を受ける方が記入する箇所は□（黄色）の部分です。（注）□は金融機関で証明を受ける場合に使用する欄です。）
●黒インクのボールペンで記入してください。鉛筆や、摩擦に伴う温度変化等により消色するインクを用いたペンまたはボールペンは、使用しないでください。
●代理人の方が提出する場合は、年金を受ける方が13ページにある委任状をご記入ください。

受付登録コード 1 7 1 1
入力処理コード 4 3 0 0 0 1
二次元コード
市区町村　受付年月日
実施機関等　受付年月日

1．ご本人(年金を受ける方)について、太枠内をご記入ください。

郵便番号
フリガナ
住所　市区　町村　建物名
フリガナ
氏名　(氏)　(名)
性別　1．男　2．女
社会保険労務士の提出代行者欄
個人番号※（または基礎年金番号）
生年月日　大正　昭和　年　月　日
電話番号1
電話番号2
※個人番号(マイナンバー)については、14ページをご確認ください。
※基礎年金番号(10桁)で届出する場合は左詰めでご記入ください。
＊日中に連絡が取れる電話番号(携帯も可)をご記入ください。
＊予備の電話番号(携帯も可)があればご記入ください。

2．年金の受取口座をご記入ください。　貯蓄預金口座または貯蓄貯金口座への振込みはできません。

受取機関　※
1．金融機関(ゆうちょ銀行を除く)
2．ゆうちょ銀行(郵便局)
□ 公金受取口座として登録済の口座を指定
フリガナ
口座名義人氏名　(氏)　(名)
※ 1または2に○をつけ、希望する年金の受取口座を下欄に必ずご記入ください。
※ また、指定する口座が公金受取口座として登録済の場合は、☑してください。（公金受取口座については、20ページをご参照ください。）

年金送金先
金融機関　金融機関コード　支店コード　(フリガナ)　銀行　金庫　信組　農協　信連　漁協　(フリガナ)　本店　支店　出張所　本所　支所
預金種別　1普通　2当座
口座番号(左詰めで記入)
ゆうちょ銀行　貯金通帳の口座番号
記号(左詰めで記入)
番号(右詰めで記入)
金融機関またはゆうちょ銀行の証明欄　※
※通帳等の写し(金融機関名、支店名、口座名義人氏名フリガナ、口座番号の面)を添付する場合または公金受取口座を指定する場合、証明は不要です。

1

### 1 住所、氏名などの確認

届いた年金請求書にはあらかじめ住所、氏名、基礎年金番号が印字されています。間違いがないか、チェックしましょう。

### 2 年金の受取口座を記入

年金事務所等の窓口に通帳を持参するか通帳の写しを添付することができない場合は、金融機関に年金請求書を持参して、証明を受ける必要があります。

※マイナンバーの公金受取口座を利用する人は、口座の証明は不要です。

### 3 年金加入状況のチェック

印字されている加入の記録に誤りがないかチェックしましょう。誤りがあった場合は、年金事務所に連絡をして調査を依頼します。

誕生日前に加入記録を整理しておくと、年金請求がスムーズに進みます。

### 4 年金・雇用保険の状況の記入

年金や雇用保険からの給付があると、老齢年金が支給停止になることがあるため、その確認をします。障害年金や遺族年金など、ほかの公的年金を受け取っているか、雇用保険への加入や給付の有無などを記入します。

雇用保険被保険者番号が必要な人で番号が不明な場合は、事前に最寄りのハローワークで雇用保険被保険者証を再発行しておきましょう。

## 5 配偶者・子の状況を記入

加給年金額や振替加算の準備のため、配偶者や子について確認をします。配偶者の情報、年金受給の有無、子の情報を記入します。

## 6 扶養親族等申告書について記入

年金を受けるときに所得税が源泉徴収される場合に、各種控除を受けるために記入します。

### 請求に必要な書類

年金請求書に加え、提出が必要な書類等があります。年金請求書に同封の案内書に「年金請求に必要な添付書類」が記載されていますので、確認しておきましょう。

### 支給開始年齢の誕生日前日から受付

年金請求書と必要書類を年金事務所、街角の年金相談センターに提出する。

## 老齢年金の請求に関する手続きの予約

年金事務所では、老齢年金の請求は郵送でも受け付けていますが、相談や確認をしてから提出するケースが多いです。年金事務所での相談は、電話やインターネットで予約することができます。

### ●予約受付専用電話

年金事務所などの窓口での年金請求手続きや事前相談の予約ができます。

0570-05-4890（ナビダイヤル）
050で始まる電話からの場合は03-6631-7521（一般電話）
**受付日時：月曜日から金曜日（平日）午前8時30分から午後5時15分**

### ●年金の請求に関する手続きを対象としたインターネット予約

日本年金機構のホームページ「年金相談予約」にて、老齢年金、障害年金、遺族年金、未支給年金の請求手続きを希望する人を対象に、インターネット予約を受け付けています。

**受付時間（全日）：午前8時から午後11時30分**

このほか、電話、文書、ファクシミリなどによる相談も受け付けています。
くわしくは日本年金機構のホームページをご覧ください。

**1～2か月後**

年金証書・年金決定通知書が送られてくる。

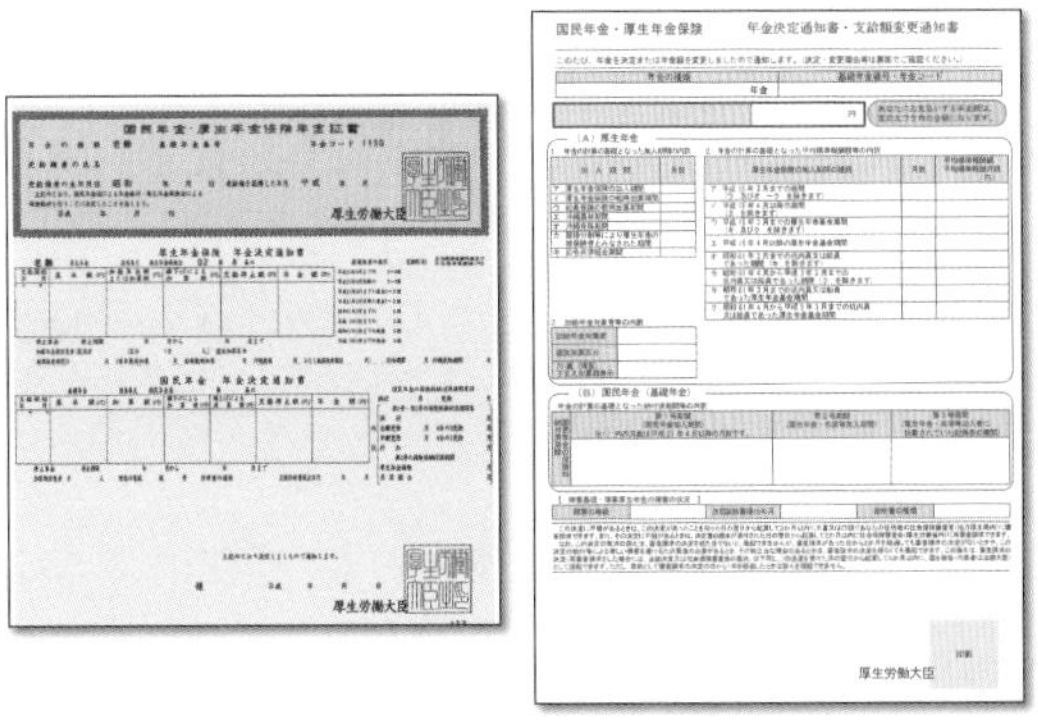


**1～2か月後**

年金の支払いのご案内が送られてきて、
年金の受け取り開始。

## 60～64歳からの特別支給の老齢厚生年金を受給している人が65歳になるとき

65歳から老齢基礎年金と老齢厚生年金を受ける前に、特別支給の老齢厚生年金を受けている人には、65歳になる誕生月、または前月に日本年金機構から「年金請求書」が送られてきます。誕生月の末日までに必ず届け出をしてください。ただし、「老齢基礎年金と老齢厚生年金の両方を繰下げ」を希望する場合は、この請求書の提出は不要です。

ハガキサイズの小さな封書が送られてくるので、見落とさないように注意！

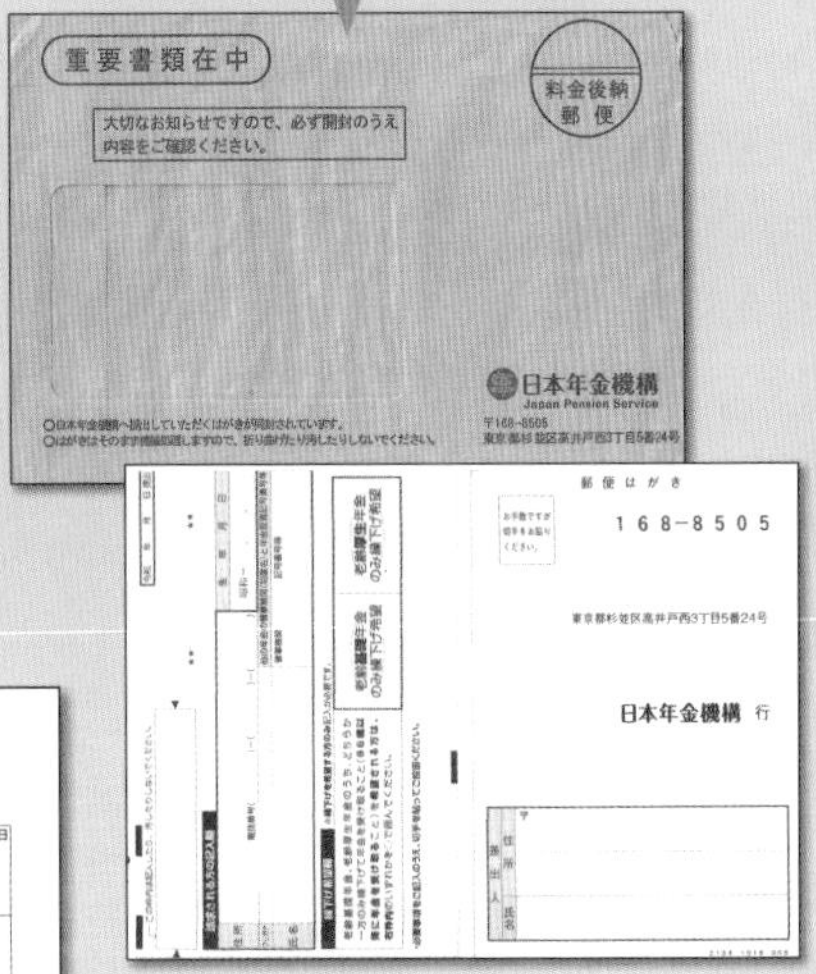


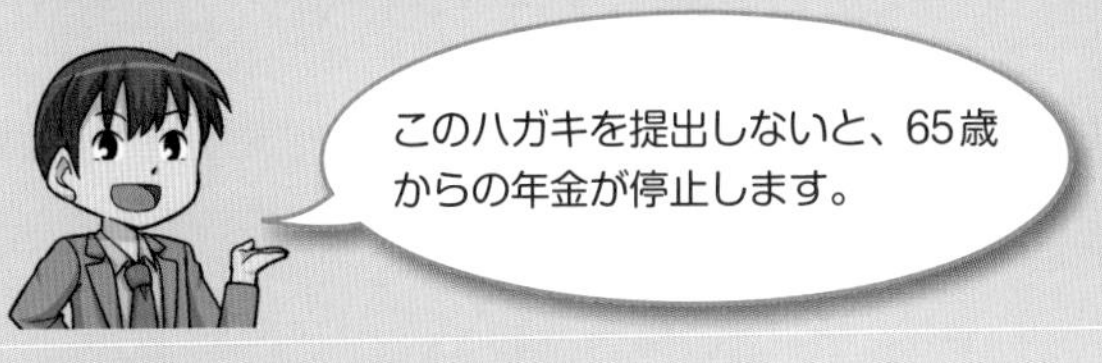


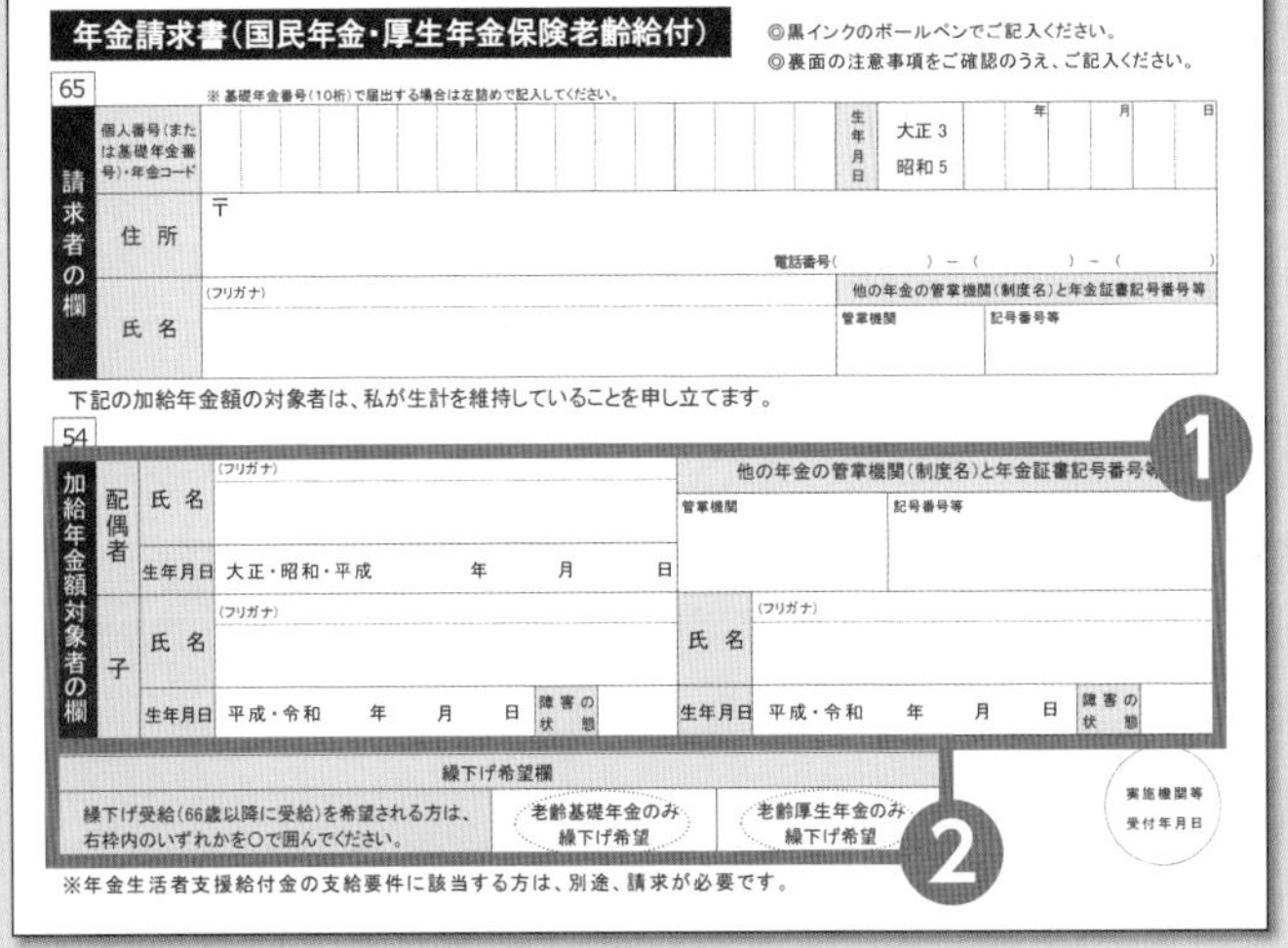

年金請求書(国民年金・厚生年金保険老齢給付)

◎黒インクのボールペンでご記入ください。
◎裏面の注意事項をご確認のうえ、ご記入ください。

65

請求者の欄

※ 基礎年金番号(10桁)で届出する場合は左詰めで記入してください。

| | | | |
|---|---|---|---|
| 個人番号(または基礎年金番号)・年金コード | | 生年月日 | 大正3 昭和5 年 月 日 |
| 住所 | 〒 電話番号( )－( )－( ) | | |
| 氏名 | (フリガナ) | 他の年金の管掌機関(制度名)と年金証書記号番号等 | 管掌機関 記号番号等 |

下記の加給年金額の対象者は、私が生計を維持していることを申し立てます。

54

加給年金額対象者の欄

| | | | | |
|---|---|---|---|---|
| 配偶者 | 氏名 | (フリガナ) | 他の年金の管掌機関(制度名)と年金証書記号番号等 | 管掌機関 記号番号等 |
| | 生年月日 | 大正・昭和・平成 年 月 日 | | |
| 子 | 氏名 | (フリガナ) | 氏名 | (フリガナ) |
| | 生年月日 | 平成・令和 年 月 日 障害の状態 | 生年月日 | 平成・令和 年 月 日 障害の状態 |

繰下げ希望欄

| | | |
|---|---|---|
| 繰下げ受給(66歳以降に受給)を希望される方は、右枠内のいずれかを○で囲んでください。 | 老齢基礎年金のみ繰下げ希望 | 老齢厚生年金のみ繰下げ希望 |

実施機関等受付年月日

※年金生活者支援給付金の支給要件に該当する方は、別途、請求が必要です。

※ハガキには切手を貼って提出してください。

❶ 加給年金等の対象者がない人は、この部分の入っていない請求書となります。

❷「老齢基礎年金のみ繰下げ」または「老齢厚生年金のみ繰下げ」を希望する場合は丸をつけて提出します。

## 2024年度の国民年金の保険料

### ●2024年度の保険料

| | |
|---|---|
| 国民年金保険料 | 16,980円 |
| 付加保険料 | 400円 |

**■前納の場合**

1. 6か月前納の場合の保険料額（2024年4月～2024年9月分の保険料または2024年10月～2025年3月分の保険料が対象）
   - ●口座振替の場合：100,720円（毎月納める場合より1,160円の割引）
   - ●現金納付の場合：101,050円（毎月納める場合より830円の割引）
2. 1年前納の場合の保険料額（2024年4月～2025年3月分の保険料が対象）
   - ●口座振替の場合：199,490円（毎月納める場合より4,270円の割引）
   - ●現金納付の場合：200,140円（毎月納める場合より3,620円の割引）
3. 2年前納の場合の保険料額（2024年4月～2026年3月分の保険料が対象）
   - ●口座振替の場合：397,290円（毎月納める場合より16,590円の割引）
   - ●現金納付の場合：398,590円（毎月納める場合より15,290円の割引）

## 2024年度の年金額

【注意】2024年度の年金額は2.7％の引き上げとなります。ここでは昭和31年4月2日以後生まれの人の年金額を掲載しています。

### ●国民年金

| | |
|---|---|
| 老齢基礎年金 | 年額　816,000円　（満額の場合） |
| 付加年金 | 年額　96,000円　（40年間納めた場合） |
| 障害基礎年金　1級 | 年額　1,020,000円 |
| 障害基礎年金　2級 | 年額　816,000円 |
| 遺族基礎年金 | 年額　1,050,800円　（子ども1人と配偶者） |
| 子の加算額 | 年額　234,800円 |
| 子の加算額（第3子以降） | 年額　78,300円 |

### ●厚生年金保険

| | |
|---|---|
| 老齢厚生年金　配偶者加給年金 | 年額　234,800円　＋特別加算 |
| 障害厚生年金　配偶者加給年金 | 年額　234,800円 |
| 子の加算額 | 年額　234,800円 |
| 子の加算額（第3子以降） | 年額　78,300円 |
| 障害厚生年金3級の最低保障額 | 年額　612,000円 |
| 障害手当金の最低保障額 | 一時金　1,224,000円 |
| 遺族厚生年金　中高齢の加算 | 年額　612,000円 |

## 2024年度の在職老齢年金の基準額

### ●在職老齢年金

| | |
|---|---|
| 60歳台前半（60歳～64歳）の支給停止調整額 | 50万円 |
| 60歳台後半（65歳～69歳）と70歳以降の支給停止調整額 | 50万円 |

# さくいん

## ハ行



## マ行



## ヤ行



## ラ行

## ●監修者

**清水典子**（しみず・のりこ）

社会保険労務士　年金アドバイザー
東京都出身。中央大学卒業後、大手百貨店、生命保険会社に勤務。その後、社会保険労務士を目指し、2002年合格。2003年開業。「オフィス・椿」所長。年金分野に特化した社会保険労務士として２万件を超える年金請求、調査等の実績を持つ。総務省年金記録中央第三者委員会の専門調査員として「消えた年金」問題の専門調査に関わる。個人の年金相談、セミナー講師など「複雑な年金制度をわかりやすくお話する」をモットーに活躍中。2013年「障害ねんきん相談室」を開設し、難解な障害年金の代理請求に取り組む。著書に『お金のプロにぜんぶ聞いたら年金の不安がなくなりました！』（共著、晋遊舎）、『人事労務担当者のための年金入門』（共著、労働調査会）、『年金と経済』（年金シニアプラン総合研究機構）、『90分でわかる！年金のきほん』（主婦と友社）、『わかりやすい厚生年金保険法の手引き』『わかりやすい健康保険法の手引き』（以上、新日本法規）などがある。

マンガ　絶牙

スタッフ
執筆協力●石川 実恵子
本文デザイン●田中 小百合（osuzudesign）
イラスト●峰村 友美
編集協力●パケット、千葉 淳子
編集担当●横山 美穂（ナツメ出版企画）

**ナツメ社Webサイト**
https://www.natsume.co.jp
書籍の最新情報（正誤情報を含む）はナツメ社Webサイトをご覧ください。

本書に関するお問い合わせは、書名・発行日・該当ページを明記の上、下記のいずれかの方法にてお送りください。電話でのお問い合わせはお受けしておりません。
・ナツメ社webサイトの問い合わせフォーム
https://www.natsume.co.jp/contact
・FAX（03-3291-1305）
・郵送（下記、ナツメ出版企画株式会社宛て）
なお、回答までに日にちをいただく場合があります。正誤のお問い合わせ以外の書籍内容に関する解説・個別の相談は行っておりません。あらかじめご了承ください。

# 図《ず》解《かい》 いちばん親《しん》切《せつ》な年《ねん》金《きん》の本《ほん》 24-25年《ねん》版《ばん》

2024年 6 月 4 日　初版発行

監修者　清水典子《しみずのりこ》
発行者　田村正隆

発行所　株式会社ナツメ社
東京都千代田区神田神保町1-52 ナツメ社ビル1F（〒101-0051）
電話　03（3291）1257（代表）　FAX　03（3291）5761
振替　00130-1-58661
制　作　ナツメ出版企画株式会社
東京都千代田区神田神保町1-52 ナツメ社ビル3F（〒101-0051）
電話　03（3295）3921（代表）
印刷所　広研印刷株式会社

ISBN978-4-8163-7557-6
Printed in Japan
〈定価はカバーに表示しています〉〈落丁・乱丁本はお取り替えします〉